KB217229

권력과 신앙

권력과 신앙 - 히틀러 정권과 기독교
Macht und Glaube - Hitler Regime und Kirche

개정판 1쇄 인쇄 2012년 4월 10일
개정판 1쇄 발행 2012년 4월 16일

지은이 | 추태화
레이아웃 | 김지홍
일러스트 | 위성동
사진 | 씨코북스 · akg-images / Germany
펴낸이 | 김창희
펴낸곳 | 씨코북스☆CKoBooks
출판등록 | 제357-2010-000003호
주소 | 본사 · 인천광역시 강화군 하점면 망월길 144-29
       지사 · 서울 서대문구 북가좌2동 322-8, 301호
이메일 | ckobooks@hanmail.net
대표전화 | 070-8959-1770

권력과 신앙

히틀러 정권과 기독교

추태화 지음

 CKoBooks
씨코북스

차례

책머리에

이 책은 필자가 그동안 공부하여온 '독일 나치시대 연구 시리즈' 가운데 하나이다. 제목은 '권력과 신앙 : 히틀러 정권과 기독교'로 붙였는데, 2010년에 출간된 『국가사회주의와 기독교 신앙』의 개정판이다.

독일의 나치시대(1933~1945)는 그 당시 뿐 아니라 오늘날까지 수많은 시사점을 던져주는 시대이다. 이 시대는 여러가지 역설적 진실들을 내포하고 있다. 한 예로, 독일인들이 독일인들에 의해 탄압 당했고, 기독교인들이 기독교인들에 의해 탄압 당했다. 지극히 독일적인 생각을 하는 독일 사람들이 지극히 독일적인 생각을 한다는 또 다른 독일 사람들에 의해 비독일적, 반독일적이라고 핍박당하던 시대였다. 동족이 동족을 탄압하고, 기독교인들이 기독교인들을 탄압하는 이런 현상을 어떻게 설명할 수 있을까?

독일은 기독교적으로 종교개혁의 나라, 인문학적으로 계몽주의, 고전주의, 낭만주의로 이어지는 근대 교양의 나라로 인류사에 그 역할을 충실히 하여왔다. 인류 이상(理想)의 가치를 그 어떤 나라보다 디

고귀하게 여기고, 전파하려던 나라였다. 그런데 어떻게 이런 고상한 문화 안에 반인류적인 정권이 들어서고 전통의 종교인 기독교를 철저하게 유린하게 되었는가? 교양과 신앙은 정치 소용돌이 앞에서 한낱 겉치레에 불과하였던가? 무슨 이유로 인류의 고상한 이상이 제대로 작동(作動)하지 못했던 것일까?

이 현상을 큰 시각에서 본다면 잘못된 만남에서라고 해야할 것이다. 권력과 신앙의 잘못된 만남, 권력과 신앙의 치명적 악수(握手) 때문이었다. 표지 앞면 사진은 이를 상징적으로 보여준다. 히틀러와 독일 개신교 총회장 뮐러 목사, 그들은 정치와 종교의 최고점에서 각자의 이득을 챙기기 위해 악수하였다. 표지 뒷면 사진은 히틀러 대사와 가톨릭 교황청 대사 간의 협약 현장을 보여준다. 역시 서로의 이권을 챙기려는 치명적 악수였다. 이 악수는 결국 독일 역사에 악수(惡手)가 되었다. 만나서는 안되는 이들이 만나 악수하므로 나치가 악수(惡獸)로 변해가는데 지지를 보냈다. 히틀러는 교회를 공산주의로부터 보호해준다는 명목으로 기독교의 지지를 받아내고, 기독교는 히틀러 나치정권을 인정해주었던 것이다. 이로서 나치라는 괴물은 세계를 2차 세계대전이라는 비극으로 몰아넣게 되었다.

이 책은 미증유의 역사적 사실로 등장한 나치 시대의 기독교를 연구하기 위하여, 다음과 같은 몇 가지 근본적인 질문에 동력을 얻는다.

첫째, 나치는 기독교를 정치에 어떻게 이용했는가?
둘째, 교회는 나치의 사이비 기독교 정책을 어떻게 오해했는가?
셋째, 민족 신앙의 토착화는 기독교를 어떻게 왜곡하였는가?

넷째, '독일적 사상'을 가진 자들은 독일 기독교인들을 어떻게 탄압
했는가?

다섯째, 독일 기독교인들이 어떤 이유로 또 다른 독일 기독교인들을
탄압했는가?

여섯째, 기독교는 정치를 이용하여 어떻게 민족종교, 국가교회가 되
려고 했는가?

일곱째, 기독교인들은 어떻게 교회와 신앙을 지켜냈는가?

여덟째, 교회의 정치 세력화는 어떤 결과를 가져올 수 있는가?

아홉째, 한국 교회는 이런 역사적 교훈에서 무엇을 배울 수 있는가?

기독교는 역사의 종교이다. 신앙을 행동함으로써 역사 속에서 신앙
과 존재의 의미를 확인하는 종교이다. 따라서 말로만 외치는 신앙은
의미가 없다. 역사를 통해 신앙을 살아내야 하는 종교가 기독교이다.
기독교의 본질은 하나님의 현존 안에서 살아가는 기독교인의 삶, 신
앙, 행동에 있다. 그렇다면 나치 시대라는 극단적 상황 속에서 기독교
인들은 어떻게 살아갔고, 어떻게 살아가야 했는가?

이 질문에 가감없이 대답할 수 있다면, 우리는 나치 시대에 실재했
던 역사적 진실의 한 단면을 발견하는 성과 외에도, 현재와 미래의 기
독교인들에게 삶과 신앙을 일깨워줄 수 있는 소중한 이정표를 발견하
게 될 것이다. 동시에 하나님의 현존과 극단적 현실이 부딪치는 치열
한 상황 속에서 기독교가 추구해야 할 진정한 의미가 무엇인지 그 본
질에 한발 더 가까이 다가가게 될 것이다.

이 연구가 맺어지고 책으로 나오기까지 수많은 분들에게 신세를 지

었다. 필자 혼자의 힘으로 이 작업을 마치기에는 역부족이었다. 여기에서 그 분들의 이름을 일일이 열거할 수는 없지만, 도움을 주신 모든 분에게 심심한 감사의 마음을 표한다. 기회가 주어진다면 마음의 빚을 어떤 형태로든 갚아드리리라 약속드린다.

끝으로 이 책이 역사적 진실에 목말라하면서 실존과 행동의 좌표를 찾는 우리 시대의 여러 독자님들에게 조금이나마 해갈의 빌미를 제공하게 되기를 기대해 본다. 이제 하나님의 비밀하신 섭리와 역사의 준엄한 목소리에 귀를 기울여보자.

Soli Deo Gloria!(오직 하나님께만 영광을)

2012년 3월

추태화

일러두기

이 책에서는 몇 가지 용어의 사용을 다음과 같은 원칙에 따랐다.

1. Deutsche Christen은 직역하자면 '독일 기독교인'(이 경우 대문자로 씀)이 되지만, 일반적으로 독일 기독교인(이 경우 소문자로 씀, deutsche Christen)은 나치에 동조하지 않았던 기독교인과, 더 나아가 저항에 가담하였던 고백교회 신앙인들을 포함하는 경우가 많기 때문에 여기에서는 "제국기독교인"으로 번역했다. 'Deutsche Christen'은 나치 출범 전부터 존재하고 있었는데, 나치 정권 수립 후 제국기독교인(Reichschristen)이라 불렸다.

2. Positives Christentum에서 positiv라는 단어는 "긍정적"이라고 직역할 수 있겠다. 그러나 여기서는 나치가 국가가 원하는 교회가 되어야 한다는 것을 강조한 점, Positivismus를 실용주의로 번역한 사례를 근거로 하여, "실용적 기독교"라고 번역하였다.

3. DEK = Deutsche Evangelische Kirche, 독일 복음주의교회총회 (제2차 세계대전 후 독일교회가 EKD, 즉 Evangelische Kirche in Deutschland로 바꾸기 전의 명칭)

4. APU = Altpreussische Kirchenunion 알트프러이센교회연합

5. GB = Glaubensbewegung, 신앙 운동

6. DGB = Deutsche Glaubensbewegung, 독일신앙운동

7. "독일신앙"이라고 붙여 쓸 경우에는 Deutschglaube라는 독일 민간전승에 기초한 종교운동을 의미한다. 기독교와는 무관하며, 오히려 기독교를 비독일적이라고 비판했다.

8. 돌격대 SA=Strum-abteilung, 친위대 SS=Strum-stapfel

9. 독일어 Umlaut는 풀어서 썼다.

제1부

나치 시대를 단적으로 표현하자면, 기독교인이 기독교인을 탄압한 시대였다. 나치의

옷을 입은 기독교와 나치에 부역한 기독교인들이 나치에 반대하고 저항한 기독교인

들을 탄압한 시대였다. 나치에 부역한 기독교인들도 기독교인이었고, 나치에 저항한

기독교인들도 기독교인이었다. 좀 더 구체적으로 표현하자면, 나치당원이 된 기독교

인들, 즉 '제국기독교인'들이 고백교회의 목사와 교인들을 핍박한 것이다.

I. 서언 : 교회의 미스테리

역사적으로 많은 의문점과 문제를 남겼던 나치 시대는 교회사에도 심각한 훼손의 자취를 남겼다. 나치는 정권을 잡는 과정에서 기독교적 성향을 띤 정당처럼 행세했다. 한편으로는 기독교 용어와 분위기를 섞어가며 자신들을 홍보했지만, 다른 한편으로는 기독교에 극히 적대적인 속내를 내보였다.

나치의 종교적 성향을 단적으로 평가한다면, 나치는 이교도적이며 반기독교적 정당이었다. 이들은 스탈린이 이끄는 공산주의에 맞서 종교 탄압으로부터 독일인과 세계를 지킨다고 선언했지만, 이는 정권 창출을 위한 속임수일 뿐이었다. 나치는 유화 정책, 혹은 회유 정책을 활용하여 정치적 판단력을 갖지 못한 기독교인들에게 인기를 얻었지만, 다른 한편으로는 가혹한 기독교 탄압 정책을 실행하여 양의 탈을 쓴 이리와 같은 이중성을 갖고 있었다.

나치 시대를 단적으로 표현하자면, 기독교인이 기독교인을 탄압한 시대였다. 나치의 옷을 입은 기독교와 나치에 부역한 기독교인들이 나치에 반대하고 저항한 기독교인들을 탄압한 시대였다. 나치에 부역한 기독교인들도 기독교인이었고, 나치에 저항한 기독교인들도 기독교인이었다. 좀 더 구체적으로 표현하자면, 나치당원이 된 기독교인들, 즉 '제국기독교인'들이 고백교회의 목사와 교인들을 핍박한 것이다.

나치의 등장으로 독일 교계는 크게 억압과 저항이라는 구도로 나뉘었다. 교회 또한 분리되었다. 정권의 비호를 받으며 교권을 누리려는 교회와 불의에 항거하며 핍박을 감내하려는 교회로 나뉘었다. 이 과정에서 '고백교회'가 탄생하게 되었다. 고백교회는 성경과 복음의 순수성을 지키고 나치의 잘못된 교리로부터 교인들을 보호해야한다는 사명감을 갖고 있었다. 여기서 과연 누가 진정한 기독교인이었는가? 대답은 자명하다. 하지만 그 실상이 어떠했는지, 그리고 어떻게 그런 역사가 존재할 수 있었는지, 그리고 그 역사로부터 우리는 어떤 교훈을 얻을 수 있는 것인지 고민해봐야 한다.

종교개혁이 진행되는 가운데 가톨릭이 개신교를 핍박한 사례는 있었다. 프랑스에서는 가톨릭이 위그노파 교인들을 핍박하고 살해했다. 영국에서는 국교도들이 청교도들을 핍박해 유럽과 미국 신대륙으로 자유를 찾아 이주했다. 하지만 개신교인들이 개신교인들을 핍박한 사례는 역사적으로 유래를 찾아보기 힘들다. 어떤 이유로 기독교인들이 같은 기독교인들을 핍박했는가? 그 명분은 무엇이었는가? 이런 의문을 밝히고 교훈으로 삼는 작업은 그냥 지나쳐서는 안 될 역사적 숙제에 속한다.

고백교회의 태동은 독일교회사에 '교회 투쟁(Kirchenkampf)'이라는 새로운 용어를 등장시켰다. 교회가 투쟁(Kampf)이라는 용어를 공식적으로 쓰게 된 것은 1870년 경 프러이센 제국이 강력한 중앙 집권 정책을 감행하면서부터이다. 독일 통일을 이룩하는 과정에서 기독교 전통을 홀대하면서 가톨릭 안에서 일어난 기독교 보존 운동이었다. 당시 가톨릭은 '교회의 문화 투쟁(Kulturkampf der Kirche)'이라는 용어를 사용하면서 기독교 세계관과 윤리를 지키려했다. 19세기 중반 유럽은 세속화 바람이 강하게 불고 있었다. 하지만 20세기 초반 나치 정부가 감행한 대기독교 정책은 전혀 의미가 달랐다. 이들은 교회의 존립 자체와 정통 교리, 공적이고 사적인 신앙생활을 고의적으로 해체하려고 했다. 이에 따라 교회의 투쟁은 그 전 시대의 문화 투쟁보다 한층 더 심각하고 처절한 근본적인 투쟁으로 나타났다. 나치 권력에 대한 교회의 투쟁은 '성전(聖戰)으로의 부름'이라고 할 만 했다.

나치 시대에 일어난 교회의 투쟁은 최소한 3개의 전선에서 진행된 복잡하고 현실적이며 영적인 전쟁이었다. 첫째 전선은 교회 안에 있었다. 교회 안에서 개혁을 외치며 나치 권력에 기대어 교회를 점령하려는 제국기독교인들과의 투쟁이었다. 둘째 전선은 교회 밖에서 기독교 비판을 일삼으며 민족 종교 내지는 신흥 종교로 자리매김하려는 독일 신앙운동이었다. 셋째 전선은 나치 정권, 국가권력과의 투쟁이었는데, 이것은 보다 힘겨운 싸움이었다. 왜냐하면 나치는 권력과 조직을 동원하여 저항가들을 무차별적으로 탄압할 수 있었기 때문이다.

이 책은 독일복음주의교회와 교인들이 어떻게 그 투쟁을 수행해갔는가를 보여주려 한다. 다른 말로 하자면, 복음과 성경적 신앙을 지키기 위해 어떻게 불의한 권력과 싸웠는지, 그 선한 싸움(딤전 6:12)이자의로운 투쟁사에 관한 기록이다. 이 책은 전체적으로 다섯 가지 큰 주제를 중심으로 이야기를 전개해 나가려고 한다.

첫째, 나치 시대의 기독교는 어떠한 모습이었나? 즉, 나치가 지배하던 역사 속에서 기독교는 어떻게 행동했는가 하는 점이다. 둘째, 기독교 정책을 통해 나치의 본질을 밝히고, 더 나아가 나치의 종교적 실상을 드러내 보이고자 한다. 셋째, 역사 속에서 기독교의 참된 존재 의미를 밝혀보려고 한다. 넷째, 이러한 과정 속에서 나치의 기독교 왜곡이 얼마나 심각했으며 고백교회가 신뢰했던 성경적 신앙은 과연 어떤 것인지 다시 한 번 확인해보고자 한다. 다섯째, 2,000년이 지나도 한결같은 진리를 선포해야하는 성경적 신앙의 중요성을 다시 한 번 확인하여 사설(邪說)과 혼합주의에 빠지는 현대의 종교적 상황 속에서 올바른 신앙의 길이 어떠한 것인가를 제시하고자 한다.

독일 나치 시대의 교회를 연구한 저서들이 시사하는 바는 많다. 많은 연구서들이 이 시대를 '신앙의 위기(Glaubenskrise)', '십자가와 나치 십자가 사이에서(Zwischen Kreuz und Hakenkreuz)', '오용된 복음(Das missbrauchte Evangelium)', '교회의 바빌론 포로(Die babylonische Gefangenschaft der Kirche)', '미혹의 역사(Die Geschichte der Verfuehrung)', '신앙을 위한 투쟁(Im Kampf um den Glauben)', '핍박, 저항, 증인(Verfolgung, Widerstand, Zeugnis)', '악의 돌출(Entbloessung des Boesen)', '하나님으로부터 이반(Abkehr von Gott)' 등으로 표현하고 있다. 이와 같은 연구 제목들이 의미하는 바가 무엇인지는 이 책에서 서서히 밝혀질 것이다.

위와 같은 배경 속에서 '나치 시대와 기독교'라는 과제를 풀기 위해 필자는 총 13장에 걸쳐 연구를 진행코자 한다.

1장은 서론으로 문제 제기와 연구 방법, 과정, 연구의 밑그림을 소개한다. 2장은 나치의 기독교 정책이 얼마나 교활했으며, 그 가운데 성경적 진리를 사수하기 위한 고백교회가 어떻게 탄생했는지를 밝힌다. 아울러 나치 시대의 교회사를 연도별로 간략하게 요약했다. 3장에서는 나치의 기독교 정책에 기반이 되었던 민족 신앙 운동을 소개한다. 당시 나치주의자들 가운데 독일 신화와 문화를 기반으로 독일적 신앙의 토착화를 모색하던 운동이 있었다. 또한 기독교 안에도 토착화를 받아들이는 그룹과 정권의 힘을 빌려 기독교 국교화를 꿈꾸던 그룹도 있었다. 이들의 주장을 소개한다.

4장은 기독교 영역 안에서 일어났던 신앙 운동을 이해하기 위한 장이다. 여기서는 특히 나치 정권에 박수를 보냈던 제국기독교인들의 모습과 이런 신앙 운동에 불을 붙인 신학 사상은 어떤 것이었는지를 살펴본다. 5장과 6장에서는 나치의 기독교 정책의 본질을 밝힌다. 나치는 겉으로는 기독교에 찬동하는 모습을 취했지만 실상은 그렇지 않았다. 그래서 나치의 기독교 탄압을 사례별로 확인해본다. 7장과 8장에서는 나치 정권이 기독교를 어떻게 근원적으로 해체하고 파괴하려했는지 그 사상적 요소들을 확인해 본다. 9장은 나치가 기독교를 자신들의 정치에 얼마나 교묘하고 교활하게 악용했는지 그 사례들을 찾아 밝힌다. 나치는 종교적 감정까지도 정권과 히틀러의 개인 우상화에 이용했다.

10장과 11장은 나치의 기독교 왜곡과 탄압에 독일 기독교인들이 어떻게 대처했으며, 그 조직과 저항 방법, 순교에 이르기까지 몇 가지 사례를 통해 독일 기독교가 단절되지 않고 계승될 수 있었던 배경을 살펴본다. 12장은 전후 독일 교계가 어떻게 과거의 실수와 과오를 회개하고, 탈 나치화 과정을 통해 과거를 청산해 나갔는지를 밝혔다. 아울러 교회의 재건 또한 중요한 과제로서 언급했다. 13장은 맺는말로 책 전체를 요약하고 조망하면서 미래에 대한 전망으로 마무리했다.

Ⅱ. 나치 민족 공동체와 독일 기독교

1

| 히틀러와 기독교 |

'나치'로 압축되는 '국가사회주의독일노동자당(Nationalsozialistische Deutsche Arbeiterpartei)'은 일당 독재, 일인 독재 체제였다. 권력 구조는 피라미드 형태로 최정상에 최고 지도자 히틀러가 있었다. 나치는 독일 남부 지방의 한 작은 정당이었지만, 히틀러를 통해 표현되고, 히틀러는 나치를 통해 권력을 구체화시켰다. 따라서 나치의 기독교 정책을 이해하는데 있어 히틀러의 개인적인 기독교관은 매우 중요하다. '히틀러는 과연 기독교인이었는가?', '히틀러의 기독교관은 과연 어떤 것이었는가?'

히틀러가 당시 관례에 따라 유아 세례를 받았고, 공식적인 절차를 밟아 교회를 탈퇴한 적이 없다는 증거에 따르면, 그는 '전통적 의미에서의 신자'였다고 할 수 있다. 히틀러는 독일과 오스트리아 국경지대에 위치한 브라운(Braun)이라는 작은 도시에서 태어났다. 그 지역이 가톨릭 영향권에 있었다는 점을 감안하면, 히틀러는 아마도 가톨릭 교인이었을 것이다. 하지만 그가 교회를 다녔다는 증거도 없고, 제대로 된 신앙고백을 한 적도 없다는 것을 보면 그는 소위 '이름만 신자'였던 셈이다.

그러나 이런 이야기는 그다지 중요하지 않다. 보다 중요한 점은 그가 기독교 신자인 척하면서 자신의 정치에 기독교를 이용했으며, 평소 그가 기독교에 대해 보인 태도는 반기독교적이었다는 점이다. 그는 신앙적 측면에서 철저하게 이중적으로 행동했다. 파울하버 추기경조차도 그의 속임수에 넘어갈 정도였다. 1936년 11월 4일 히틀러의 알프스 별장이 있는 오버잘츠베르크에서 히틀러를 면담한 추기경은 이렇게 전했다. "제국수상은 분명히 하나님을 믿으며 살고 있다."[1]

히틀러의 전기적 저서 『나의 투쟁』에 나타난 그의 기독교적 태도는 어떤 것이었을까? 이 책의 여러 부분에서 그는 자신의 종교성과 기독교에 대한 생각을 이렇게 표현한다.

두 개의 기독교 교파, 프로테스탄트와 가톨릭은 하나님의 은혜로 이 땅에 주어진 고상하고 고유한 삶의 존재에 대하여 그 가치를 무시하고 파괴하는데 오히려 무관심하다. 미래라는 관점에서는 프로테스탄트가 가톨릭을 이기든, 가톨릭이 프로테스탄트를 이기든 상관없다. 중요한 것은 아리안 족이 살아남느냐, 아니면 소멸하느냐 하는 것이다. 바로 이 점에서 민족의 소명자는 자신의 신앙에 책임을 지는 거룩한 의무를 가진다. 그것은

---

1 Rainer Bucher, Hitlers Theologie, (Wuerzburg, 2008), 28~29.

외형적으로 하나님의 뜻에 관해 말하는 것만이 아니라, 하나님의 뜻을 완성하며 하나님의 역사를 모욕하지 않는 것이다. 왜냐하면 하나님의 뜻은 인간에게 구체적인 형태, 존재, 가능성을 주었기 때문이다. 누구든지 그의 역사를 파괴하는 자는 창조의 하나님에게, 신적 의지에 저항할 뿐이다. 그렇기 때문에 모든 독일인은 자신의 교파에 국한되지 말고 자신의 거룩한 의무로 받아들여야 한다…2

히틀러에게 기독교는 정권 유지를 위한 도구일 뿐이었다. 그는 정치적 수사학을 정교하게 만들기 위해 기독교 용어들을 십분 활용하는 교활함을 드러냈다. 하지만 그의 정치적 수사학은 말장난에 지나지 않았고, 반대 음모를 숨기기 위한 계략이라는 것이 판명되었다. 뮌헨대학교 학생들로서 나치에 저항했던 '백장미단'의 글이 이러한 진실을 밝혀주고 있다.3

기독교에 대해 이중 정책을 폈던 히틀러는 『나의 투쟁』에서 가톨릭교회를 본받아야 한다고 기술하기도 했다. 정치인으로서 히틀러가 가톨릭교회에서 배우려고 했던 점은 신앙과 교리가 아니었다. 그가 가톨릭교회로부터 차용하려 했던 것은 절대 권위 체계, 전략으로서의 도그마, 구조적·기능적 문제 해결 등이었다. 이를 자신의 정치 활동을 체계화하기 위한 모델로 삼은 것이다.4

---

2 Adolf Hitler, Mein Kampf, (Muenchen, 1935), 630.

3 Bucher, ibid., 7, 재인용. "히틀러의 입에서 나오는 모든 말은 거짓말이다. 그가 평화를 이야기하면 그는 전쟁을 의미하고, 그가 무례하게도 전능하신 분의 성호를 거론할 때면 그는 악의 권력, 타락한 천사, 사탄을 의미한다. 그의 입은 지옥에 있는 냄새나는 연기이며, 그의 권력은 근본적으로 타락해 있다."(백장미단의 삐라).

4 Ibid., 37-45.

라우쉬닝(Hermann Rauschning)은 히틀러의 측근 중 한 명이었다. 그는 1932년부터 34년까지 히틀러와 나눈 대화를 정리하여 두 권의 책으로 출간했다. 라우쉬닝은 나치당에 입당한 후 폴란드 단치히의 당지도를 맡을 정도로 신임을 얻었으나, 히틀러의 측근으로 지내면서 깊은 회의에 빠지게 되었다. 라우쉬닝은 1936년 스위스로 탈출한 후 히틀러의 어록을 모아 출간했다.5 그는 『히틀러와의 대화』에서 기독교에 대한 히틀러의 생각을 이렇게 기록하고 있다.

파시즘은 신의 이름 하에서 교회와 평화를 체결할 수 있게 되었다. 나 역시 이를 실행할 계획이다. 왜 그렇게 하지 않겠는가? 독일에서 기독교의 깊은 뿌리와 줄기들까지 모두 섬멸하려는 내 계획을 누구도 막지 못할 것이다.6

라우쉬닝은 히틀러가 가톨릭교회에 대해 놀라워했다고 증언하고 있다.

가톨릭교회는 그 어떤 위대한 점을 지니고 있다. 그 단체는 자그마치 2천년 가까이 유지되어왔다. 우리는 그 점을 배워야 한다. 그 속에 의미와 인간 이해가 들어있다. 가톨릭교회는 자신의 사람들을 잘 파악하고 있다. 그들은 어떻게 자신의 사람들을 통제해야할지 알고 있는 것이다. 하지만 이제 그들의 시간은 지나갔다.7

---

5 H.라우쉬닝이 저술한 두 권의 책은 『니힐리즘의 혁명』(Die Revolution des Nihilismus, 1938), 『히틀러와의 대화』(Gespraeche mit Hitler, 1940)였다.

6 H.Rauschning, Gespaeche mit Hitler, (Zuerich, 1940/1973), 50.

7 Wolfgang Scherffig, Junge Theologen im Dritten Reich, (Neukirchen-Vluyn, 1989), 48,

개신교회에 대한 히틀러의 생각은 보다 적나라했다. 그의 눈에 개신교회는 별로 큰 힘을 갖지 못하고 있는 것으로 보였다. 라우쉬닝은 이 점을 간과하지 않고 기록했다.

프로테스탄트들은 교회가 무엇인지 제대로 알지 못하고 있다. 그들의 교회는 마음먹은 대로 어떻게 해보려는 계획을 실행할 수 있다. 그들은 염려에 익숙하다. 프로테스탄트들은 지방 군주들이나 교회 지도자들로부터 그런 것들을 배웠다... 그들은 제대로 된 신앙을 갖고 있지 않다. 그렇다고 로마 교황청처럼 거대한 권력을 소유하고 있지도 않다.[8]

히틀러가 교회를 바라보는 시선은 이기적이었다. 즉, 어떻게 하면 자신의 정권에 교회를 이용할까 하는 관점이었다. 가톨릭과 개신교의 차이를 바라보는 관점도 외형적인 조직과 구조에 있었다. 히틀러가 로마 교황청과는 공식적인 협약을 맺으면서도 개신교와는 별 다른 예전을 갖추어 상대하지 않은 것은 교회를 피상적으로 평가했기 때문이었다.

교회사가 쉐르피히(W.Scherffig)는 히틀러의 기독교 정책이 교묘한 연극 연출 기법과 관련이 있다고 지적한다. 교회를 정치술의 하나로 활용한다는 의미이다.[9] 외국의 기독교 지도자들은 히틀러의 기독교 정책을 제대로 간파하지 못했다. 히틀러와 나치당이 선전하는 포장술은 그들을 속이기에 충분했다. 영국의 캔터베리 대주교도 "종교적이며 기

---

8 H.Rauschning, ibid., 54.
9 W. Scherffig, ibid., 49.

독교적인 분명한 고백을 가지고 있는 국가사회주의의 도덕성과 윤리성에 대하여 지극히 놀라지 않을 수 없다"고 논평할 정도였다.[10]

『20세기의 신화』라는 책으로 일약 나치 세계관 운동의 지도자로, 히틀러의 측근으로 등장한 로젠베르크(A.Rosenberg)는 히틀러의 기독교관에 대해 다음과 같이 적고 있다.[11]

최고 지도자(히틀러)는 그가 할 수 있는 한 내 결론을 수년 동안 뒷받침해주었다. 그는 웃으면서 한 번도 아니고 여러 번이나 마치 푸른 들판에 있는 것 같다고 말했다. 그러면서 이제 그 시간이 당도했다고 말했다. 바로 기독교 중독 현상이 그 종말을 맞고 있다는 것이다.[12]

---

10 James Bentley, Martin Niemoeller. Eine Biographie, (Muenchen, 1985), 59-60.

11 로젠베르크는 반기독교적 인물로 나치 몰락까지 여러 관직을 거치며 나치 사상가로 활약하다 연합군의 전범 재판에서 사형을 언도받고 1946년 사형 당했다. 그는 비르트의 글을 인용하며 기독교를 폄하했다. "이 갈릴리 사람(예수 그리스도: 필자 주)의 어리석은 행동으로 우리나라가 거의 파산 직전에 이르렀다. 이제 신들의 은총으로 구원이 이를 것이다." Alfred Rosenberg,, Der Mythus des 20. Jahrhunderts, 73.

12 Ibid..

2
| 나치의 기독교 정책 방향 |

나치는 정권을 유지하기 위해 기독교를 철저하게 활용하는 전략을 폈다. 나치에게 기독교는 궁극적으로 제거의 대상이었다. 기독교의 양심은 처음부터 나치의 본색을 간파했다. 나치가 정당 활동을 시작하던 1920년 초반부터 나치를 경계하고 경고하는 목소리가 기독교에서 많이 나왔다. 나치는 독일 국민 대다수가 속해있는 교회를 쉽게 제어할 수 없었다. 기독교는 나치에게 눈에 가시와 같은 존재였다. 그래서 그들이 택한 방법은 기독교에 대해 이중 정책을 펴는 것이었다. 한쪽으로는 유화와 회유 정책이었고, 다른 한쪽으로는 탄압 정책이었다.

유화 정책은 나치의 정책이 기독교적으로 보이게 위장하는 전략이었다. 그들은 나치 주동의 온갖 연설과 집회에서 기독교적 색깔로 채색하는 방법을 썼다. 또한 나치의 사상에 동조하는 제국기독교인들을 대중 연설에 동원했다. 제국기독교인은 기독교인 가운데 나치 당원이거나 나치에 동조하는 사람들로 결성된 친나치 집단이었다. 이들 가운데는 튀링겐(Thueringen) 지역 출신의 기독교인들이 많았는데, 이들은 '제국기독교인운동'을 통해 국가교회를 세워 독일을 지배하려고 했다. 이 운동을 기반으로 나치 정권은 기독교를 종속시키려 했다.

한편 개신교 목회자들 가운데 나치에 동조하는 이들도 적지 않았다. 이들의 대다수는 연령대가 높고 보수적인 성향을 가진 이들이었다. 이들은 바이마르 공화국이 세워지는 과정에서 군주정이 과격하게 무너지는 것을 경험했다. 프로이센의 국왕 빌헬름 2세의 망명을 경험했던 이들은 군주정에 대한 항거를 반역으로 받아들였다. 하지만 의회 민주주의, 법치주의를 기반으로 세워진 바이마르 공화국은 14년간 지속된 정치적 혼란을 극복하지 못하고 무너져 내렸다.

비교적 나이가 많았던 목회자들은 이런 비극이 정치적 경험과 사상이 부족한 데서 왔다고 생각했다. 독일의 추락한 자존심을 회복하고 정치적으로 재건하기 위해서는 민족을 규합할 수 있는 메시아적 지도자가 필요하다고 여기던 차에 나치당과 히틀러가 등장한 것이다. 히틀러는 나치당에서 권력을 잡고 최고 지도자의 자리에 올랐다. 개신교 목회자들 가운데 기독 청소년을 나치 돌격대(SA)에 가입하도록 종용하는 일이 많았는데, 이 단체가 강인한 청소년의 모델로 비춰졌기 때문이다. 심지어 목회자들 가운데는 돌격대 제복을 착용하고 교회를 드나드는 경우도 종종 있었다.

나치는 또한 기독교 안의 반체제 인물을 나치 성향의 제국기독교인들로 대체하는 방법을 사용했다. 그 첫 번째 작업으로 제국기독교총회의 주교를 히틀러가 임명했다. 이 과정에서 교계가 압도적인 지지로 선출한 보델쉬빙(F. von Bodelschwingh) 주교를 강제 퇴임시키는 물의를 일으켰다. 보델쉬빙 주교 후임으로는 뮐러(L. Mueller)가 임명되어 나치와 친밀한 관계를 유지하게 된다. 히틀러는 나아가 로마 교황청과 조약(Reichskonkordat)을 맺으며 친가톨릭적인 자세를 취했다.

나치당은 소련으로부터 밀려오는 공산주의 혁명을 막을 수 있는 지도자와 정당은 히틀러와 나치당 밖에 없다고 주장했다. 정치적으로 혼란스런 상황 속에서 일부 교계 지도자들은 이를 현실로 받아들였다. 폴란드, 체코, 발칸 지역의 나라들이 사회주의 혁명에 잠식당하는 것을 보면서, 또한 노동자 봉기까지 격화되어가자 서방 국가들은 위협을 느꼈다. 기독교의 저항에도 불구하고 또 다른 기독교인들로부터 히틀러가 지지를 얻을 수 있었던 요인은 바로 이러한 공산주의의 위협이었다. 공산주의가 반종교적이며 반기독교적인 이데올로기라는 것은 명확했다. 사회주의 혁명이 일어나면서 소련의 수많은 교회, 수도원 등이 파괴되거나 국유화 되고, 교계 지도자들이 탄압, 추방, 순교 당하는 상황은 서방 국가들에게 불안과 두려움을 안겨주었다.

나치의 기독교 탄압 정책은 그 기관과 방법 면에서 다양했다. 기독교를 탄압하는데 나선 기관들은 친나치 기관으로, 어떤 이름을 갖고 있든 반기독교적이었다. 최고 지도자인 히틀러 자신이 먼저 반기독교적이었다. 나치당의 교회 문제 담당 부서, 나치당 사상연구소, 나치 정부의 국민 계몽과 프로파간다 부서, 내무부, 법무부, 교육부, 교계(敎界)부, 청소년부, 경찰청, 제국기독교 운동, 제국기독교 주교, 강제 수용소, 독일신앙운동 단체 등이 모두 반기독교 정책에 동원되었다. 결국 나치 시대의 모든 기관들이 기독교를 박해하기 위해 혈안이 되어 있었다고 해도 과언이 아니었다.

그 중에서 국민 계몽과 프로파간다를 책임지고 있던 괴벨스(J. Goebbels) 장관, 나치당 사상연구소 소장이었던 로젠베르크(A. Rosenberg)는 대표적인 반기독교 정책가였다. 물론 이들 기관은 법적으로 기독교계를 직접 제어할 수 있는 권한은 없었다. 하지만 사상적으로 엄청난 반기독교 정신을 선전하고, 기독교에 비판을 가함으로써 내무부, 법무부, 교육부, 경찰청 등 법적 구속력을 가지고 있는 정부 기관들을 움직였다.

나치의 기독교 탄압 가운데 가장 대표적이고 전형적인 사례로 다음 몇 가지 경우를 꼽을 수 있다. 첫째, 아리안법이다. 나치는 독일 국민들이 아리안-게르만 족에 속한다는 증명서를 나치당에 제출하게 만들었다. 이는 종교·정치적으로 유대인과 다른 인종에 속한 기독교인들을 분리시키려는 의도를 갖고 있었다. 히틀러가 발표한 나치당 25개 조항에는 이미 반인종적 주장이 들어가 있었다.

4. 독일 국가에 속하는 국민은 민족 구성원이어야 한다. 민족 구성원은 독일 혈통을 가진 자로서 신앙 고백에 차별을 두지 않는다. 이로서 유대인은 민족 구성원에 속할 수 없다.

유감스러운 사실은 1933년 제국기독교가 발표한 교회법에도 비인간적인 아리안법이 포함되어 있다는 사실이다.[13]

2. 아리안 혈통에 속하지 않거나, 아리안 혈통에 속하지 않은 사람과 결혼한 자는 통상적으로 교회의 행정이 관할하는 영역에서 목회자나 공무원으로 초빙 받을 수 없다. 아리안 혈통에 속한 목회자와 공무원이라 할지라도 아리안 혈통에 속하지 않은 자와 결혼한 자는 사임해야한다. 아리안 혈통에 속하지 않은 사람은 제국법이 정하는 규칙에 따라야 한다.
2. 아리안 혈통이 아니거나, 아리안 혈통이 아닌 자와 결혼한 목회자와 공무원은 퇴직에 처해진다.

둘째, 충성 서약의 강요이다. 이 일을 계기로 기독교계, 특히 고백교회는 심각한 위협을 받았다. 강요된 충성 서약의 내용은 다음과 같다.

나는 맹세합니다. 나는 독일 제국과 민족의 지도자인 아돌프 히틀러에게 충성하고 순종할 것입니다. 나아가 법을 준수하며 나의 직무와 책임을 다 이행하겠습니다. 하나님께서 나를 도우시길 기원합니다.[14]

---

13 Evangelische Kirche und Drittes Reich. Ein Arbeitsbuch fuer Lehrer der Sekundarstufen I u. II, Goettingen 1983, 166-167.

14 Georg Denzler & Volker Fabricius, Christen und Nationalsozialismus,(Fft/M., 1993), 86.

3
| 고백교회와 교회 투쟁의 태동 |

독일은 기독교사적 관점에서 보면 종교 개혁가 루터를 배출하는 등 엄청난 역사적 업적을 이루었다. 하지만 30년 전쟁(1618~1648)을 치르고 계몽주의를 맞이하면서 독일은 신학적으로는 정반대의 길을 걷는 모험을 한다. 쉴라이어마허, 헤겔, 리츨, 하르낙, 트뢸치, 니체, 불트만으로 이어지는 자유주의 신학 사상은 20세기 초 변증법적 신학을 통해 다시 회귀하려는 움직임을 보인다.

나치의 독일신앙운동은 이처럼 독일 신학이 중심을 잃고 신앙의 정도에서 벗어난 침체기에 나온 민족적 신앙 운동이라고 할 수 있다. 만약 독일의 종교 개혁 사상, 복음주의 신앙이 그 능력을 잃지 않았다면 신앙적 회의와 신학적 자유주의는 극복이 가능했을 것이다.[15] 나아가 나치주의자들이 주동했던 민족 신화적 종교 운동을 충분히 설득하

---

15 퀴네트는 나치 시대를 살았던 목회자로서 그런 감회를 밝히고 있다. Bjoern Mensing, 215.

고 회심시킬 수 있지 않았을까 추정해본다. 고백교회(Die Bekennende Kirche)는 이런 상황에서 이루어진 신앙의 자성 운동이었다.

독일에는 바이마르 공화국 이전부터 강한 민족주의적 색채를 띠고 있던 일부 프로테스탄트들이 있었다. 이들은 '국가프로테스탄트(Nationalprotestant)'라고 불리었는데, 대부분 루터신학의 전통을 따르고 있었다. 이들은 독일인이면 당연히 루터교에 속해야 하며, 루터의 종교개혁이 로마로부터 독립과 해방을 쟁취했던 것처럼 독일의 개신교도 그렇게 자존해야 한다고 주장했다.16 그런 이유로 이들은 다분히 정치적이고 극우파적 성향을 띠고 있었다.

그런데 이들이 나치의 민족주의를 잘못 이해했다. 국가를 염려하는 신앙심에서 출발했던 민족주의와 나치가 주장하는 민족주의를 같은 맥락의 것으로 착각했다. 나치의 민족주의는 극단적 민족 우월주의였으며, 정치적으로 보자면 정권 창출을 위한 도구였을 뿐이다. 그런데도 이들 국가프로테스탄트들은 기독교가 국가의 권력과 손을 잡으면 보다 효과적으로 독일 민족을 통합할 수 있으리라고 생각했다. 하지만 정치 세력과 손을 잡아야 한다는 발상은 바로 제국기독교인들의 생각이었다.

고백교회는 이런 상황에서 정치화 되어가는 교회(Politisierung der Kirche)가 다시 성경적인 본 모습을 되찾아야 한다며 교회 회복 운동을 일으켰다. '고백교회'라는 말은 성경적 신앙을 공적으로 고백하는

---

16 16세기에 일어난 종교개혁을 신앙적 측면에서가 아니라 지정학적 측면에서 이해하는 이들도 있었다. 이들은 종교개혁을 알프스 남부 그레코-로만 문화로부터 알프스 북부 게르만 문화의 자주 독립, 가톨릭 교황 체제로부터의 해방이라는 관점에서 이해했다. 국가프로테스탄트, 나치주의자 등이 이러한 해석을 지지했다.

교회라는 의미이며, 이는 다른 관점에서 보자면 나치가 선전하는 신앙 교리는 왜곡된 것이라는 저항의 의미도 들어있었다.

고백교회는 정치화 되어가는 교회의 반대편에서 또 다른 정치화를 도모하려 하지 않았다. 고백교회는 나치에 의해 왜곡된 기독교 신앙 교리를 성경적으로 회복시키고, 교회 안으로 스며드는 나치 사상에 대한 경각심과 바른 판단을 고취시키자는 의도로 결성되었다. 고백교 회를 주도했던 지도자들의 첫 번째 공적 행동이 '바르멘 신학 선언'이 라는 점이 이를 잘 말해주고 있다.

고백교회는 먼저 수도 베를린과 독일 서부 지역을 중심으로 활동하기 시작했다. 서부 지역은 주로 라인란트와 베스트팔렌 주였다. 독일 중부 튀링겐 주에서는 제국기독교가 활발히 움직이고 있었고, 동부 역시 이 운동에는 미온적인 태도를 보였다. 서부 지역에 퍼져있는 교회들 가운데 특히 개혁주의 성향을 띤 교회들이 고백교회에 많이 가입했다. 이들 교회는 평신도들이 교회의 존립을 함께 책임지는 구조여서 활동 초기에는 루터 교회보다 좀 더 활동적이었다. 처음에 이들은 자체적으로 '지역 고백교회(Bekenntnis-gemeinde)'라는 이름을 붙였다. 루터와 칼빈의 전통을 따르는 교회들이 초기 고백교회 활동에

반나치 운동의 기수 니묄러 목사의 정신을 기리는 베를린 니묄러 하우스 홍보물.

니묄러 목사가 시무했
던 베를린 달렘교회.

동참했지만, 이들의 신학적 차이는 결국 고백교회의 통합을 저해하는
요인이 되었다.

고백교회는 제국기독교가 나치와 협력하여 독일 개신교총회와 노
회를 장악하였기에 새로운 협의체를 구성해야했다. 1934년 초 고백
교회 산하 지역 교회들이 자체적인 교회협의회(Bruderrat)를 결성했다.
그리고 이들이 모여서 고백교회 노회(Bekenntnissynode)를 만들었다.
1934년 5월 29일, 고백교회 회원 교회들은 바르멘 시에서 '알트프러이센교회연합 복음주의 고백교회 노회'를 출범시켰다. 나치에 항거하는 교회 투쟁은 고백교회 노회와 노회 산하 지역 고백교회를 통해 이뤄졌다. 제국기독교에 의해 얼룩진 독일교회의 전통은 이렇게 하여 고백교회가 명목을 세워갔다. 첫 번째 독일 고백교회 노회는 1934년 5월 29~31일, 부퍼탈 근교 바르멘(Barmen)에서 개최되었다.

고백교회의 움직임과 함께 시작된 반나치 기독교 운동에는 '목사긴급동맹(Pfarrernotbund)'이 있었다. 목사긴급동맹이 선언된 것이 1933년 9월이었으니 이 운동이 시기적으로는 고백교회보다 앞선다고 볼 수 있다. 나치는 1932년 '국가사회주의목사동맹(NS-Pfarrerbund)'을 결성하고 친나치 교계 지도자들을 규합하고 있었다.

목사긴급동맹은 독일 복음주의교회총회에서 주교로 선출된 바 있는 보델쉬빙 목사와 하노버 주교인 마라렌즈를 대표로 세우고자 했다. 베를린 달렘에서 목회를 하고 있던 니묄러와 그 일행이 이들을 찾아갔으나 대표직 수락을 받지는 못했다. 보델쉬빙은 나이가 많아 거절했고, 마라렌즈는 제국 교회와 고백교회라는 야합과 저항 사이에서 분명한 입장을 정하지 못한 상태였다. 마라렌즈는 이후에도 끝내 이중적 태도에서 자유롭지 못했다는 평가를 받았다.[17]

결국 니묄러 목사가 대표를 맡게 되었다. 그는 독일교회를 바로 잡

---

17 RGG, Bd.4, 778. 마라렌즈(August Marahrens, 1875~1950). 1904년 하노버 궁정목사. 1909년 데리히브부르크 설교가 세미나 원장. 1925~1947년 하노버교회협의회 주교. 그는 1933년 이후 교회 정치의 주요한 인물 중 하나로 평가된다. 그는 고백교회 지도부에 가입되어 있었으나 제국기독교의 정치적인 타협안을 받고 제국기독교와 손을 잡기도 했다. 국가사회주의 주장에 찬성하는 등 고백교회의 방향과 어긋나는 행동을 하면서 히틀러에게 충성 서약을 했다. 1945년 연합군의 교회 정책이 그를 평가하지 못한 채 시간을 보내다 1947년 결국 주교 자리에서 물러남으로써 나치 시대의 행적을 평가 받았다.

기 위해 온갖 힘을 다 쏟았다. 각 지역에 흩어진 교역자들로부터 협력을 얻어내고, 그들의 서명이 담긴 답신을 얻어내기 위해 설명과 설득을 아끼지 않았고, 이를 위해서는 장거리 여행도 마다하지 않았다. 니묄러는 나치의 감시를 받으며 지내다 결국 체포되었고 강제 수용소를 전전하게 되었다. 전쟁이 끝날 때까지 니묄러는 거의 대부분의 시간을 수용소에 수감되어 지냈다. 1933년 10월 니묄러 목사가 정리한 목사 긴급동맹의 결의문을 살펴본다.[18]

1. 나는 내 직무를 오직 성경에 근거하고, 정확한 성경 해석을 종교개혁의 고백에 근거하여 하나님의 말씀을 섬기는 자로서 사용할 것을 의무로 여긴다.
2. 나는 신앙 고백의 위상을 위협하는 행위에 대해서는 타협 없이 투신하여 저항할 것을 의무로 여긴다.
3. 나는 신앙 고백으로 인하여 핍박받는 데에 최선을 다해 책임을 질 것이다.
4. 나는 위의 의무 조항을 통하여 그리스도의 교회 안에서 아리안법을 적용하는 행위가 신앙 고백의 위상을 핍박하는 것이라고 확인한다.

라인지방에서 태동된 '라인목사동지회(Die Rheinische Pfarrerbruderschaft)'는 1933년 7월 다음과 같은 결의문을 작성하여 나치의

---

18 Wilhelm Niemoeller, Texte zur Geschichte des Pfarrernotbundes, (Berlin, 1958), 26~27. 이 결의문의 3항은 "나는 이런 신앙 고백의 위상에 대한 깨달음으로 보넬쉬빙 주교의 지도와 대표직을 신뢰한다"로 되어 있었으나 제국기독교인의 방해로 주교직을 사임하게 되자 보넬쉬빙의 요청으로 삭제했다.

반기독교 운동에 대응하도록 격려했다.19

1. 우리 동지회의 기초는 성경과 종교개혁의 신앙 고백에 따른 목사 직
   무의 공동 조약이다.
   우리는 이 직무를 하
   나님으로부터 받고
   교회에 의해 실현되
   도록 한다. 이 직무는
   우리 삶의 표지이며,
   우리 길의 방향이 되
   고, 우리 행동의 척도
   와 경계를 보여준다.
   우리는 목사직을 수

베를린 달렘교회에 서있는 기념비. "미래를 위해 기억하
자. 1933-1945. 인종편견의 광기-전쟁-독재···. 주여 우
리를 불쌍히 여기소서."

   행함에 있어 동지(同志)적 공동체가 필요하다.

2. 우리 동지회는 그리스도의 몸 되신 교회로부터 그 본질을 얻는다. 이
   는 죄의 용서로 인해 생명을 얻고 나아가 조건 없이 용서할 수 있도록
   다짐한다. 여기에 기초하여 우리의 신실함과 신뢰가 구축된다.

3. 우리 동지회는 준비된 마음과 의무감을 지면서 서로에 대한 동지적
   돌봄을 통해 성취된다. 중요한 결정을 내릴 때는 위원회의 권고를 따
   른다.

4. 우리 동지회는 서로에게 의무감과 책임감을 진다. 우리는 서로 도움

---

19 Ibid., 19~20.

으로써 헌신한다.

5. 우리 동지회의 과제는 다음과 같다.

a) 말씀과 성례를 통한 공동체성 강화

b) 각 분야에 따른 신학 작업

c) 교회 섬김에 있어서의 동지적 협력

6. 동지들의 과제는 다음과 같다.

a) 오직 하나님의 말씀을 선포하는 데서 교회적 행동을 이룬다.

b) 일, 기도, 중보 기도에서 목회 생활의 질서를 세우고, 교회의 신앙 교리와 교육에 헌신한다.

7. 이런 근거로 행할 동지적 의무는 다음과 같다.

a) 우리의 직무는 성경 말씀과 정확한 성경 해석에 근거한다. 종교개혁의 신앙 고백에 따라서 하나님 말씀의 헌신자로서 임직 서약에 충성을 다한다.

b) 교회의 신앙 고백의 위상을 공격하는 일에 대하여 확고한 신앙 고백으로 방어한다.

c) 신앙 고백으로 인해 핍박을 받는 이들을 위해 투신한다.

8. 우리 동지회의 구조는 대표단의 지도 하에 노회 안에 동지회로 존재한다. 대표단은 동지회의 규약을 만든다. 이로서 목사동지회의 일치와 공동체에 대한 책임을 진다.

4

| 바르멘 신학선언 |

　고백교회 노회는 나치와
그 추종자들이 독일신앙
운동, 제국기독교 등을
통해 기독교 신앙에 위
해를 가하자 교회와 교
인, 신앙과 교리를 수호
해야 할 급박한 소명감을 느
꼈다. 노회는 3명의 지도자를 선임
하여 시대 상황에 대한 신학적 정립을 하도록 했다. 함부르크의 교계
지도자인 아스무센 목사, 본 대학 신학교수 칼 바르트, 뮌헨 소재 바
이에른 복음주의교회청 고위 관리인 브라이트(Thomas Breit)가 선임되
었다.[20] 이들은 초안을 작성하고 2주가 지난 1934년 5월 31일 이른바
'바르멘 신학 선언(Die Barmer Theologische Erklaerung)'이란 신앙 고백을
선포한다.

　이 신학 선언은 크게 여섯 개의 주제로 구성되어 있다. 각 주제의

---

　20 이　3명은 1934년 5월 15~16일 프랑크푸르트 소재 한 호텔에서 모임을 가졌다. 일
정 중 낮에 휴식 시간을 갖는 동안 바르트 교수가 '독일복음주의교회의 현재 상황에 대한
신학적 해명'이란 글을 기안했는데, 그 내용이 바르멘 신학 선언의 토대가 되었다.

첫 번째 단락은 성경 구절로 시작되며, 두 번째 단락은 그 성경 구절을 통하여 고백교회가 이해하는 현재 상황에 대한 신학적 고백, 그리고 세 번째 단락은 그런 근거로 인하여 고백교회는 정권을 잡고 있는 나치와 그에 부역하는 기독교인들의 주장을 거부할 수밖에 없다는 입장을 명백히 하고 있다.

바르멘 신학 선언의 6가지 주제

I. 예수 그리스도 – 하나님의 오직 그 말씀

II. 예수 그리스도 – 우리 삶의 오직 그 주님

III. 형제들의 공동체인 교회 – 교회의 진리와 포괄적인 증인의 책임

IV. 교회 안의 기관 – 지배가 아닌 봉사

V. 국가의 임무와 교회와 국가의 관계

VI. 교회의 책임 – 은혜로 주어지는 복음의 전파

이러한 6개의 주제를 중심으로 전개되는 바르멘 신학 선언은 다음과 같다.

I.

"예수께서 가라사대 내가 곧 길이요 진리요 생명이니 나로 말미암지 않고는 아버지께로 올 자가 없느니라"(요 14:6).

"내가 진실로 진실로 너희에게 이르노니 양의 우리에 문으로 들어가지 아니하고 다른 데로 넘어가는 자는 절도며 강도요... 내가 문이니 누구든지 나로 말미암아 들어가면 구원을 얻고 또는 들어가며 나오며 꼴을 얻으리라"(요 10:1, 9).

예수 그리스도는 성경에서 증거된 바와 같이 하나님의 바로 그 말씀이며, 우리가 들어야하며, 우리가 삶과 죽음에서 신뢰하며 순종해야 할 그분이시다.

그러므로 우리는 다음과 같이 잘못된 교리를 거부한다. 교회가 하나님의 바로 이 말씀 외에 그 어떤 유사한 경우에도 말씀 선포의 근원이 되거나, 될 수 있다고 믿는 것, 그리고 다른 어떤 사건이나 능력, 형상이나 사실을 하나님의 섭리처럼 인정하려는 것은 잘못된 것이다.

II.

"너희는 하나님께로부터 나서 그리스도 예수 안에 있고 예수는 하나님께로서 나와서 우리에게 지혜와 의로움과 거룩함과 구속함이 되셨으니" (고전 1:30).

예수 그리스도가 우리의 모든 죄를 사하시는 하나님의 선언이 되시는 것처럼, 그가 우리의 모든 삶에 관계하시는 하나님의 강한 요청이라는 사실은 명백하다. 그를 통하여 우리는 이 세상의 무신론적 결박으로부터 해방되어 하나님의 창조된 세계를 섬기는 자유롭고 감사하는 존재가 된다.

그러므로 우리는 다음과 같이 잘못된 교리를 거부한다. 마치 우리의 삶에 예수 그리스도가 아닌 다른 어떤 주를 섬길 수 있다거나, 예수 그리스도의 공의와 구원이 필요 없다고 하는 것은 잘못된 것이다.

III.

"오직 사랑 안에서 참된 것을 하여 범사에 그에게까지 자랄지라 그는 머리니 곧 그리스도라 그에게서 온 몸이 각 마디를 통하여 도움을 입음으로 연락하고 상합하여 각 지체의 분량대로 역사하여 그 몸을 자라게 하며 사랑 안에서 스스로 세우느니라"(엡 4:15~16).

그리스도의 교회는 형제, 자매들의 공동체이다. 그 안에서 그리스도는 언제나 말씀과 성례를 통하여 성령으로 주(主)로 역사하신다. 이러한 믿음, 순종, 선포, 질서 등을 소유하고 교회는 죄 된 세상 가운데서 은혜로 구원받은 죄인들의 교회로서, 예수 그리스도의 나타나심을 사모하는 가운데 그리스도의 소유이며, 그리스도의 위로와 인도하심 속에서 살아가야 한다.

그러므로 우리는 다음과 같이 잘못된 교리를 거부한다. 마치 교회가 복음 선포와 질서의 내용을 지배하는 세계관이나 정치적인 이론에 따라 그 편을 좇거나 바꿀 수 있는 것처럼 하는 것은 잘못된 것이다.

IV.

"예수께서 제자들을 불러다가 가라사대 이방인의 집권자들이 저희를 임의로 주관하고 그 대인들이 저희에게 권세를 부리는 줄을 너희가 알거니와, 너희 중에는 그렇지 아니하니 너희 중에 누구든지 크고자 하는 자는 너희를 섬기는 자가 되고"(마 20:25~26).

교회 안의 여러 기관들은 결코 그 위에 또 다른 기관이 지배하도록 권력을 형성하지 않는다. 오히려 모든 공동체가 신뢰하며 서로 섬길 수 있게 하는 것이다.

그러므로 우리는 다음과 같이 잘못된 교리를 거부한다. 마치 교회가 이런 봉사의 실행 저편에서 지배력을 갖춘 지도자가 있을 수 있다고 하거나 그렇게 하는 것은 잘못된 것이다.

V.

"뭇 사람을 공경하며 형제를 사랑하며 하나님을 두려워하며 왕을 공경하라"(벧전 2:17).

성경은 우리에게 다음과 같이 가르친다. 국가는 하나님의 질서에 따라 아직 온전한 구원이 이루어지지 않은 세상 가운데서, 교회가 존재하는 가운데서, 인간의 지혜와 능력의 수준에 따라 권력을 적절히 사용함으로써 공의와 평화를 위한 정책을 펴라고 말씀하신다. 교회는 하나님에 대한 감사와 경외감을 가지고 이 질서를 온전히 실행할 것을 알고 있다. 교회는 하나님의 나라, 하나님의 계명과 정의를 기억하고 있으며 지배자와 피지배자의 책임을 알고 있다. 교회는 말씀의 능력을 신뢰하며 순종한다. 왜냐하면 하나님께서 말씀으로 모든 만물을 유지하시기 때문이다.

그러므로 우리는 다음과 같이 잘못된 교리를 거부한다. 마치 국가가 국가의 직무를 넘어서서 인간의 유일하고 전적인 질서가 될 수 있다고 믿거나 교회를 다스릴 수 있다는 것은 잘못된 것이다.

그러므로 우리는 다음과 같이 잘못된 교리를 거부한다. 마치 교회가 교회 본연의 직무를 벗어나서 국가적 형태, 국가적 과업, 국가적 권위에 상응하거나 그렇게 함으로써 국가의 기관이 되려 하는 것은 잘못된 것이다.

VI.

"볼찌어다 내가 세상 끝날까지 너희와 항상 함께 있으리라 하시니라"(마 28:20).

"하나님의 말씀은 매이지 아니하니라"(딤후 2:9).

교회의 자유가 세워지는 그 직책은 그리스도의 자리에서 그의 말씀과 사역을 설교와 성례로 섬기는 가운데 모든 백성에게 하나님의 자유롭게 하시는 은혜를 선포하는 데 있다.

그러므로 우리는 다음과 같이 잘못된 교리를 거부한다. 교회가 인간적인 자기의 영광을 위해 주님의 말씀과 사역을 자의적으로 선택한 욕망이나 목표, 계획에 맞게 변질시키는 것은 잘못된 것이다.

이 '바르멘 신학 선언'은 나치 권력에 부응하여 득세하려던 제국기독교인들의 신앙 상태를 정확히 지적하고 있으며, 보다 적극적인 의미에서는 복음적인 기독교인들이 정치적, 영적 혼란기에 어떻게 바른 믿음을 갖고 살아갈 것인가를 제시하고 있다. 여기에 참여한 교단은 복음주의루터교, 개혁주의, 연합교회였다. 이들이 이러한 선언을 채택한 것은 제국 교회에 대항하는 새로운 교단을 설립하기 위해서가 아니었다. 나치와 제국 교인들이 자행하는 복음 훼손과 그로 인한 교회 탄압으로부터 교회와 성도들을 지키는 것이 목적이었다. 나치 운동의 혼란 속에서도 고백교회는 이 선언을 통하여 복음주의 교회의 순수성과 정체성을 확인할 수 있게 되었다.

제2부

위에서 살펴보았듯이 '독일신앙운동'은 극단적인 민족주의에 빠져있었다. 이들은 민족을 우상으로 섬기면서 국민 각자의 개인적인 삶을 희생시키려고 했다. 기독교가 독일 역사에 가져온 긍정적인 면은 무시한 채 독일을 분열시키는 역할을 했다고 비난하면서 개신교와 가톨릭의 교리를 극복할 수 있는 새로운 종교, 즉 독일 종교의 건립을 주장했다. 베르크만의 기독교 비판은 이렇게 글을 맺는다. "그러므로 우리는 교회로부터 신을 제거하기를 원한다. 그러나 교회는 신을 잃으려하지 않는다. 우리의 교회는 그 반대다. 독일적 국가교회는 신이 필요없다."

III. 민족 신앙 토착화와 독일적 신앙

1
| 민족 신앙 토착화 |

1.1 나치의 신앙_민족과 신화

나치는 자신들이 원하는 대로 국민을 이끌기 위해 종교를 적극적으로 활용했다. 나치의 전제는 다음과 같이 압축할 수 있다.

'독일의 현 상황은 비극적이다. 비극의 원인을 종교적으로 살펴보자면, 기독교와 유대교 때문이다. 유대교는 유대인들을 통해 독일 안에 혈통, 인종, 문화, 사회적으로 유해한 독소를 퍼뜨려놓았고, 기독교는 유대교로부터 이민족적인 유대인 신화, 구약, 신약 등을 수입했다. 따라서 독일이 원래의 뿌리인 아리안-게르만적인 민족이 되지 못한 이유는 유대교와 기독교를 민족 문화에서 제거하지 못했기 때문이다. 나치는 순수 독일 혈통에 의한 제국을 세움으로써 세계에 독일 민족의 우수성을 알리고 우수 민족으로서 세계를 지배하여 세계 평화에 이바지해

야 한다.'

나치의 추종자들은 기독교와 유대교를 몰아내고 새로운 종교를 세우려고 했다. 이른바 게르만 신앙(Der Glaube der Germanen), 독일적 신앙(Deutscher Glaube), 독일 종교(Deutschreligion), 민족 신앙(Volksglaube) 등의 이름으로 작업을 진행했다. 나치가 주장한 세계관 운동은 독일 국민들이 바로 이러한 신앙을 따르게 하려는 의도였다. 하지만 야욕의 본질은 이런 과정을 통하여 나치당이 지배하는 세상을 만들려는 것이었다.

이들의 첫 번째 작업은 기독교와 유대교에 맹렬한 비판의 포문을 여는 일이었다. 이를 계기로 전국에서 수많은 종교 비판 서적이 쏟아져 나왔다. 나치의 지식인들 뿐 아니라 대학의 교수진에서도 수많은 기독교 비판 서적이 출간되었다. 이러한 책들에는 '기독교인은 과연 좋은 독일인이 될 수 있을까?', '기독교의 유해성' 등 선정적인 제목들이 거침없이 등장했다.

두 번째 작업은 나치 종교를 세우는 일이었다. 이 일을 위해 이들은 종교학적 연구를 독려하였고, 독일 민족 신화와 전설 등에서 고유한 종교성을 찾아내려고 했다. 국민에게 잘 알려진 신화들을 재해석하고 민족 종교로 정립하여 기독교를 대체하려 했다.

세 번째 작업은 나치 종교를 확장하기 위해 '농민의 신앙(Bauernfglaube)'이라는 용어까지 만들어가며 저변 확대를 꾀했다. 이들은 교회 절기를 나치 세계관으로 바꾸어서 민족 신앙을 생활화하는데 전력을 기울였다.

나치에게 있어 민족과 신화는 고유의 나치 이데올로기를 조립해 가는데 없어서는 안 될 핵심 개념이었다. 민족은 고대 인도-게르만 족의 선조인 아리안 족까지 거슬러 올라가며, 학자에 따라서는 독일 종교의 최고(最古) 시대를 석기시대로까지 주장하는 이들도 있었다.[21] 이러한 이론을 바탕으로 기독교는 5천년 역사를 가지고 있지만 독일 종교는 그보다 훨씬 앞서기 때문에 계시의 관점에서 보더라도 기독교보다 앞선다고 주장했다. 베르크만과 같은 이들의 관점에서 보자면, 기독교는 여러 종교를 조합한 것이었다.[22]

나치를 추종하는 기독교인들은 종종 자신들의 이론을 펼치는데 성경 구절을 인용했다. 예를 들면 요한복음 1장 1절의 성구를 왜곡한 것이 대표적인 경우이다.

"태초에 말씀이 계시니라 이 말씀이 하나님과 함께 계셨으니 이 말씀은 곧 하나님이시니라".

나치는 이 성구를 "태초에 민족이 있었다. 이 민족이 하나님과 함께 있었으니, 하나님은 곧 민족이다"로 바꾸어 하나님이 독일 민족 안에 자신을 계시했기 때문에 민족이 곧 하나님의 계시, 그 자체라고 선전했다.

---

21 Ernst Bergmann, Die deutsche Nationalkirche, (Breslau, 1934).

22 Ibid., 73 f. 그는 여기서 R. 자이델 교수(라이프치히 대학 철학교수)의 저술 『예수의 복음과 불교 전설, 불교 교리의 관계』를 인용하면서 기독교는 인도의 크리슈나(기독교보다 2천년 앞섬)와 불교(기독교보다 6백년 앞섬)로부터 영향을 받았다고 주장한다.

1.2 독일신앙운동(DGB)

1.2.1 현상

'독일신앙운동(DGB, Deutsche Glaubensbewegung)'은 위에서 언급한 독일 민족의 선조가 되는 아리안-게르만 족의 전통에서 종교성을 찾아보려는 움직임이었다. 독일의 신화, 전설, 민담, 영웅담 등을 기초로 철학, 문학, 인류학, 종교학 등 여러 분야에서 독일적 종교성을 추출하려고 했다. 더 나아가 기독교 신비주의로 알려진 마이스터 에카르트(Meister Eckart), H. 수소(Heinrich Suso) 등의 사상을 활용하여 독일적 신론, 경건성, 신앙관 등을 정립해내려 했다.

이 운동은 기독교 안과 밖에서 한동안 강하게 일어났다. 역사학, 사회학적 관점에서 독일신앙운동을 연구한 U. 난코는 그 계파를 무려 10개 이상으로 세분화하고 있다.[23] 이 운동은 크게 두 영역에서 진행되었는데, 하나는 교회 밖에서, 다른 하나는 교회 안에서 일어났다. 교회 밖에서 일어난 독일신앙운동은 독일 안에 새로운 종교를 일으키려는 민족 종교적 성향을 띠었고, 교회 안에서 일어난 독일신앙운동은 주장하는 바가 이단과 다를 바 없었다. 이런 현상은 독일이 과연 루터의 종교개혁이 일어났던 나라였는지, 그 정체성에 의혹을 불러일으키기에 충분했다.

교회 밖에서 진행된 독일신앙운동은 다음과 같이 세분할 수 있다.

---

23 U. Nanko, Die Deutsche Glaubensbewegung. Eine historische und soziologische Untersuchung, 1993,

- 자유종교파(Die Freireligioesen)
- 민족파(Die Voelkische)
  게르만 신앙 공동체(Die Germanische Glaubensgemeinschaft)
  독일 신앙 공동체(Die Deutschglaeubige Gemeinschaft)
  노르둥(Die Nordungen)
  노르딕 신앙 공동체(Die Nordische Glaubensgemeinschaft)
  노르딕-종교 연구 공동체(Die Nordisch-Religioese Arbeitsgemein-
  schaft)
  루덴도르프 운동(Die Ludendorff~Bewegung)
  기타 민족파 공동체

교회 안에서 진행된 독일신앙운동은 다음과 같이 세분할 수 있다.[24]

- 자유 프로테스탄트(Der Freie Protestantismus)
- 쾨게너 동맹(Der Bund der Koegener)
- 독일교회를 위한 동맹(Der Bund fuer Deutsche Kirche)

위와 같은 운동들은 1932~33년 사이에 가장 활기를 띠었다. 이들
은 지역은 서로 달랐지만 지향하는 바는 유사했다. 독일적 신관, 자
연관을 확립하여 독일적 신앙을 정립하겠다는 것이며, 이를 통해 독
일 민족을 통합하자는 것이었다.[25] 종교학적으로 표현하자면, 독일
신앙운동은 민족 전통 안에 스며있는 종교적 신비성과 상징을 기초

---

24 Ibid..
25 Hans Buchheim, Glaubenskrise im Dritten Reich, (Stuttgart, 1953), 159 f.

로 하여 정치적 신비화를 꾀하고자 하는 것이었다. 이들은 더 나아가 독일 국민의 삶 속 깊숙이 배어있는 기독교 전통을 이질적인 것으로 보고, 소위 토착적인 요소로 교체하려 했다. 이런 배경에서 확산되던 독일신앙운동은 독일을 세속화, 비기독교화, 탈신앙고백화(Entkonfessionalisierung)하려는 반기독교 운동이었다.26

그러나 이것들은 태생적으로 단합된 체계나 일관된 이론을 수립할 수 없는 산발적인 운동이었고, 주창자들과 그 주변 인물들에 의해 유지되는 수준이었다. 이들은 이 운동이 국가교회 차원으로 성장하기를 바랐지만, 그렇게 성장할 수 있는 응집력이나 구조를 가지고 있지 못했다. 제국기독교인운동은 나치 정권에 부합하여 조직을 갖춘 데 비하여 이들은 미미한 활동을 보이다가 1937년 가을 즈음부터 나락의 길을 걸었다.

1.2.2 하우어의 주장

독일신앙운동을 공개적으로 처음 출발시킨 인물은 하우어(Jakob W.Hauer)였다. 그는 1881년 슈투트가르트 근교에서 출생했다. 처음에는 벽돌 쌓는 일을 배우다가 19세에 신학의 길로 들어섰다. 하우어는 청소년 시절부터 다분히 종교적인 성향을 보였는데, 고향의 교회는 그가 가장 좋아했던 장소였다고 한다.27 그는 줄곧 고향에서 교회 생활을 하다가 바젤 선교회에 들어가게 되었고, 1906년 인도로 파송 받게 되었다. 인도에서 그는 기독교 이외의 다른 종교에서도 종교적 진

---

26 Ibid., 190.
27 Ibid., 157.

정성과 생명력을 발견할 수 있는가 하는 문제를 놓고 고민하다가 결국 인도 종교에서 그 해답의 실마리를 얻게 되었다.

그 결과 하우어는 다른 민족, 다른 종교권에 선교할 필요가 없다는 결론에 도달했다. 각 민족은 그들 고유의 종교성과 신앙 체계가 있으므로 이를 인정해야 한다는 것이다. 그는 인도 종교를 계속 연구하다가 1911년 독일로 귀국하고 뷔르템베르크에서 목사로 재직했다.28 1921년 하우어는 목사직을 사임하고 튀빙겐 대학에서 종교학 분야 교수 자격시험을 치렀다. 이후 그는 튀빙겐 대학에서 게르만족에 관한 연구와 강의를 했다. 그가 강의한 내용의 제목을 보면, '오리엔탈 종교들', '인도-게르만족의 종교들', '인도-게르만 신앙', '현대의 인도-게르만 운동에 관한 종교사적 관찰' 등이 발견된다.29

당시 봇물처럼 쏟아져 나온 토착종교적 성향을 띤 서적들 중 하나, 『신게르만 종교와 기독교』

하우어는 목사요 선교사였지만, 결과적으로 새로운 종교사상을 주장하는 오류를 범하고 말았다. 사실 그가 주장했던 내용 중에서 종교적이며 내적인 체험은 경건주의에서 영향을 받은 것이었다. 하우어는 경건주의적 전통을 버리고 독일의 토착적인 종교성에서 이를 찾으려했다. 그는 독일 민족이 종교적 도그마에 사로잡혀 전통에

---

28 Ibid.,
29 U. Nanko, ibid, 114 ff.

서 우러나오는 종교성을 보지 못한다고 생각했다. 그래서 다른 종교들이 서로 관용하고 인정할 것을 주장하면서 종교적 감수성, 민족 사상, 자유로운 사상을 통합하려 애썼다.30 그는 이런 사상을 활발히 확산시키던 중 1933년 7월 '독일신앙운동연합회'의 지도자가 되었다.

하우어는 자신이 추구하던 운동을 교회적 차원으로 발전시키기 위해 1933년 6월 독일 복음주의교회연합회 행사에서 독일 민족의 종교연합회를 구성하자고 공식 서한을 보냈다. 하지만 누구도 이 제안에 긍정적으로 반응하지 않았다.31 하우어와 제국기독교인 사이의 갈등은 해소되지 않았다. 1933년 하우어는 끝내 제국 기독 교회에서 탈퇴했다.

---

30 H.Buchheim, 158.

31 Ibid., 164.

2

| 독일신앙운동의 기독교 비판 |

　독일신앙운동은 독일 국민의 대다수가 속해있던 가톨릭과 개신교를 '탈장르적(entart)'이란 나치의 용어를 빌어 비판하기 시작했다.32 이들이 주장했던 내용 중 종교·사회학적으로 전형적이고 시대적인 배경이 들어있는 몇 가지를 예로 들면 이렇다.33

　첫째, 이들은 독일 신화가 이방적이거나 이교도적이 아니라 오히려 기독교가 그렇다고 주장했다. 독일신앙운동파들은 독일에는 독일적인 종교성이 있는데, 왜 외국에서 들어온 종교를 따르느냐고 의문을 제기했다. 이들은 기독교가 신화와 토착 종교를 미신 내지는 이교도적이라고 주장하는데, 독일 안에서 정작 이교도적인 것은 바로 기독교라는 논리를 폈다. 이들은 가톨릭은 로마의 지시를 받고 있고, 개신교에는 유대적 요소가 깊이 박혀있어서 오히려 더 이방적이라고 주장했다. 따라서 독일은 토착적인 종교성을 회복하고 독일 종교로 되돌아가야 한다고 강조했다.

　둘째, 이들은 기독교가 독일의 단합을 해치고 있다고 비판했다. 당시 독일은 유럽에서 패권을 갖지 못했다. 이들은 독일이 단합된 국가로 성장하

---

　32 Art는 종(種)이란 단어로 접두어 ent(탈)와 연결되어 비정상적인 종(장르), 고유의 종에서 이탈하여 변질된 것이란 뜻을 지녔다. 나치는 이 단어로 나치가 인정하지 않는 대상이나 사물 등을 매도했다.

　33 나치 시대의 기독교 비판은 주로 독일신앙운동, 독일교회파, 제국기독교인운동 측에서 이뤄졌다. 신학적인 내용은 제 4부에서 자세히 다루므로 여기서는 종교·사회적인 면을 주로 이야기하겠다.

기 위해서는 강한 지도력을 중심으로 뭉쳐야 하는데, 기독교는 근본적으로 분리주의적이라고 주장했다.

셋째, 기독교가 교리에 얽매여 독일 민족을 더 이상 자유롭게 하지 못한다고 보았다. 기독교는 그동안 죄, 회개, 순종, 사랑, 봉사 등을 가르치며 교회를 전면에 내세웠다. 그러나 독일신앙운동파들은 종교에서는 기관과 집단이 중심이 되어서는 안 되고 각 개인의 내면과 체험이 중요하다고 주장했다. 이들은 기독교가 이런 일차적 종교성을 무시하여 개인을 말살시켰다고 강조했다. 따라서 이들은 독일 신앙 속에 들어있는 개인적인 종교 체험과 감수성 등을 회복시켜 종교성을 활성화시켜야 한다고 주장했다.

넷째, 기독교의 인간상이 시대에 맞지 않는다고 주장했다. 현대사회는 사회적 다원주의에 의해 진화된 강인한 인간을 필요로 한다. 전쟁에서 패한 독일을 다시 일으키기 위해서는 순수하고 단일한 독일 인종을 중심으로 한 국가가 필요하다. 그러기 위해서는 독일인을 위한 새로운 인간론이 대두되어야 했다. 이들이 말하는 새로운 인간상은 아리안-게르만족이 보여주었던 영웅적 인간상, 초인적(Uebermensch) 인간상이었다. 독일인은 '우등 민족(Herrnmensch)'이지만, 기독교는 이러한 새로운 인간상에 반하는 인간학을 가르치기 때문에 시대와 민족을 거역하고 있다고 주장했다.

다섯째, 기독교는 자연법칙을 거스른다는 것이다. 인간은 운명과 맞서 싸우고 투쟁해야 하지만, 기독교는 원수를 사랑하고 이웃을 사랑하라는 교리로 투쟁심을 약화시키고 결국 쇠퇴하게 만든다. 이는 약육강식의 자연 세계와 맞지 않는다. 따라서 기독교는 허무주의(Nihilismus)의 또 다른 표현이며, 종교 교육은 바로 이런 내용으로 구성되어 있다는 주장이다.

여섯째, 독일 민족은 독일 인종으로만 구성되어야 한다는 주장이다. 그런데 열등 민족인 유대인이 혼합되어 있다. 기독교는 유대 종교로부터 파생되어 생긴 것이므로 유대인에게 관대하다. 따라서 이들은 신 앞의 평등, 인권, 민주주의는 약자의 자기변명일 뿐이라고 주장했다.

01

독일 역사의 오점을 남긴 나치주의. 이로서 독일사의 단절에 관한 논쟁이 일었다. 독일 역사와 전통을 이어가는 정신적 줄기와 정체성은 저항에서 찾을 수 있다.

01: 베를린 소재 독일저항기념관.

02: 강제수용소 플로센뷔르크에 있는 기념비.
비문: "인간의 존엄과 자유, 정의를 위해 목숨을 바친 모든 여자와 남자에게 바칩니다."

03: 같은 곳에 있는 또다른 비문: "독재와 테러에 저항하는 가운데 자유, 정의, 인간의 존엄을 위해 (아래분들이) 자신의 목숨을 바쳤습니다."
십자가 안에 새겨진 성구 디모데후서 1:7. "하나님이 우리에게 주신 것은 두려워하는 마음이 아니요 오직 능력과 사랑과 절제하는 마음이니"

03

IM WIDERSTAND GEGEN
DIKTATUR UND TERROR
GABEN IHR LEBEN FÜR
FREIHEIT RECHT UND
MENSCHENWÜRDE

PFARRER
D. DIETRICH BONHOEFFER
ADMIRAL
WILHELM CANARIS
HAUPTMANN d.R.
LUDWIG GEHRE
GENERALMAJOR
HANS OSTER
GENERAL DR.PHIL.
D. FRIEDRICH VON RABENAU
GENERALSTABSRICHTER
DR. KARL SACK
HAUPTMANN d.R.
DR. THEODOR STRÜNCK

ERMORDET AM 9. APRIL 1945

02

den
Frauen
und
Männern
die ihr
Leben
gegeben
haben
für

Menschen
würde
Freiheit
und
Gerechtig
keit

3

| 국가교회(Nationalkirche)의 이상 |

3.1 베르크만의 주장

라이프치히 대학에서 철학, 종교학, 인류학을 가르치던 베르크만(E. Bergmann) 교수는 1차 세계대전 이후 독일이 엄청난 민족적 재난에 빠져있다고 판단했다. 그는 독일이 최소한 6개 영역으로 분리되어 있다고 주장했다. 그는 기독교가 프로테스탄트와 가톨릭으로 분리된 것이 독일을 종교적으로 분리시킨 증거라며 기독교를 비판했다. 그러면서 독일은 하나의 민족이 아니라 여섯 개의 민족으로 나뉘어져 있다고 한탄했다.[34] 그는 독일이 재건하려면 하나의 민족으로 통합되어야 하며, 그 힘은 바로 독일 민족의 정신 속에 흐르고 있는 종교성에서 찾아야 한다고 진단했다.

러시아에서는 사회주의 혁명으로 기독교가 잔혹한 핍박을 당했고, 스페인에서도 교회와 성당이 불태워지는 일이 생겼다. 베르크만은 유럽 여러 나라의 국민들이 교회에서 탈퇴하고 있다면서 전통적 교회의 시기는 그 생명을 다했다고 주장했다.[35] 반면, 독일 국가 종교, 즉 국가교회만이 독일을 다시 일으킬 수 있다고 역설했다. 이어 독일 종교(Deutschreligion), 민족 종교(Volksreligion), 민족 교회(Volkskirche), 독일교

---

34 E.Bergmann, 2~3.
35 Ibid., 7.

회(Deutschkirche), 국가교회(Nationalkirche)와 같은 용어들을 만들어 내면서 '독일 종교 25개 조항'을 발표했다. 베르크만이 '교리문답'이라고 이름을 붙인, 당시 유행했던 독일적 신앙의 골자는 그의 저서 『독일 종교의 25개 조항』에 나타나 있다.[36]

제1장 : 독일 종교의 본질

1. 테제

인종에 합당한 종교는 무엇인가?

독일인은 그 인종에 적합한 관점, 느낌, 사고에서 흘러나오는 고유한 종교를 가지고 있다. 우리는 이를 독일 종교 나아가 독일 민족적 종교라고 부르며, 그 아래서 독일 인종에 적합하고 합당한 독일 향토 신앙을 이해한다.

2. 테제

시대에 어울리는 신앙 형태는 무엇인가?

독일 종교는 바로 시대에 합당한 신앙 형태이다. 훼방 받지 않고 계속 발전시켰어야 할 이 신앙을 우리 독일인은 지금까지 가지고 있었어야 했다.

3. 테제

건강하고 자연스런 종교는 무엇인가?

독일인은 오늘날 건강하고 자연스런 종교가 필요하다. 이는 독일인을 민족과 조국을 위한 투쟁에서 용감하게 하고, 경외스럽게 하고, 강하게 만들 수 있어야 한다. 바로 그런 종교가 독일 종교이다.

---

36 E.Bergmann, Die 25 Thesen der Deutschreligion. Ein Katechismus, 1934.

4.테제

도그마란 무엇인가?

독일 종교는 도그마가 필요 없다. 왜냐하면 독일 종교는 종교이기 때문이다.

5. 테제

계시란 무엇인가?

독일 종교는 기독교에서 말하는 계시의 종교가 아니다. 오히려 세계와 인간 정신 안에 내재하는 신적 능력의 자연 계시에 더 기초하고 있다.

6. 테제

종교 해체는 무엇인가?

독일 종교는 하나의 완벽한 종교이다. 따라서 자유사상, 무신론적 선전, 종교 해체와 상관이 없다. 바른 신앙관에 서 있는 우리 독일 종교인은 실용적 종교의 기초 위에 서 있다.

7. 테제

교회란 무엇인가?

독일 종교는 교회의 적이 아니다. 독일 종교는 민족 종교적인 기초 위에서 독일교회(Deutschkirche)를 지향한다.

제2장 : 독일 신론

8. 테제

신이란 무엇인가?

신은 윤리적 이데아이다. 우리는 세계와 인간 안에서 활동하는 이 영원한 창조의 자연력 앞에 무릎을 꿇어야 한다. 세상 밖에 있거나 저 세상에 있는 신을 믿는 행위는 인도-게르만적이지 않다. 그것은 셈(유대적, 필자주)적 근원을 갖고 있다. 그런 신에 대한 신앙은 진정한 종교성과 경건심에 비추어볼 때 결코 필요하지 않다.

9. 테제

신적인 세계의 생명성이란 무엇인가?

신적인 세계의 생명성 안에 인지하는 존재, 또는 정신이 자라고 있다. 정신은 현실 세계가 자연스럽게 자라난 성장의 결과이다. 그것은 처음부터 완성된 형태를 갖추고 있지는 않다. 그것은 세계 발전의 최고점이나 결말에 가서야 형태를 갖춘다.

10. 테제

세계에서 신의 자리란 무엇인가?

신적 속성에 의지, 오성, 인격이 포함된다. 그것은 동시에 인간에게도 특별한 속성이다. 그러므로 인간이야말로 세계에서 신이 자리할 수 있는 장소이다.

11. 테제

신의 탄생이란 무엇인가?

인간은 신이 아니다. 그러나 인간은 신이 탄생하는 자리이다. 인간 안에서 신은 존재하고 자라난다. 신이 인간 안으로 들어오지 않으면 그는 어디에도 오지 않는다. 그러므로 독일 종교는 고양된 인간 신앙의 종교이다.

12. 테제

육체와 영혼을 통합된 것으로 보는 관점은 무엇인가?

독일 종교는 육체와 영혼의 분리, 상호 충돌의 이론을 거부한다. 인간과 신, 신과 인간의 분리와 상호 충돌 역시 거부한다. 육체와 영혼의 존재에 대한 인식은 자연스럽게 일원론과 통합론을 지지한다.

13. 테제

그것은 어떻게 이해될 수 있는가?

세계의 생명성은 고양된 인간 정신이 머무는 모태이다. 인식하는 존재와 정신은 전 모성싱의 탄생을 의미한다. 어머니-자식 간의 관계는 신-

인간의 비밀을 제대로 비유하고 있다. 우리는 현대의 자연 종교 안에서 정신-자식으로 표현되는 신에 관해 말한다. 그 신은 모든 모성의 품 안에 깃들어 있다.

14. 테제

종교적 느낌이란 무엇인가?

합일의 느낌, 거룩의 느낌, 복된 느낌 등은 종교가 가지고 있는 기본적인 느낌이다. 기독교적인 원죄 의식, 죄 의식, 속죄 의식은 종교적 느낌이 아니다. 그것은 인위적으로 만들어진 복합적인 느낌이다.

제3장 : 영웅적 독일 윤리

15. 테제

원죄와 죄의 타락이란 무엇인가?

독일 종교의 윤리는 모든 원죄 신앙과, 세계와 인간의 타락을 주장하는 기독교-유대교적 교리를 비판한다. 그와 같은 교리는 비게르만적, 비독일적이며, 비윤리적이고 비종교적이다. 그런 것을 선포하는 자는 민족의 윤리성을 해치는 것이다.

16. 테제

죄의 용서란 무엇인가?

죄를 용서하는 자는 죄를 유지시키는 역할을 한다. 죄의 용서는 종교 윤리를 묻어버리거나 민족의 도덕을 파괴하는 것이다.

17. 테제

개인 구원 윤리와 민족 복지 윤리는 무엇인가?

종교적 독일 윤리의 중심에 민족과 조국의 구원에 대한 염려가 자리하고 있다. 거기에는 개인적 복은 존재하지 않는다. 독일 윤리는 기독교 윤리에서 말하는 개인 구원이 아니라 민족 복지의 윤리이다.

18. 테제

은혜의 수용에 있어서 인간의 소극적 자세는 무엇인가?

독일 종교인은 신의 노예가 아니다. 그 안에 존재하는 신적인 것의 주인
이다. 독일 윤리는 은혜의 수용이 의미하는 것처럼 소극적인 인간의 자
세를 비독일적인 것으로 거부한다.

19. 테제

탄생 전의 인간 복지는 무엇인가?

독일 종교에서는 삶으로부터의 구원이란 없다. 오히려 삶으로의 구원이
있을 뿐이다. 누구든지 인간을 사랑하는 자는 그가 죽기 전이 아니라
그가 태어나기 전에 그를 구원하는 것이다. 진정한 구원자는 태어나기
전에 이미 인간의 행복을 준비한다.

20. 테제

영웅론은 무엇인가?

독일 종교의 윤리는 영웅론적 윤리이다. 그것은 3가지 고대 게르만적
덕에 기초하고 있다. 용감성, 기사성, 신뢰성. 이것은 명예심으로부터 나
온다.

21. 테제

종교 교육은 무엇을 목표로 해야 하는가?

독일 종교인은 학교에서 종교 교육을 할 것을 요구한다. 기독교 종교
교육은 종교 교육을 위한 온전한 보완책이라고 할 수 없다. 왜냐하면
기독교는 우리의 관점에서 볼 때 종교라고 생각할 수 없기 때문이다.

결론 : 독일 민족 교회 안의 종교적 상징

22. 테제

종교적 형상이란 무엇인가?

독일 종교인은 신적인 것을 삶의 원칙에서 옳다고 여겨지는 종교적 형

상이나, 남성적이며 영웅적인 것이나 여성적이며 모성애적인 것으로 가시화한다.

23. 테제

북구적 빛의 영웅성이란 무엇인가?

독일 종교의 종교적 형상 가운데 하나는 영웅적 남성상의 현현으로 북구적 빛-영웅이다. 이 북구적 빛-영웅상은 고양된 인간 정신, 영웅적이며 도와주는 지도자의 상징이다. 이것은 자기 민족을 위해 싸우고 승리하며 전진하는 윤리적 표상이다.

24. 테제

가장 복된 모성은 무엇인가?

자식과 함께 있는 어머니의 모습은 세상에서 가장 진실하고 사랑스러우며 거룩하고 기쁨에 찬 상징이다. 이 모성상은 종교의 근원 형상으로 신적인 아버지 형상이 오히려 거기서부터 기원한다. 독일교회(Deutschkirche)가 독일인의 삶을 규정하는 기본 원칙으로서의 민족 교회가 되려면 남성적 빛-영웅 형상 옆에 가장 복된 모성의 고귀한 상징을 빠뜨려서는 안 된다.

25. 테제

종교예식적 형태는 무엇인가?

독일 종교와 독일 민족 교회의 종교예식적 형태는 종교적 형상과 삶의 원칙에 합당해야 한다. 가정생활이나 민족 국가의 생활, 전 국가의 생활은 그것이 현대적이고 삶을 관통하는 민족 교회(Volkskirche)가 되려고 하는 한에서 교회의 종교예식적 형태를 자연스럽게 반영해야 한다.

이러한 베르크만의 주장은 결국 나치의 모자이크적인 이데올로기에 편입되는 것으로, 궁극적으로는 전체주의 이론을 지지하는 것이다.

그는 여기서 한 걸음 더 나아가 신앙을 토대로 하는 종교적 전체주의를 세우려고 했다. 독일신앙운동이 추구하는 종착역은 결국 국가교회(Nationalkirche)였다. 이를 통해 베르크만은 독일이 힘을 하나로 집결할 수 있다고 믿었다. 나치의 슬로건이었던 "한 제국, 한 지도자, 한 신앙(Ein Reich, ein Fuehrer, ein Glaube)"은 독일신앙운동 속에서 그 근원을 발견할 수 있다.

베르크만은 기독교의 신은 더 이상 독일을 돕지 못한다고 주장했다.37 제단에 불을 가져다주지 못하는 기독교의 신은 독일 민족이 배척해야 할 바알이라고 비난하면서 독일 신앙이 곧 독일 민족이 믿어야 할 신이요, 힘의 원천이라고 토로했다.38 베르크만은 격앙된 어조로 이렇게 강조했다.

"우리는 그런 것을 믿는다. 만약 우리가 산을 옮기고 신들을 불러들일 수 있다고 믿는다면 독일에 불가능한 것을 가능하게 만드는, 즉 두 개의 종교 체계(여기서는 가톨릭과 개신교를 의미한다-필자 주)를 섬멸하고, 우리 민족에게 민족에 맞는 종교를 가져다 줄 수 있는 사실을 믿어야 한다. 그리하여 다음 신앙 체계가 성립될 것이다. 하나의 민족, 하나의 신앙, 하나의 신. 그리고 하나의 교회, 바로 독일교회(Deutschkirche)이다."39

---

37 E.Bergmann, Die Deutsche Nationalkirche, 260.

38 Ibid.

39 Ibid., 261.

3.2 이단에서 신흥 종교로

위에서 살펴보았듯이 '독일신앙운동'은 극단적인 민족주의에 빠져 있었다. 이들은 민족을 우상으로 섬기면서 국민 각자의 개인적인 삶을 희생시키려고 했다. 기독교가 독일 역사에 가져온 긍정적인 면은 무시한 채 독일을 분열시키는 역할을 했다고 비난하면서 개신교와 가톨릭의 교리를 극복할 수 있는 새로운 종교, 즉 독일 종교의 건립을 주장했다. 베르크만의 기독교 비판은 이렇게 글을 맺는다. "그러므로 우리는 교회로부터 신을 제거하기를 원한다. 그러나 교회는 신을 잃으려하지 않는다. 우리의 교회는 그 반대다. 독일적 국가교회는 신이 필요없다."[40]

그가 나치 권력을 통해 꿈꾸었던 독일교회는 독일 민족의 원시적 토양에서 흘러나온 신화에 기초하면서 그들의 철학, 종교를 통합하여 만들어진 독일 신앙으로 전 독일을 지배하는 것이었다. 베르크만은 독일교회를 국가교회(Nationalkirche)라고 이름 붙였으며, 영국 국교회의 모델을 따라서 국교회(Staatskirche)라고 불렀다. 그렇다면 그는 어떤 이유로 당시 나치의 적대국이었던 영국에서 그 모델을 발견하게 된 것일까?

베르크만은 영국 정치사에서 헨리 8세의 치적을 높게 평가한다. 헨리 8세는 로마 가톨릭의 지배 아래 있던 영국의 교회를 성공회라는 국가교회로 바꾸고 스스로 그 교회의 수장이 되었다. 그는 국가의 왕인 동시에 '교황'이 되었다. 베르크만은 루터의 종교개혁이 가져다 준 혁

---

40 Ibid., 15.

명적 전환점의 시대에는 독일이 영국보다 국력에서 앞서 있었다고 분석했다. 그런데 1618~1648년의 '30년 전쟁'으로 독일은 영국에 뒤지는 비운을 겪었다. 베르크만은 영국이 유럽에서 패권을 차지하게 된 계기가 바로 헨리 8세의 권력에 있었다고 믿었다. 즉, 헨리 8세는 국권과 교권을 동시에 장악했기 때문에 강한 영국을 만들 수 있었다는 것이다.

당시 영국의 교회는 국가교회로서 국왕이 다스리고 있었다. 또한 독일이 19세기 중엽 보불전쟁에서 승리하면서 강한 독일로 일어설 수 있는 기회가 있었다. 비스마르크가 철권 통치력으로 독일을 통일시켰던 것이다. 그러나 그 자랑스러운 역사가 제1차 세계대전으로 몰락하게 되었다. 그 이유가 무엇인가? 베르크만은 '루터'에게 그 원인을 돌리는 교황 베네딕트 15세의 견해를 인용한다.[41] 가톨릭의 중앙집권적 구조를 갖고 있던 프로이센 제국이 프로테스탄트들로 인해 분열되었기 때문이라는 것이다.

독일 신앙의 주창자 베르크만은 결론적으로 나치 제국헌법 제135조에서 제139조를 다음과 같이 수정할 것을 권고한다.[42]

제135조. 교회는 국교회이다. 그 수장은 제국 대통령이 맡는다. 사제들은 국가 공무원으로서 권리와 의무를 가지며, 국가로부터 임명된다.
제136조. 독일 종교가 국가 종교다. 사사로운 종교 공동체와 종교적 결

---

41 Ibid., 273.
42 Ibid., 275.

사 및 협회는 인정하지 않는다. 독일 국민은 국교회로부터 탈
퇴할 수 없다.

제137조. 모든 독일 국민은 국교회의 범위에서 신앙과 양심의 자유를
갖는다.

제138조. 다른 종교 규범은 독일 제국 안에서 무효하다. 사제들이 외국
종교계나 국제 협약으로 맺은 계약들은 무효하며, 혹은 국가
반역죄로 처벌될 수 있다.

제139조. 모든 종교 단체의 재산, 법적 권리, 예배, 교육, 그리고 복지의
목적으로 세워진 단체, 그들의 재단과 모든 재산은 예외없이
국가에 예속된다. 국가는 이를 관리하고 활용할 수 있다.

국가교회론은 나치 제국에게 충성을 바치기 위해 가톨릭과 개신교
를 공격했다. 외국 종교계라는 용어는 로마 가톨릭을 의미하며, 가톨
릭교회와 종교 활동을 내정 간섭으로 보겠다는 뜻이다. 또한 가톨릭
성향의 정당인 중앙당(Zentrumspartei)이 야당으로 활동했기에 더욱 눈
에 가시처럼 보였다. 개신교 역시 나치 이데올로기에 처음부터 반대
의사를 밝히면서 저항을 늦추지 않고 있었다. 개신교의 이러한 야당성
역시 나치에게는 방해세력이었다. 그래서 독일 제국이 지금까지 단합
된 힘을 보이지 못하는 이유는 바로 이 두 교회의 존재와 분립 때문이
라고 비난했다. 국교회는 민족 단합을 위해 이를 철저하게 봉쇄하고
헌법으로 보장해야 한다는 사상을 견지했다.

베르크만과 같은 국가교회 추종자들은 종교를 국가 통합의 도구로
생각했다. 겉으로는 종교의 자유를 보장하는 듯 했지만 결국은 교회
를 국가의 종속된 기관으로 만들려는 의도를 갖고 있었다.

베르크만은 국가교회가 영국 국교회처럼 로마로부터 해방될 것을 주장했다. 영국 성공회가 로마 가톨릭으로부터 독립한 것처럼 독일 신앙으로 새롭게 시작되기를 원했다. 독일 신앙으로 독일 민족을 다스리는 국가교회를 생각했던 것이다. 이들은 루터의 종교개혁과 영국 헨리 8세의 국교회 결성을 역사적으로 연결시키면서 독일 국가교회를 세우기 위해 나치의 권력을 빌리려 했고, 나치는 이들의 이론을 갖고 종교·정치적으로 제국을 다스리려고 했다. 종교와 정치의 만남으로 '독일교회'라는 신흥 종교를 세우려했던 것이다.

IV. 민족주의와 기독교

1

| 1933년 이전의 국가프로테스탄트 |

교회와 국가는 불가분의 관계에 있다. 특히 교회가 한 국가에서 사회적으로 큰 비중을 차지하는 경우에는 더욱 그렇다. 더욱이 교회에 소속된 교인은 교회가 속한 국가의 국민이기도 하기에 교회와 국가를 분리해서 생각할 수 없다. 국가는 또한 자국의 영토 안에 있는 종교인들에게 종교의 자유와 권리를 지켜주는 헌법을 갖고 있는 한, 교회의 존립에 중요한 근거가 된다. 교회는 역사적으로 국가를 위해 다양한 역할을 해왔다. 이러한 현상은 독일이라고 예외는 아니었다. 오히려 종교개혁의 전통이 뿌리 깊은 독일에서 교회와 국가의 관계는 다른 어느 나라보다도 더 깊은 연관성을 맺고 있었다.

현대사에서 제1차 세계대전과 바이마르 공화국의 탄생은 독일 기독교인들에게 엄청난 영향을 주었다. 패전으로 국민의 사기와 청소년 교육은 극도의 혼란에 빠졌고, 기독교인들은 이런 문제를 간과할 수 없었다. 기독교인들은 자연히 민족주의적 입장을 고려하지 않을 수 없었고, 이를 통해 조국 독일의 정치에 직·간접으로 참여하고자 했다.

독일은 제1차 세계대전(1914~1918)으로 역사적 전환기를 맞이했다.

전쟁 후유증은 독일에 엄청난 국가적 부담으로 다가왔고 국민들은 경제적으로 비참한 상태에 빠졌다. 독일은 1919년 바이마르 공화국이라는 의회 민주주의를 선택하게 되었는데, 군주정에서 공화정으로의 길은 험난하기 그지없었다. 사회 각계각층이 머리를 맞대고 제정한 헌법은 무용지물이 되었고 정치에 대한 실망감은 극도에 달했다. 이런 상황에서 기독교는 국민적 각성과 재건에 대한 비전을 제시하지 않을 수 없었다. 국가프로테스탄트(Nationalprotestantismus)는 이때 형성된 움직임이었다. 이 움직임의 특징은 의회 민주주의에 대한 강한 의구심, 불평등한 베르사이유 조약에 대한 반감, 민족주의, 반유대주의, 교회 안팎에서의 개혁 요구 등이었다.

국가프로테스탄트 운동은 크게 세 부류로 나뉘어진다.

1) 독일교회연맹(Bund fuer deutsche Kirche)
2) 기독교-독일 운동파(Christlich~deutsche Bewegung)
3) 튀링겐 교회 운동 제국기독교인(Thrueringer Kirchenbewegung Deutsche Christen).[43]

이 세 움직임들은 각기 지역을 달리하면서 고유한 성격을 지니고 있었다.

독일교회연맹은 1921년 5월 베를린에서 시작된 운동으로 민족주의적 색채를 강하게 띠고 있었다. 당시 유행하던 고비뉴, 챔벌린 등의 인

---

43 Hans~Joachim Sonne, Die politische Theologie der Deutschen Christen, (Goettingen, 1982), 11~14.

종론에 영향을 받아 독일-유대인의 분리를 외쳤다. 이들은 게르만적 기독교를 회복해야 한다면서 "독일 민족 공동체의 주요 사안으로 독일-전원적 사상을 통한 교회와 종교생활의 개혁"[44]을 강조했다. 이들은 「독일교회」라는 기관지를 발간하며 운동을 전개해 나갔다.

기독교-독일 운동파는 성격적으로 보자면 독일교회연맹과 제국기독교 사이에 자리한다고 볼 수 있다. 신학적으로는 독일교회연맹의 민족 신화와 신학을 접맥하려는 시도를 크게 따라가지 않았고, 정치적으로는 제국기독교인처럼 극렬하지 않았기 때문이다. 그러나 기독교-독일 운동은 나치가 요구하는 이데올로기를 신학적으로 뒷받침하려했다는 책임을 면하기는 어렵다.

국가프로테스탄트 중에서 가장 활발하게 움직이면서 정치화되었던 단체는 제국기독교인이었다. 이제 제국기독교의 실상에 관해 살펴보기로 한다.

---

44 Ibid., 11. 재인용.

2

| 제국기독교인(Deutsche Christen) |

2.1 루터의 영향과 튀링겐

제국기독교인운동은 국가프로테스탄트들 중에서 나치 이데올로기와 연관을 맺은 이들을 중심으로 일어났다. 지역적으로는 베를린, 작센, 뷔르템베르크, 하노버, 함부르크, 팔츠 등에서 활발했는데, 그 가운데서도 튀링겐 지역이 가장 민감하게 움직였다고 할 수 있다. 그 배경은 이렇다.

튀링겐 주는 독일 중부에 자리하고 있다. 주 수도는 에어푸르트(Erfurt)이다. 이 지역이 프로테스탄트적 성격이 강한 것은 이전부터 루터의 생애와 깊은 연관을 갖고 있기 때문이다. 즉, 루터가 태어난 아이스레벤(Eisleben), 루터가 수도사가 되기 위해 들어간 아우구스티누스 수도원, 신학을 공부한 에어푸르트, 반대파의 탄압을 피하여 숨어있다가 성경을 번역한 아이제나흐(Eisenach) 등이 모두 튀링겐 주에 속한 도시들이고, 루터가 신학교수로 있으면서 95개 조항을 선언한 비텐베르크

(Wittenberg)는 튀링겐 위에 위치한 니더작센 주에 있다. 따라서 튀링겐 주는 작센, 니더작센 주와 더불어 독일에서 루터의 종교개혁 사상과 민족주의적 기독교의 전통이 가장 강한 곳이라 할 수 있다.

문화적으로 튀링겐 주는 독일 고전과 낭만주의 전통이 강한 지역이다. 바이마르(Weimar) 시는 1919년 바이마르 공화국이 선포된 곳으로 유명해졌지만, 그보다 더 깊은 역사적 배경을 갖고 있다. 18세기 중엽 독일 문학의 거장 괴테와 쉴러가 거주하면서 작품을 쓰고 문학 사상을 나누었던 곳이 바로 바이마르였다. 이곳에서 괴테와 쉴러는 고전주의 속에서 꽃피는 이상적 문화 공동체를 꿈꾸기도 했다.

예나(Jena) 또한 문화사적으로 중요한 의미를 갖는 도시이다. 이곳도 바이마르처럼 괴테의 고전주의가 깊이 뿌리를 내린 흔적이 있다. 예나파 고전주의(Jenaer Klassik)라는 유파가 형성될 정도였다.

루터적 전통이 강한 민족주의적 성격을 띠는 이유 중 하나는 이들이 가톨릭과 갈등을 겪는 과정에서 응집력을 형성한 데 기인한다. 또한 이들은 정치적 격변의 과정을 거치면서 의식있는 종교인 역할을 했는데, 이런 배경이 튀링겐 지역 기독교인들의 성격을 형성하는 계기가 되었다. 튀링겐 지역의 기독교는 정치적으로는 민족주의를 띠고 있으면서 신학적으로 루터파의 영향 속에 있었다. 또한 군인 정신으로 무장하고 있으면서도 반민주적, 반유대주의적 성향을 띠고 있었다.[45]

독일 제국기독교는 북부 독일을 중심으로 국가를 염려하는 기독교인들 사이에 일어난 신앙 의식 운동이 시초가 되었다. 성경적인 의미

---

45 Susanne Boehm, Deutsche Christen in der Thueringer evangelischen Kirche(1927~1945), (Leipzig, 2008).

에서도 기독교는 민족을 염려하는 성향이 강했다. 기독교는 개인의 신앙에만 관심을 갖지 않고 이웃과 사회의 구원을 함께 염려하는 종교이기 때문이다. 따라서 이 지역에서 독일 제국기독교 운동이 시발하게 된 것은 자연스럽다고 할 수 있다. 그러나 문제는 이들이 정권을 의식하고 있었다는 데 있었다. 제국기독교는 나치 정권 전부터 태동하고 있었지만, 나치 정권에 의지하여 정치 세력화하면서 튀링겐 지역의 기독교인들이 중심이 되었다. 그 결과 튀링겐 지역의 기독교가 제국기독교의 대명사가 되는 오점을 남기게 되었다.46

제국기독교인운동이 조직적으로 시작된 곳은 1921년 경 베를린이었다. 기독교는 독일을 위시하여 유럽에서 종교개혁 이후 수백 년 동안 사회적 이슈를 끊임없이 형성해왔다. 유럽사는 기독교와는 떼려야 뗄 수 없는 관계에 있었다. 독일의 경우도 예외는 아니어서 현대 독일이 시작되던 1870년대 독일 제국시대부터 가톨릭은 가톨릭대로, 개신교는 개신교대로 사회 문제에 깊이 관여하고 있었다.

이와 함께 기독교의 개혁을 외치는 목소리가 강하게 대두되었다. 47 특히 정치, 사회 문제를 포함한 국가적 운명이 걸린 사안들에 대하여 교회 안팎에서 개혁의 목소리가 끊이지 않았다. 이러한 경향은 1차 대

---

46 Ibid., 13.

47 19세기 기독교 비판의 주역은 단연 니체였다. 그의 무신론적 저술들 속에 드러난 기독교 비판은 이 시대의 기독교 위상을 단적으로 보여주고 있다.『짜라투스트라는 이렇게 말했다』에서 니체는 신의 죽음, 신 죽음 이후의 새로운 영웅적 인간의 탄생, 즉 슈퍼맨(Uebermensch)의 출현을 선언하고 있다. 참고, Nietzsche, Also sprache Zarathustra. Ein Buch fuer Alle und Keinen(1883~1885), (Berlin: Walter de Gruyter & Co, 1968). "신 앞에서! 이제 이 신은 그러나 죽었다! 그대 위대한 인간들이여, 그대들에게 이 신은 아주 거대한 위험일 뿐이었다." Ibid., 353.

전을 치르고 바이마르 공화국 시대에 들어서도 계속될 수밖에 없었다. 국가적 상황이 호전되기는커녕 악화되고 있었기 때문이다. 이 때 개신교 안에 다양한 종류의 단체들이 생겨나기 시작했다. '독일교회를 위한 동맹(Bund fuer deutsche Kirche)'도 그 중 하나였다. 이 단체의 회원들은 민족적 견지에서 교회를 개혁하자는 데 의견을 모았다.48 회원들은 투쟁과 의식 공동체로서 더 구체적인 행동을 전개하자면서 그 방향을 "교회를 유대교적 장벽에서 해방시키고, 독일 향토적 기독교를 확립하자"는 데 두었다.49 이 단체는 1922년부터 장학사 니틀리히(Joachim Niedlich)와 부블리츠(Bublitz) 목사를 중심으로 기관지 「독일교회-독일민족을 위한 일요 정간지」를 발행하며 의식운동을 전개해 나갔다.

이 단체와 연관되어 독일교회파(Die Deutschkirchler)가 존립했는데, 이들은 신학적으로 더 급진적이었다. 예를 들면 이러한 주장을 서슴지 않았다.

1. 구약을 정경에서 제외할 것
2. 바울의 랍비적 구원론을 해체할 것
3. 예수의 영웅적 희생의 죽음을 독일 신비주의에서 발견할 것50

베를린 제국기독교인운동의 지도자였던 크라우제(Reinhold. Krause)는 마침내 결정적인 문제를 터뜨렸다. 그는 1933년 11월 13일 베를린

---

48 Hans Buchheim, 45.
49 Ibid..
50 Ibid., 46.

실내 체육관에서 열린 모임에서 독일교회파 이론을 적극 지지하고 나섰다. 그는 이렇게 말했다.

"우리는 우리의 교회가 독일-민족적 교회로서 모든 예배와 신앙 고백의 비독일적인 요소로부터 자유롭기를 원한다. 무엇보다도 구약과 구약의 유대교적 보상(報償) 도덕으로부터이다."[51]

이 연설을 계기로 교인들 사이에 크라우제를 성토하는 분위기가 끓어올랐고, 결국 그는 지도자 자리에서 내려왔다. 그리고 그 자리는 호쎈펠더 목사에게 넘겨졌다. 그러나 제국기독교인운동 안에 독일교회파적인 주장이 아주 사라지지는 않았다. 호쎈펠더는 명실공히 제국기독교인운동의 지도자로 부상했다. 그는 동맹을 독자적인 단체로 이끌었으며, 나치 시대가 존속하는 동안 이 단체가 존립하도록 하는 데 큰 역할을 했다.[52]

튀링겐에서 태동된 제국기독교인운동은 러이트허이저(Julius Leutheuser), 레플러(Siegfried Leffler)에 의해서 구체화되었다. 이들은 청소년 사역을 담당하는 목사로서 독일이 심각한 상황에 빠져있다고 보았다. 교회 역시 정치적, 민족적 상황에 걸맞지 않게 구태의연한 태도를 견지하고 있다고 여겼다. 독일교회는 당시 너무 교리적이고 체계적으로 굳어있어서 민족을 위한 사랑의 실천과 영적 지도를 하기에는

---

51 Friedrich Gollert, Dibelius vor Gericht, (Muenchen 1959), 3.

52 호쎈펠더 목사(1899~1976)가 개인적으로 이끌던 단체는 "제국기독교인 투쟁 및 신앙 운동"이라고 불렸다.

어렵다고 보았다.53 하지만 이들의 개혁적인 성향은 신학적으로 허용할 수 없는 범위로 벗어나고 말았다. 레플러의 설교 한 편을 통해 제국기독교의 정치 지향성이 얼마나 비기독교적인 궤도로 이탈해 나갔는지 살펴보자.54

"우리는 지도자의 인격 속에서 하나님의 보냄을 받은 자를 봅니다. 그는 독일을 역사의 주인 앞에 세울 겁니다. 그는 말씀으로 하나님을 예배하며, 바리새인과 레위인들을 예배를 통하여 선한 사마리아인의 자리로 부를 것입니다. 그런 이유로 우리는 지도자를 위해 목사가 될 것이며, 목사가 되려고 할 것입니다. 그의 투쟁과 승리는 독일 민족의 삶에서 뿐만 아니라 교회를 위해서도 중요합니다.

사람들은 우리가 히틀러를 우상시 한다고 비판하고 의심했습니다. 그러나 우리는 히틀러가 우리를 위해서 예수 그리스도의 자리로 보냄을 받았다고 생각합니다. 전에는 그런 생각을 하지 못했습니다. 독일의 국민 공동체가 그리스도의 정신으로부터 떨어져 나왔기 때문이 아닙니다. 기독교 역사의 이렇게 어두운 시기에 히틀러가 우리를 위해 놀랍게도 투명한 문이 되었다는 것, 기독교 역사에 빛이 되었다는 것은 사실입니다.

그로 인하여 우리는 독일 역사에서 구원자를 만나게 되었습니다. 히틀러는 마치 먼 사막 가운데 반석처럼, 끝없는 바다에 떠있는 섬과 같이 서 있습니다. 누구든지 생명을 얻고 싶다면 그를 향해야 할 것입니다. 그를 통해 역사적인 생명의 강물이 독일 안으로 흘러 들어왔습니다. 그는 독일이 생명과 영원성을 가질 수 있도록 만드는 통로입니다. 독일과 독일 민족에게서 고향, 역사, 실존을 갖기를 원하는 자들은 이 생명으로부터 모든

---

53 Ibid., 48~50.
54 Ibid., 48~50.

것을 취할 수 있습니다.

만약 독일 민족이 죽었다거나 세계 역사 속에서 스러져버렸다면 독일과 세계 속에 기독교 역사는 존재하지 않았을 것입니다. 그리고 적그리스도의 영이 레닌과 볼셰비즘적인 러시아의 모습 속에서 승리의 개가를 부를 것입니다. 그렇기 때문에 독일의 모든 교회들과 모든 기독교인들은 지도자에게서 배워야 합니다. 나아가 영원한 창조주가 그를 통해 독일의 영혼, 독일 민족에게 무엇을 말하려고 하는지 생각해야합니다. 기독교가 독일적인 것과, 독일의 정치적인 상황에 관여할 바가 뭐 있나? 우리는 이런 질문을 버려야합니다.

이와 관련해 덴마크의 철학자 키르케고르는 이렇게 말했습니다. '언젠가 한 시대가 올 것이다. 그러면 사람들은 정치와 정치적 움직임에 대해 말할 것이다. 그런데 보라. 그 뒤에 기독교가 있다.' 히틀러를 통해 독일 민족은 분명히 각성하게 됩니다. 그의 모든 연설, 행동들은 우리 민족을 위한 제1계명이 되고 있습니다. '나는 너희의 주, 너희 하나님이다. 나는 너희를 몰락에서 건져내었고, 너를 위대한 형제애, 사랑의 생명이 꿈틀대는 공동체로 부를 것이다.'"

제국기독교인운동을 주도했던 러이트허이저와 레플러 목사는 이미 신학과 신앙 면에서 정도를 이탈했다. 그들은 목사로서 영적 목회가 무엇인지를 혼동하고 있었다. 목사였지만 그들은 현실과 진실 사이에서 현실을 진실에 비추어보는 능력을 상실했다. 현실을 진실로 받아들이는 착각 속에서 시대를 살아갔던 것이다. 시대의 혼란이 교계 지도자들까지 미혹에 빠뜨린 것을 확인할 수 있는 대목이다. 부흐하임(Hans Buchheim)은 이런 결과가 구속사와 세속사를 구분하지 못한데서 기인했다고 지적한다.55 그들은 독일 민족사를 구원사로 착각했던 것이다.

　그들의 착각이 더 심각해진 것은 공동체적 삶을 교회 안에서 찾지 않고, 나치당에서 찾으려 했다는 데 있다. 그들은 목사로서 하나님의 교회보다는 민족이라는 집단이 더 현실적이고 가시적이라고 생각했다. 하나님이 민족을 세워서 그 속에서 개인들을 다스려간다고 믿었다. 그래서 매순간 히틀러를 위해 결정해야 하고, 독일을 신뢰해야 하고, 민족을 위한 나치 투쟁에 참여해야 한다고 보았다.56

　이와 같은 배경은 제국기독교인운동이 국가와 교회, 복음과 나치 사상 사이에서 여러 분파로 잔존했음을 알게 한다. 즉, 제국기독교인운동 안에는 독일교회파와 같은 급진적인 계파로부터, 민족주의를 내세워 교회를 정치세력으로 변질시키려는 정치파, 순수한 민족주의와 애국심으로 국가를 염려하는 부류 등 여러 갈래가 있었다. 나치와 손을 잡았던 제국기독교인운동의 일반적 성향은 독일교회파와 정치파를 합친 행동을 보였다. 그들이 바로 복음주의 교회와 교인을 핍박한 '또 다른 기독교인'들이었다.

---

55 Ibid., 52.
56 Ibid., 53.

"우리는 긍정적이고 게르만적 속성에 맞는 그리스도교 신앙을 고백한다. 이는 독일의 루터 정신과 영웅적 경건성에 일치한다…. 우리는 종족과 민족성, 국가 안에서 하나님으로부터 부여받고 인정받은 생활의 질서를 유지한다. 이를 통해 종족의 혼합을 방지한다. 독일이 행해야 할 급선무는 독일 민족을 유지하기 위해 다음과 같이 주장하는 것이다. '종족의 순수성을 지켜라. 그리스도를 향한 믿음은 종족을 파괴하는 것이 아니라 거룩하게 하는 것이다. 유대인 선교에서 우리 민족을 향한 커다란 위험을 발견한다. 그들은 우리 민족의 몸에 이질적인 피를 집어넣는 출입구와 같다….'"

독일 제국기독교인운동(Glaubensbewegung Deutsche Christen) 단체는 급기야 1933년 기존의 독일교회, 즉 독일 복음주의교회협의회(DEK)의 해체를 요구했다. 그들은 나치 정권의 도움으로 자신들이 무신론과 허무주의, 대량 실업으로 허덕이는 조국 독일을 구할 수 있을 것으로 믿었다.

2.2 호쎈펠더의 주장

호쎈펠더(Joachim Hossenfelder)는 23세였던 1922년, 제국기독교인운동이 십여 년 뒤에는 독일에 큰 영향력을 미칠 것이라는 확신에 차 있었다고 한다.[57] 이렇게 제국기독교인운동에 확신을 갖고 있던 그는 어떤 인물이었나?

---

57 Martin Siebert, Die Ziele der Glaubensbewegung "Deutsche Christen" und ihrer Nachfolgeorganisationen anhand der autobiographischen Schriften Joachim Hossenfelders und Friedrich Wienekes, MA~Arbeit an der Uni, Muenchen SS 1979, 25.

1899년 코트부스(Cottbus)에서 태어난 호쎈펠더는 자신을 쉴레지엔 출신으로 생각했다. 그가 고향으로 여겼던 쉴레지엔의 브레슬라우를 방문한 것은 그의 나이 21세 때였다. 그곳에서 그는 신학을 공부할 수 있었다. 브레슬라우 대학은 보수적 신학을 고수하고 있었다. 1917년 그는 제1차 세계대전에 자원입대하였고 프랑스 접경 지역에 배치되어 전쟁을 경험했다.

전쟁에서 돌아온 그는 전쟁의 잔인성, 패전으로 인한 절망감, 애국심이 교차되는 혼란을 겪으면서 독일 제국에 새로운 전기가 마련되지 않으면 안 되겠다는 생각을 굳혔다. 호쎈펠더의 내면에 기독교 신앙과 민족주의가 팽배하게 된 이유는 이런 배경에서였다.[58] 그의 사상은 제국기독교인운동의 근간이 되었던 '하나님과 조국', '기독교와 민족주의', '독일 민족과 기독교 신앙' 등으로 채워졌다. 이런 사상들은 그러나 호쎈펠더의 고유한 생각이라기보다는 당시 신앙적 흐름이었던 국가프로테스탄트적 성향과 유사했다.

제국기독교인운동이 모두 나치와 연관되었다고 보기 어려운 것은 바로 이러한 요소들 때문이다. 즉 초기의 호쎈펠더처럼 당시 많은 기독교인들이 민족과 국가를 염려하는 순수한 민족주의적 성격을 띠고 있는 국가프로테스탄트 계열이었다는 것이다. 제국기독교인운동이 비성경적이고 비기독교적인 길로 들어선 것은 나치와 손을 잡고 정치세력화된 시점부터라고 해야 할 것이다. 제국기독교인운동은 나치로부터 생물학적 인종론과 반유대주의를 수용하여 그 정체가 애매모호

---

58 Ibid., 26.

하게 변질되어갔다. 제국기독교인운동은 기독교적 나치라고 해야 할지, 나치 기독교라고 해야 할 지 정체가 모호할 정도로 왜곡의 길로 치달았다.

호쎈펠더가 정치적 성향을 강하게 띠게 된 것은 1919년~1921년에 체험한 전쟁 때문이다. 당시 그는 자원군(Freikorp)에 지원하여 향토방위의 임무를 띠고 전선에 투입되었다. 이 단체는 나치의 전신이 되는 단체였다. 그는 이 과정에서 단순히 신앙만으로는 민족을 구원할 수 없다는 생각을 갖게 되었다. 민족, 민족주의, 인종론이 그의 체험 속에서 제국기독교인운동을 이끄는 원동력이 되었다. 그가 나치당에 가입한 것은 1929년 4월이었다.[59]

가톨릭교회는 교인들에게 나치당에 가입하지 말 것을 공지했다. 개신교에서 저항 운동이 먼저 일어났지만 나치당에 가입하지 말라는 공식 성명은 없었다. 오히려 나치당에 가입하여 기독교의 쇄신을 꾀하려는 교계 지도자들도 있었다. 이는 나치당 초기 시절에 많은 기독교인들이 나치당의 본질을 제대로 파악하지 못한 면도 한 원인이 되었다. 나치당은 정당들이 혼재하여 정치적 갈등을 증폭시키던 바이마르 공화국 시절에 그래도 독일 정신을 앞세우며 강력한 지도력을 가지고 발전하는 정당으로 보인 것은 사실이었다. 심지어 목사들 중에는 교회 청년들을 나치 돌격대인 SA에 가입하게 한 경우도 있었다. 함부르크의 한 목사는 기독교 청년들에게 돌격대에 가입하도록 적극적으로 권유했다.[60] 그만큼 나치당이 불굴의 투지와 강한 민족정신을 훈련하

---

59 Ibid., 45.
60 SA 기독교

는 곳으로 일정부분 인정받았던 것이다.

호쎈펠더는 나치당에 가입하면서 기독교와 나치 이데올로기를 혼합하는 작업을 하게 된다. 제국기독교인운동이 가지고 있는 전형적인 신앙 양태인 '종교와 국가', '신앙과 민족', '하나님과 민족 신앙'이 실용적 기독교라는 중간 형태를 거쳐 '기독교와 나치', '인종과 신앙', '민족주의와 반유대주의', '예수 그리스도와 히틀러'라는 전대미문의 기형적 이론으로 변질된다. 1932년 5월 호쎈펠더는 제국기독교인 신앙 운동의 원칙에 관하여 이렇게 주장한다.

"우리는 실용적 기독교의 토대 위에 서 있다. 우리는 긍정적이며 인종에 맞는 그리스도교 신앙을 고백한다. 이것은 독일적 루터 정신과 영웅적 경건성에 꼭 들어맞는다."[61]

호쎈펠더의 원칙을 따랐던 페저(Fezer)는 1933년 5월 제국기독교인 신앙 운동 원칙을 다음과 같이 설명한다.

"민족적 고양(高揚)을 통하여 우리 조국은 국가가 민족을 찾아가는 길을 발견했으며, 민족 또한 당당한 국가를 향해 가는 길을 발견하게 되었다. 이것은 마치 독일 민족이 그 인생과 능력의 깊은 샘에서 나오는 사상에서 교회를 향한 길을 새롭게 발견한 것과 같다. 그러므로 독일교회는 이 현상이 실제로 이루어지도록 모든 것을 다 해야 한다. 독일 민족 앞에서 독일교회는 텅 빈 기관보다 나을 것이 없다. 교회는 독일 민족을 위해 존

---

61 Hans K.Bauke, Positives Christentum in den Reden der fuehrenden Maenner, (Gnadenfrei, 1935), 24. 재인용.

재할 때만, 독일 민족을 위해 이기심 없는 봉사를 할 때만 교회일 수 있다. 교회는 하나님이 국가에 위임한 소명을 알아차리고 성취하게 해야 한다.

제국 수상(히틀러를 의미함-필자 주)이 수차례 반복하여 주장한 바에 따르면, 이것이 오늘날 국가 운영을 위한 마지막 목표이다. 그러므로 과거와는 달리 국가 운영과 교회의 관계가 전혀 다르게 받아들여져야 한다…. 새로운 국가는 교회이고자 한다. 그 이유는 교회를 다루기 쉬운 도구로 여기기보다는 민족의 기초에 교회가 있기 때문이다. 국가의 과제와 함께 교회의 과제도 엄청나게 커졌다. 지금의 독일교회가 갖고 있는 모습대로라면 이 과제를 성취하기 어려울 것이다. 독일 민족에게 봉사하는 교회가 되기 위해서는 예수 그리스도의 복음을 통하여 독일 민족에게 부여된 것, 바로 그것을 행해야 한다. 그것이 제국기독교인운동의 목표이다."62

2.3 비네케의 주장

비네케(Friedrich Wieneke)는 호쎈펠더와 함께 제국기독교인운동을 주도했던 인물이다. 그는 제국기독교인운동에서 신학과 대학 분과를 지도했고, 솔딘(Soldin)시 주교를 지냈다. 그가 정리한 제국기독교인운동의 10가지 원리는 그 성격을 집약적으로 보여준다.63

1. 이 원리들은 모든 독일 신앙인들에게 교회가 새로운 질서를 세울 수 있는 방법과 목표를 제시한다. 이 원리들은 신앙고백인 척 하거나 기존의 신앙고백을 대체하려 들지 않는다. 또한 독일복음주의교회의 신앙고백의

---

62 Ibid., 24~25, 재인용.

63 Friedrich Wieneke, Die Glaubensbewegung "Deutsche Christen", (Soldin, 1933), 16~31.

기초를 흔들려고도 하지 않는다. 이 원리들은 단지 삶의 고백일 뿐이다.

2. 우리는 독일 복음주의교회동맹(Deutscher Evangelischer Kirchenbund)으로 집결한 29개 교회가 복음주의 제국교회로 결성되기 위해 투쟁하며, 다음의 주장과 목표를 위해 전진한다.

"밖으로는 하나 되고 정신적으로 강력하며, 그리스도와 그의 말씀을 위해 모이고, 안으로는 부요하며 다양한 모습을 띠므로, 모든 기독교인이여 이 부르심과 길을 따르라!"

3. 제국기독교인은 지금까지 그랬던 것처럼 교회·정치적인 정당이 되려하지 않는다. 다만 독일 민족에 합당한 복음주의 교인이 되려는 것이다. 의회주의는 아직도 교회 안에 살아남아 있다. 교회·정치적인 정당들은 기독교 민족을 대변하거나, 보다 높은 목표를 지향하므로 기독교 민족이 되려는 종교적 증거를 하나도 보이지 못했다. 우리는 모든 신앙적 능력의 표상이 되는 살아있는 민족교회(Volkskirche)가 되려 한다.

4. 우리는 실용적 기독교의 기초 위에 서 있다. 우리는 긍정적이며 민족에 합당한 그리스도 신앙을 고백한다. 그 신앙은 바로 독일적 루터 정신과 영웅적 경건성에 들어맞는다.

5. 우리는 다시 일깨워진 독일적 삶의 감각을 우리 교회에 회복시키고, 우리 교회를 생명력 넘치게 만들고자 한다. 독일의 자유와 미래를 위한 이 운명적 투쟁에서 교회는 너무 나약한 모습을 보여왔다. 교회는 지금까지 신을 대적하는 마르크스주의와 낯선 정신을 가진 중앙당(가톨릭 계열 정당으로, 로마의 지시를 받는다는 의미로 비판적으로 사용함-필자 주)에 대항하여 투쟁하려고 하지 않았다. 오히려 정치적인 이 정당 권력들과 협약을 맺고 말았다. 우리는 독일 민족이 사느냐 죽느냐 하는 결정적 투쟁에서 끝까지 싸울 것이다. 교회는 소외된 자리에 서지 않을 것이며 자유 투사들로부터 밀리지도 않을 것이다.

6. 우리는 교회가 맺은 협약을 수정할 것을 요구하며 종교와 민족을 적

대시하는 마르크스주의와 사회의 그늘을 형성케 하는 나약한 기독교-사회적 단체에 대항하여 투쟁할 것이다. 교회가 맺은 이 협약으로 우리는 하나님과 교회의 소명에 대한 군건한 용단을 상실했다. 하나님 나라로 향하는 길은 투쟁, 십자가, 희생을 통해서이다. 그 길은 잘못된 평화를 통해서는 결코 가능할 수 없다.

7. 우리는 인종, 민족, 국가 안에서 하나님으로부터 주어지고 맡겨진 삶의 질서를 보았다. 이를 유지하는 것이 우리에게 부여된 하나님의 계명이다. 그러므로 인종의 혼합은 거부되어야 한다. 독일 해외 선교는 오래전부터 그 경험을 통하여 독일 민족에게 강조하고 있다. "순수한 독일 인종을 지켜라!" 그리고 이렇게 말한다. 그리스도 신앙은 인종을 파괴하지 않는다. 오히려 인종을 심화시키고 성화시킨다.

8. 우리는 국내 선교의 입장에서 살아있는 행위 기독교를 본다. 이 의미는 단순한 동정심에서가 아니라 하나님의 의지와 그리스도의 십자가 죽음에 뿌리를 둔 순종에 있다. 단순한 동정심은 복지 지원의 차원이며, 으스대는 교만한 양심과 손을 잡고 민족을 연약하게 만든다. 우리는 기독교적 의무감과 사랑에서 힘없는 자들에게 무언가 하려고 한다. 그러나 우리는 일하지 않는 자들과 무가치한 자들로부터 우리 민족을 보호해야 한다. 국내 선교는 우리 민족이 어떤 경우에도 비독일적이 되게 할 수 없다. 그 사역은 경제적 모험을 피해야 할 것이며 소인배가 되어서도 안 된다.

9. 우리는 유대인 선교에서 우리 민족을 위해 아주 위험한 요소를 발견했다. 그 사역은 우리 민족의 몸에 낯선 피를 수혈하는 통로가 된다. 그러한 일은 해외 선교의 경우에서와 같이 당위성을 발견할 수 없다. 우리는 유대인이 독일 국적을 소유하고, 독일 인종이 혼합, 야만화 되는 위험이 있는 한 유대인 선교를 반대한다. 거룩한 성경 말씀도 거룩한 분노와 거부하는 사랑에 대해 언급하고 있다. 특별히 독일인과 유대인의 결혼을 금지한다.

10. 우리는 민족에 뿌리내린 복음주의 교회를 원한다. 나아가 기독교 세계시민 정신을 반대한다. 우리는 이런 정신으로부터 시작해 민족을 부패케 하는 평화주의, 국제주의, 프리메이슨 등을 하나님이 우리에게 명령하신 민족 소명의 신앙으로 극복하고자 한다. 복음주의 교회 지도자로서 프리메이슨 단체에 속하는 것은 있을 수 없다.

비네케는 위에 열거된 10개 조항을 통하여 기존의 독일복음주의교회가 제국기독교인운동으로 개조되도록 애썼다. 그는 나치 정권의 한 기관으로 종속된 복음주의 제국교회(Evangelische Reichskirche)를 위한 원리도 제시했는데, 이 이론들은 모두 교회를 탄압하는 근거를 마련하는데 활용되었다.

2.4 실용적 기독교(Positives Christentum)

'실용적 기독교'라는 용어는 바이마르 공화국 시절에 민족주의를 표방하는 기독교인들, 즉 국가프로테스탄트 사이에서 통용되었다. 히틀러가 나치당에 가입하던 시절에 이 용어는 이미 알려져 있었다. 히틀러는 1920년 나치당 강령 25개 조항을 발표하는데, 제24항이 이를 언급하고 있다. 조항의 내용은 이렇다.

24. 우리는 독일 인종의 풍습과 도덕에 배치되거나 위험하지 않은 독일 안의 모든 종교적 신앙고백의 자유를 보장한다. 당은 이 법을 준수하므로 어느 특정 신앙고백에 묶이지 않고 실용적 기독교의 입장을 대변한다. 이 조항은 우리 안과 밖에 있는 유대적, 유물론적 정신과 투쟁하며, 다음과

같은 기본 이해로부터 우리 민족이 갱생할 수 있다고 믿는다. 즉, 공동의 이익은 개인의 이익보다 앞선다.

나치는 "히틀러 정권의 기초는 기독교"라고 선전했다. 히틀러는 실제로 1934년 8월 26일에 행한 연설에게 이렇게 말했다. "국가사회주의는 반교회적이거나 반종교적이지 않습니다. 오히려 그 반대입니다. 우리의 이념은 진정한 기독교 바탕 위에 서 있습니다."

그러나 이 주장은 기독교인들의 환심을 사기 위한 술책일 뿐이었음이 서서히 드러났다. 나치가 주도하는 게르만족 국가 재건의 중심에 기독교가 서 있다는 선전은 회유책에 불과했다. 당시 기독교인들이 국가를 염려하는 가운데 민족주의 노선을 추구하던 것을 나치는 자신의 민족주의와 일치된 개념으로 혼동시키는 전술을 폈다. 실용적 기독교는 나치와 제국기독교인 사이의 중립 지대였다. 나치는 이 개념을 통해 자신들이 기독교적 정권임을 설득시키려 했고, 제국기독교인들 역시 이 개념으로 나치의 도움을 받으려고 했다.

페츠(Friedrich O. Fetz)가 펴낸 『실용적 기독교에서 독일신앙운동으로』라는 책은 실용적 기독교의 역할에 관해 잘 말해주고 있다.64 실용적 기독교는 철저하게 나치에 의해 이용당한 개념이 되었다. 이 개념은 유감스럽게도 국가프로테스탄트들의 민족주의적 신앙관이 나치에 의해 사이비 신흥 종교로 발전하는 다리 역할을 했다.

그렇다면 실용적 기독교는 어떤 의미인가? 나치는 실용적 기독교라

64 Friedrich Otto Fetz, Durch positives Christentum im Lichte des NS zur Deutschen Glaubensbewegung, 1935.

는 개념 아래 이렇게 이론을 전개시켰다.

첫째, 나치와 기독교는 같은 목적을 추구한다. 그 목적은 독일을 비참한 상황에서 건져내는 것이다. 둘째, 국가사회주의의 기초는 기독교다. 그러므로 기독교는 나치에게 협력해야 한다. 셋째, 기독교와 국가사회주의는 똑같이 독일 민족을 위해 봉사한다. 그러므로 기독교는 국가사회주의 정권이 추구하는 정책에 반대해서는 안 된다. 넷째, 기독교계가 말하는 실용적 기독교는 국가사회주의의 민족주

『나치 지도자들의 연설 속에 비친 실용적 기독교』. 이 책은 당시 얼마나 많은 나치 지도자들이 기독교를 공공연히 비판했는지 엿보게 한다.

의와 같은 의미이다. 기독교 신앙 교리에는 비독일적, 유대적 요소가 많이 섞여있다. 이를 국가사회주의 이론에 맞게 수정해야 한다. 다섯째, 기독교는 최고 지도자에게 충성하는 의미에서 국가사회주의가 추구하는 방향에 따라야한다. 기독교 신앙은 '독일 신앙'으로 전환해야 한다.

이런 이론에 종속됨으로써 실용적 기독교는 결국 나치당이 추진하는 정책의 한 도구로 전락하였으며, 나치 주도의 독일신앙운동 이론을 수용하는 기회를 제공하게 되었다. 더욱 안타까운 것은 실용적 기독교를 주도하던 목사와 교인들이 나치당원이 됨으로써 실용적 기독교는 기독교적인 정책 대안으로서의 기능을 상실했다는 점이다. 나치주의자들의 실용적 기독교에 관한 언급은 이를 증거하고 있다.

히틀러는 5월 1일 행한 연설에서 자신이 마치 설교자인 것처럼 위

장하여 청중을 속이고 있다.

"우리는 부지런히 그리고 열심히 일하려고 합니다. 우리는 서로 신뢰하며 그 시간이 다가오기를 기대하고 있습니다. 그 때에 우리는 전능하신 하나님 앞에 나갈 수 있을 것이며 하나님께 기원할 수 있을 것입니다. 주님, 당신은 우리가 지금 변화된 것을 아십니다. 독일 민족은 더 이상 불명예, 수치심, 자멸, 그리고 나약한 믿음의 백성이 아닙니다. 결코 그렇지 않습니다. 주님, 우리는 당신을 떠나지 않겠습니다. 독일 민족은 다시 정신적으로 강해졌고, 의지도 굳건해졌고, 인내심도 굳세어졌으며, 희생을 감내함으로써 더욱 강해졌습니다. 주님, 이제 우리 시대와 자유에 복을 내려주십시오. 그리하여 독일 민족과 조국이 복을 받게 해주십시오."[65]

나치 선전의 책임을 맡은 괴벨스가 실용적 기독교에 관하여 주장한 내용을 보자.

"국가사회주의 운동은 실용적 기독교에 그 뿌리를 두고 있다. 우리가 기대하고 바라는 것은 우리가 종교적으로 실용적 기독교를 추구하는 것처럼, 교회도 정치적으로 실용적 국가사회주의를 추구해야 한다는 것이다. 입으로만 고백하는 것은 충분하지 않다. 우리는 행동으로 고백할 것을 촉구한다. 독일에 교회가 존재해야 하는 이유는 우리가 볼셰비즘을 무찔렀기 때문이란 것을 알고 감사해야 한다…."[66]

나치 권력의 2인자를 자처했던 괴링은 이 문제에 대해 어떻게 언급

---

65 Hans K.Bauke, 12.
66 Ibid., 16~17.

했던가.

"국가는 신앙고백 그 자체를 보호해줄 것이다."[67]

히틀러의 최측근으로 최고 지도자 직무대리를 지냈던 헤스 역시 기독교 문제를 아주 간단하게 생각하고 있었다.

"민족의 단합은 명백한 사실이 되었다. 하지만 마지막 공격 지점이 완전히 섬멸되지 않았다. 그것은 기독교라는 상대이다…. 국가사회주의는 국가나 종교나 서로 잘되기를 바라고 있다. 국가사회주의 국가는 교회에게 교회에 속한 것을 허락했다. 이제 교회는 국가에 속한 것을 국가에 돌려주어야 한다. 국가사회주의는 교회 안에서 일어나는 일에 관해서는 관심을 두지 않을 것이다."[68]

실용적 기독교는 권력을 쥔 나치 수뇌부들의 인식과 같이 더 이상 기독교적 목소리가 아니라 나치당 정책의 한 이론으로 동화되어갔다.

---

67 Ibid., 16.
68 Ibid., 15.

| 기독교-독일신앙운동(Christlich-deutsche GB) |

3.1 현상

기독교-독일신앙운동은 '독일신앙운동'이나 '제국기독교인'과는 또 다른 성격을 갖는다. 독일신앙운동이 독일의 고대 설화, 신화, 전설, 민담 등에 등장하는 종교적 내용을 일반적인 독일 신앙으로 정립시키고, 이를 국가교회의 차원으로 승격시키려는 의도를 노골적으로 드러낸데 반해, 제국기독교인운동은 기독교와 정치를 통합하여 국가 정책에 반영시키고 이를 통해 기독교 전파를 활성화 시키려는 의도를 갖고 있었다. 독일신앙운동은 기독교적 입장에서 보자면 종교혼합주의였고, 제국기독교인운동은 기독교의 정치화를 의미했다. 독일신앙운동이 교회 밖에서 일어난 사이비 신앙 운동이라면 제국기독교인운동은 교회 안에서 일어난 움직임이었다.

그러나 기독교-독일신앙운동(Christlich-deutsche GB)은 좀 달랐다. 이 운동은 1930년대 북부 독일 폼머른을 중심으로 교계 지도자들이 모여 일으킨 운동이었는데, 여기에 당시 명성 있는 신학자들이 가세했다.[69] 이 신앙 운동은 기독교의 역사적 의미를 강조하면서 기독교가 어떻게 역사적 전환점에서 의미 있는 행동을 할 수 있는가에 치중했

---

69 다음 장 '신학의 우경화'에서 다뤄지는 신학자들을 참조.

다. 이 운동은 제국기독교인운동과 비교함으로써 그 성격이 좀 더 분명하게 드러날 것이다.

우선, 제국기독교인운동이 지극히 정치적이었다면, 기독교-독일신앙운동은 보다 신학적인 영역에 머물러 있었다. 제국기독교인운동이 '민족과 기독교', '신앙과 국가', '교회와 국가', '신앙인 개인과 국가라는 공동체'를 먼저 내세운 것에 비해 기독교-독일신앙운동은 '역사 속에서의 섭리'라는 보다 이론적인 면에 관심을 두었다.

이들은 어떻게 하면 역사적 상황화를 신학과 설교에 반영시켜 청중을 설득할 것인지에 초점을 맞췄다. 이들의 주장에 의하면, '질서'는 역사의 현재적 원칙이며 지역에서 벌어지는 구체적인 투쟁이었다. 이들은 또한 국가에서 중요한 것은 민족적·역사적 의식이라고 주장했다.[70] 독일신앙운동이나 제국기독교인운동은 질서라는 개념을 별로 염두에 두지 않았다. 이들의 눈에는 지금 여기서 벌어지는 사건이 곧 섭리이며, 따라서 그것이 국가의 질서를 결정한다는 것이다.

이들은 나아가 교회 강단에서 이루어지는 설교를 나름대로 규정했다. 이들이 교회 안에서의 설교라고 명명한 데는 어떤 정치적인 의도가 스며 있었다. 즉, 교회 안에서 정권에 반하는 설교를 해서는 안 된다는 전제였다. 이들은 설교가 구체적인 역사적 상황을 가시화해야 한다고 주장했으며, 설교를 구성하는 신학적 기초가 정치적 사건이라는 이론을 펼쳤다.[71] 정치와 역사가 설교의 주제와 논지를 이끌어내는

---

70 Peter Matuska, Natuerliche Theologie in politischer Verstrickung. Die Deutschen Christen und die theologische Erklaerung von Barmen, (Hamburg, 2005), 42.

71 Ibid.

토대라는 이들의 논리는 설교의 기초가 성경이라는 신학 전통을 부정하는 사상이었다.

질서라는 개념 외에 기독교-독일신앙운동이 주장한 것은 '투쟁(Kampf)'의 신비화였다. 투쟁은 일반적으로 갈등을 해결하기 위한 방법으로 정의되는데, 나치 시대에는 사회적 다원주의가 말하는 적자생존에서부터 인명 살상을 당연시 하는 전쟁의 영역까지 광범위하게 사용되었다. 나치 역시 투쟁을 영웅적, 운명적, 필연적 생존 방법이라고 미화하였는데, 이들은 여기서 더 나아가 투쟁에 형이상학적 의미를 덧입혔다. 즉, 투쟁에 신비적이고 영지주의적인 색깔을 덧입혀 투쟁이 초래하는 비인간적 폭력의 실상을 깨닫지 못하게 했다. 신비적 투쟁의 한 현상으로서의 전쟁은 인간 역사의 필연적 잠재요소이며, 전쟁을 통하여 나태하고 무기력한 민족은 도태되고 자신의 힘으로 발전할 수 있는 가능성을 가진 민족은 세계를 지배하게 된다는 것이었다.72

그 다음은 국가에 대한 이해였다. 이 부분에서는 이들의 신학이 독일 관념론에 의해 상당한 영향을 받고 있음이 드러난다. 헤겔이 자신의 국가 철학에서 말하는 국가는 '완전한 존재'였다. 국가는 개별적인 것의 연합이 아니라 그것 자체로서 완벽한 자기구현의 실체였다. 따라서 개인보다 국가가 앞서고 국가는 개인을 지배할 권리를 갖는다. 나치는 독일 관념론의 국가론을 정치적으로 실현한다고 선전했다. 나치에게 국가는 스스로 통치할 수 있는 인격체였다. 마찬가지로 기독교-독일신앙운동은 모든 개인이 국가에 귀속된다고 보았다. 하나님의 창

---

72 Ibid., 44

조에 기초하여 인간이 존재하듯, 국가가 존재하기 때문에 개인의 실존이 보장된다고 생각했다.

이들의 주장은 상당 부분 나치가 의도했던 신학과 신앙 노선을 이론적으로 뒷받침했기 때문에 나치에게 이용당했거나, 나치 이데올로기에 부역했다는 것을 부정하기 힘들다. 이 점이 바로 기독교-독일신앙운동의 역사적 오점이었다. 이들은 신학의 우경화가 얼마나 위험한 경계를 드나들 수 있는가 하는 점을 여실히 보여주었다.

3.2 신학의 우경(右傾)화[73]

독일 신학계에서 학문적 명성에도 불구하고 친나치, 반인종, 반유대적이라는 오명을 얻은 신학자들은 주로 루터신학에 영향을 받은 사람들이었다. 이들은 루터 연구의 르네상스를 가져왔던 홀(K.Holl) 학파에 소속되어 있거나 깊은 관계를 맺고 있는 학자들이었다. 특히 아래 언급된 고가르텐, 알트하우스, 히르쉬, 엘러르트 등은 루터계 신학자들로서 서로 다른 태도를 보였다. 고가르텐과 알트하우스는 처음에는 나치 사상에 찬동했지만, 나치의 본질을 파악한 뒤로는 거리를 지켰다. 반면 히르쉬는 나치가 몰락할 때까지 당원으로 있으면서 나치 사상을 지지하는 상반된 길을 걸었다.

이들은 모두 1880년대 태생으로 청년시절 독일 역사의 격변기를 체

---

73 참조, Robert P.Erickson, Theologen unter Hitler. Das Buendnis zwischen evangelischer Dogmatik und NS, Muenchen, (Wien 1986). 이 책에서는 세 명의 신학자, G.Kittel, P.Althaus, E.Hirsch를 다루고 있다.

험했다. 19세기에서 20세기로 전환하는 시기에 유럽에서 유행했던 세기말(fin de siecle)이나 역사적 낙관주의의 영향을 받았고, 『서구의 몰락』과 같은 사상을 통해 허무주의 속에서 방황하다 급기야 1차 세계대전을 맞았다. 유럽은 이 기간에 민족주의가 팽창하여 각국은 '민족신화'를 중심으로 응집하였고, 그 결과 전쟁이라는 파국을 맞았던 것이다.

독일에서는 종교·사회적으로 국가프로테스탄트 운동(Nationalprotestantismus)이 일어나고 있었다. 이 운동은 민족주의와 기독교 신앙이 결합하여 생겨난 운동으로 극우파적인 성격을 띠고 있었다. 이들의 신학적 주제는 독일의 역사적 현실에 초점이 맞춰져 있었고, 시대적 현상으로서 나치 운동에 흥미를 갖게 되었다. 기독교-독일신앙운동의 범주에 이 신학자들이 자리했던 것은 그런 배경에서였다. 또한 이 운동은 루터 전통과 깊은 연관이 있었기에 이들이 루터 연구자라는 공통분모를 갖고 있었던 것은 우연이 아니었다. 루터 신학 중에서 두 제국 이론(Zwei-Reichen-Lehre), 성경 해석, 반유대인 저술 등이 영향을 미쳤다.

하지만 여기서는 해당 신학자들이 나치 시대에 보인 행동과 사상에 국한하여 논하려 한다.

3.2.1 고가르텐(F.Gogarten)

도르트문트 출신의 고가르텐(Friedrich Gogarten, 1887~1976)은 1907~1912년 예나, 베를린, 하이델베르크 등지에서 신학을 공부했다. 특히 하이델베르크에서 트뢸취(E.Troeltsch)의 영향을 크게 입었다. 1925년까지 여러 지역에서 목회를 하다 1927년부터 예나 대학에서 조직신학을 강의하였으며 1931년 브레슬라우 대학에 교수로 가게 되었다. 그는 이어 1935년부터 1955년까지 괴팅겐에서 신학을 가르쳤다.[74]

1차 세계대전은 고가르텐의 신학에서 중대한 전환점이 되었다. 그는 유럽이 전쟁을 일으키게 된 것은 하나님의 심판이라고 생각했다. 여기서 바르트의 변증법적 신학으로 기울게 되지만 신앙과 역사라는 관계성에 더 관심을 갖는다. 1930년대 그는 루터의 율법 이해에 깊이 들어가게 되고, 정치 윤리 분야를 연구하다가 '계층과 민족 명제'라는 주제에 도달하게 된다. 이 때 고가르텐은 제국기독교인운동에 관심을 갖게 되었다. 제국기독교인운동이 독일 민족에게 등장한 계시적 현상이라고 여기게 된 것이다.

3.2.2 알트하우스(P.Althaus)

알트하우스(Paul Althaus, 1888~1966)는 1차 세계대전 때 의무병으로 근무했다. 그 후 괴팅겐에서 조직신학과 신약학을 가르쳤는데, 1925년부터는 에어랑겐(Erlangen) 대학에서 교수로 재직하게 되었다. 그는 1927년 '교회와 민족'이라는 글에서 독일이 체험하고 있는 현실은 하나님의 심판과 소명의 이중성이 있다고 주장했다.[75] 이런 생각 끝에 나치의 등장을 환영하는 실수를 저지르게 된다. 나아가 그의 두 저술,

---

74 RGG, Bd.3, 1071~1072.
75 RGG, Bd.1, 373.

『교회의 독일적 순간』76(1933), 『권위와 지도자』77(1936)는 그에게 치명적인 부담을 안겨주었다.

이 책들은 나중에 루터 권위자로 명성이 높았던 알트하우스 교수를 전쟁이 끝난 후 학계에서 퇴임하게 만드는 결정적 근거가 되었다. 알트하우스는 제국기독교인들이 주장하는 변질된 기독교관과도 투쟁하는 가운데 하우어의 주장을 반박하는 글을 쓰기도 했다.78 그는 결국 나치 정책에 회의를 품고 1937년부터는 나치와 거리를 두었다. 하지만 연합군의 심사과정에서 이의가 받아들여지지 않았다.

그가 은퇴하는 단초가 된 『교회의 독일적 순간』은 모두 7장으로 구성되어 있다. 그 중 중요한 개념은 민족의 체험과 계시, 민족사와 구속사, 제3제국과 하나님 나라, 독일 관습법과 복음, 민족 안에서 교회의 위상 등이다. 이 가운데 친나치적인 의심을 품게 만드는 부분을 인용해 본다.79

우리 개신교회는 1933년의 독일적 전환을 하나님의 선물이자 기적으로 알고 반겼다(5).

다음은 『권위와 지도자』에서 발췌한 내용이다.80 이 글 역시 알트하

---

76 P.Althaus, Die deutsche Stunde der Kirche, (Goettingen, 1934).

77 P.Althaus, Obrigkeit und Fuehrertum. Wandlungen des evangelischen Staatsethos, (Guetersloh, 1936).

78 P.Althaus, Schuld und Verantwortung im Deutschglauben (Zur Auseinandersetzung mit W.Hauer), in: P.Althaus, Theologische Aufsaetze II, (Guetersloh, 1935), 135~150.

79 P.Althaus, Die deutsche Stunde der Kirche.

80 P.Althaus, Obrigkeit und Fuehrertum.

우스에게 사상적으로 족쇄가 되었다.
치명적 실책으로 판명된 그의 주장을
인용해 본다.

절대적 복종은 마지막에 지배자나 지
도자에게 가는 것이 아니다. 그것은 하
나님의 신뢰를 받으며 민족을 섬기는
민족의 현실에 있다. 그리고 정치적 지
도자에게 보내져야 하는데, 그는 민족에
봉사하며 일정한 역사적 시간 속에서
지도자의 의지 안에 실체화 되는 것이어
야 한다.(45)

알트하우스의 저작 『권위와 지도자』
표지.

3.2.3 키텔(G.Kittel)

키텔(Gerhard Kittel, 1888~1948)은 부친 R.키텔(Rudolf Kittel, 1853~1929)
의 뒤를 이어 독일 신학과 종교학 분야에서 큰 업적을 남긴 학자였다.
그의 부친은 구약학자로서 히브리 역사를 포함한 근동 역사에 관한
저술을 여러 권 남겼다.

키텔은 1888년 브레슬라우에서 태어났으며 부친의 영향을 입어 신
학에 입문했다.[81] 그는 신약학과 종교학을 전공하여 유대인에 관한 글

---

81 1917년 라이프치히 대학 강사, 1921년 같은 대학 신약학 교수, 1922~26 그라이프
스발트 대학 교수, 1926~45 튀빙겐 대학 교수(1939~43, 비엔나 대학 교수), RGG, Bd.4,
1386~1387.

을 쓰게 되는데, 1933년에 발표한 '유대인 문제(Die Judenfrage)'가 그것이다. 하지만 유대인에 대한 키텔의 판단은 그의 명성에 걸맞지 않게 지극히 편협했다. 이것 때문에 키텔은 나치에 협력했다는 오명을 안게 되었다. 그의 사상이 어떠했는지 글을 통해서 살펴본다.

먼저 키텔은 그의 책『유대인 문제』에서 유대인 문제로 인해 독일뿐 아니라 독일 밖에서도 '크나큰 불안감과 절망감'이 드리워져 있다고 단언한다. 반유대주의가 정당하게 받아들여지고 있는 상태에서 어떻게 법적 대응을 해야 하는지 자신도 고려하고 있다고 고백했다.[82] 그러면서 그는 단순히 인종적이며 분위기에 부응하는 정도로 대응하는

G. 키델 교수의 반유대주의적 사상이 표현된 책『유대인 문제』.

것은 의미가 없다고 주장했다. 그가 내세운 유대인 문제의 해결책은 이랬다. '실제적이고 전적인 대답은 유대인 문제를 종교적으로 제압하고, 유대 문화에 대한 투쟁을 기독교적인 의미로 설정할 수 있는 곳에서 주어진다.'[83]

1934년 바르멘 신학 선언이 있은 후 키텔은 바르트 교수에게 공개편지를 보낸다. 키텔은 1934년 6월 9일 보낸 편지에서 "(신학 선언에) 침묵하는 것은 죄를 짓는 일"이라는 말로 신학 선언을 공격했다. 그는 바르트가 초안한 바르멘 선언이 오히려 "영적 혼란"을 가져

---

82 G.Kittel, Die Judenfrage, (Stuttgart, 1933), 7.
83 Ibid., 8.

오고, "기독교의 황폐화"를 초래하고, "교회의 파괴"를 가져온다고 비판했다.[84] 그러면서 그는 600명 이상의 뷔르템베르크 친나치 목회자들과 14명의 튀빙겐 신학교수들이 지지한 12개 조항을 첨부했다. 그 내용은 친나치적 주장으로 가득 차 있었다.[85]

3. 역사의 주관자 되시는 하나님께서 우리 민족에게 어려운 고난에서 나오도록 지도자와 구원자로 아돌프 히틀러를 보내신 것을 감사한다.

4. 국가사회주의 운동은 교회에게 영원한 복음으로 이루기를 원하시는 내용을 주셨다.

5. 제국주교가 주 교회의 주교들과 든든하게 연합하는 가운데 신뢰와 형제애로 가득한 협력 사역을 할 수 있다는 사실을 간과할 수 없다.

8. 뷔르템베르크 부름 주교는 국가사회주의당에 소속된 이들과 과거보다 더 협력하는 가운데 교회를 강화하려는 준비가 되어 있다.

이러한 사상을 지지한 키텔은 1939년 『그리스도와 통치자』라는 책을 통해 국가의 권위에 복종할 것을 주장한다.[86] 키텔은 신약 성경을 해석하면서 예수 그리스도가 마태복음 22장(마 22: 21)에서 하신 말씀과 바울 사도의 로마서 13장(롬 13: 1)은 모두 세속적 국가를 의미했다는 논리를 전개한다. '나아가 여기서 거론되고 있는 것은 다른 외부 국가이다. 그것은 전적으로 이교도적 국가이다.'[87] 1939년은 나치가

---

84 Karl Barth & Gerhard Kittel, Ein theologischer Briefwechsel, (Stuttgart 1934), 3~4.

85 Ibid., 4~5.

86 G.Kittel, Christus und Imperator. Das Urteil der Ersten Christenheit ueber den Staat, (Stuttgart, Berlin, 1939).

87 Ibid., 3.

전쟁을 일으킨 해로서, 당시 국가에 복종하라는 말은 불의(不義)라도 따르라는 의미로 밖에 받아들일 수 없을 것이다.

키텔은 세계적으로 권위를 인정받은 『신약 신학 사전』(Theologisches Woerterbuch zum Neuen Testament)의 초기 편찬 작업을 해내는 업적을 달성했으나 불행하게도 나치 부역이라는 불명예를 감수해야 했다. 그는 1945년 연합군에 의해 나치 부역 혐의로 대학에서 해임 당했다.

3.2.4 히르쉬(E.Hirsch)

히르쉬(Emanuel Hirsch, 1888~1972)는 고가르텐이나 알트하우스와 사정이 달랐다. 그는 전쟁이 끝날 때까지 나치 당원으로 있으면서 친나치적 성향을 고수했다. 그도 역시 1880년대 태생으로 부친이 목사여서 자연스럽게 신학에 입문하게 된다. 독일의 격변기를 몸으로 체험하고 베를린에서 신학을 공부한 히르쉬는 K. 홀 교수의 영향을 많이 받았다.

그의 신학대학 시절 동기로는 P. 틸리히가 있는데, 둘의 운명은 전혀 달랐다. 히르쉬가 나치 시대에 명예를 누리며 살아간데 반해 틸리히는 망명의 길을 떠나야했다. 같은 독일인이었지만 나중에 틸리히는 미국으로 국적을 바꾸었고 고향에 돌아오지 않았다.

히르쉬는 당시 저명한 신학자에 속했던 알트하우스, 엘러르트(Werner Elert, 1885~1954)와 친분이 깊었는데, 이들은 모두 루터신학 연구자로 알려져 있었다. 1936년부터는 괴팅겐 대학에서 조직신학과 신학사를 강의했다.

히르쉬는 알트하우스나 엘러르트와 마찬가지로 1차 세계대전을 통해 큰 충격을 받았다. 히르쉬는 독일의 위기가 국가와 문화의 위기라고 인식했다. 그 역시 국가사회주의 운동 안에서 이 위기를 극복할 수 있다고 믿었고, 제국기독교인운동을 긍정적으로 평가했다.[88] 히르쉬는 복음적 기독교와 이교도적 독일 신앙이 '민족의 장' 안에서 결합될 수 있다고 믿었다. 그는 「독일 민족성과 복음적 신앙」이라는 글에서 자신의 논리를 이렇게 전개한다.

'무엇을 발견했는가? 독일적 민족성과 복음적 신앙, 이 둘은 지금까지 우리의 역사 속에서 분리할 수 없는 운명 공동체가 되었다. 이 둘은 현재 상황 속에서도 운명 공동체로 인식되고 있다. 복음주의 기독교인들은 복음 속에서 하나님이 그를 부르실 때 바로 그 하나님에게 속해 있다. 또한 역사의 주인께서 현재 민족에 불어 닥치는 거룩한 사건의 폭풍 속에서 그를 부르실 때도 마찬가지다. 민족과 역사 안에서 하나님을 만나는 것, 그것은 복음 안에서 하나님을 만날 수 있도록 길을 열어준다.'[89]

히르쉬의 문제적 저술 『독일 민족성과 복음적 신앙』 표지.

1945년 히르쉬는 연합군에 의하여 괴팅겐이 무장 해제되기 전에 미

88 RGG, Bd.3, 1786~1787.

89 Emanuel Hirsch, Deutsches Volkstum und evangelischer Glaube, (Hamburg: Hanseatische Verlagsanstalt, 1934), 39.

리 퇴직서를 제출했다. 연합군의 탈나치화 작업에 의해 해임을 당하게 되면 연금을 비롯한 여러 혜택을 받을 수 없음을 감안한 행동이었다. 그래서 건강상의 이유를 들어 미리 사직서를 제출했던 것이다. 히르쉬는 나치 시대에 나치의 혜택을 누리고 퇴직 후에는 안정된 삶을 보장받는 이중적 삶의 행태를 보였다.

| 제3부 |

교계부는 처음부터 제국 내 기독교를 육성하고 지원하려는 의도는 없었다. 오히려 철두철미하게 감독하고 지배하려는 목적을 가지고 있었다. 교계부 개신교 담당 직무 분할은 기존의 종교 담당 부서를 통합하여 얼마나 구체적으로 교계를 장악하려고 했는지 알게 해준다. 교계부는 각 지역에서 운영되는 교회 및 교회 관계 기관들이 서로 다르게 움직이기 때문에 이들을 통합하여 '관리의 일원화'를 꾀하는 데 있었다.

V. 나치의 기독교 탄압

1

| 기독교 탄압 조직 |

　나치 정권 하에서 감행되었던 기독교 탄압에 관해서는 이미 2장에서 언급한 바 있다. 여기서는 기독교 탄압에 이용되었던 구체적인 기관들을 열거하면서 나치가 어떤 정책으로 기독교를 탄압하고 교회와 신앙을 해체하려고 했는지 살펴보려 한다.

　당시 기독교 탄압에 주도적으로 나섰던 것은 최고 지도자인 히틀러를 중심으로 나치당 교회 문제 담당 부서, 나치당 사상 연구소, 나치 정부의 국민 계몽과 프로파간다, 내무부, 교육부, 법무부, 교계(敎界)부, 청소년부, 경찰청, 제국기독교인운동, 제국기독교 주교, 강제수용소, 독일신앙운동 등등이다.

　이렇게 기독교를 탄압한 주체들은 나치 정권과 결탁된

모든 기관이라고 봐야 타당할 것이다. 나치는 최고 지도자를 중심으로 한 강력한 피라미드 구조의 조직체로 움직였고, 최고 지도자에게 죽음으로 맹세하는 충성스런 조직을 기반으로 하고 있었다.

히틀러

나치의 최고 지도자였던 히틀러는 그 자신이 비기독교적 인물이었고, "기독교를 박멸하겠다"는 극단적 발언 등으로 봐서 그의 반기독교 정책의 의지를 실감하게 한다. 또한 국가 권력의 최상부에서 얼마나 정책을 반기독교적으로 행사하려 했는지 짐작하게 한다.[90]

나치당 교회 문제 담당 부서(Kirchenangelegenheit der NSDAP)

나치당은 기독교에 대응하는 여러 정책을 폈다. 나치당의 전체적인 분위기는 반기독교적이었으나 많은 기독교인들이 민족주의, 반공산주의, 청소년 교육, 표면적인 친기독교 등에 찬성하여 나치당원으로 가입했다.

나치당 사상 연구소

나치당 내에서 당원 사상교육과 당 철학과 사상을 연구하는 이 기관은 로젠베르크가 소장을 맡았다. 그는 자신의 책『20세기의 신화』(Das Mythus des 20. Jahrhunderts)에서 반기독교 사상을 극렬하게 드러냈다. 당 기관지 격인『민족의 관찰자』(Der Voelkische Beobachter)라는 잡

---

90 그의 반기독교 성향에 대해서는 '2장 1. 히틀러와 기독교'에서 다루었다.

지는 처음부터 끝까지 반기독교적 사상으로 일관했다.

국민 계몽과 프로파간다
(Ministerium fuer voelkische Aufklaerung und Propaganda)

괴벨스가 장관으로 국민 계몽과 선동 작전을 지휘하였는데, 실제로는 국민의 의사표현을 통제하고 대중조작을 일삼던 기관이었다. 그 역시 반기독교적 인물이었음은 잘 알려진 사실이다.

내무부(Innenministerium)

나치 정권 초기에 기독교인들이 보여준 지지도는 정권이 정착하고 안정을 꾀하는데 도움이 된다고 판단되었다. 하지만 시간이 지날수록 나치는 기독교가 자신들의 정권 확립을 방해하고 있다고 보았다. 내무부는 '아리안법'을 비롯한 여러 법령을 통해 기독교를 박해하는 정부 부서의 하나가 되었다.

교육부(Erziehungsministerium)

교육부의 기독교 탄압은 먼저 신학교를 대상으로 이루어졌다. 교육부는 신학교를 통폐합하여 교육기관과 신학생 수를 줄여나가는 정책을 폈다. 나치를 비판하는 교수들을 강제 해임시키고, 친나치 교수·학생 단체를 결성케 하여 나치 전략을 확대, 전개했다. 또한 학교에서 시행되는 기독교 교육, 종교 수업을 폐지하고, 교실에서 십자가를 없애며, 공적인 기도를 하지 못하게 하는 등 많은 방해를 했다.

법무부(Justizministerium)

법무부는 주로 반기독교 법 집행에 주력했다. 기독교 지도자들을 체포하는데 영장을 발부하는 일에서부터 나치 검찰, 판사들을 내세워 형량을 선고하는 데까지 악역을 담당했다. 다른 정부 부처와 같이 법무부도 철저하게 나치 권력을 휘두르는데 앞장섰다.

교계부(Kirchenministerium)

나치 정부 내 교계부는 기존 독일교회에 친나치 사람들을 포진시키는 전략을 시작으로 반기독교 정책을 폈다. 교계부는 교회의 운영, 목사의 임명, 생활비 지급 등을 관할하면서 고백교회 소속 교회와 목사들을 탄압했다. 교회의 자율권을 박탈해 교회의 권위를 떨어뜨리는 수법도 사용했다.

청소년부(Hitler-Jugend)

청소년을 나치 이데올로기에 맞게 교육하는 기관으로 히틀러 청소년(HJ)과 독일소녀연맹(BDM, Bund deutscher Maedel)으로 구성되었다. 쉬라흐(Baldur von Schirach)가 책임자로 있으면서 나치 엘리트의 양성과 전쟁에 필요한 인적 자원을 훈련시키는 임무를 맡았다.

경찰청

힘믈러가 책임자를 맡으면서 일반 경찰, SS, 비밀경찰(게슈타포) 등 여러 조직으로 나뉘어져 나치에 동조하지 않는 교회, 목회자, 교인들을 감시, 체포, 구금하는 행동대 역할을 했다. 힘믈러는 사이비종교에 빠져 있던 자로서 지극히 반기독교적 인물이었다. SS의 제 2 권력자였던 하이드리히 역시 반기독교적 인물로서 이 둘은 사이비종교 예식을 통하여 SS 장교급 대원들을 비밀 결사 조직처럼 운영했다.

제국기독교인운동

표면적으로는 기독교적이지만 실제로는 비성경적 이론을 주장하던 단체였다. 이들은 주로 전통적인 루터교회 소속 교인들이었는데, 기존 교회 체제를 부정하고 개혁을 주장했다. 그들은 고백교회를 핍박하고 국가가 교회를 지배하는 체제인 '국가교회'를 수립하려 했다.

제국기독교 주교

제국주교에 임명된 뮐러는 나치가 원하는 교회 정책을 펴는데 앞장서서 고백교회와 신앙을 탄압했다. 그는 주교에 임명된 뒤 별 주목을 받지 못하자 교회 소속 청소년 명단을 히틀러 청소년단에 넘겨주어 강제로 가입시키는 만행을 저지르기도 했다.

강제수용소

경찰과 법무부를 거쳐 강제수용소에 수감된 기독교인들을 핍박했다. 강제수용소에 수용된 목회자들은 대부분 독방에 감금되거나 신앙 활동을 할 수 없게 하고 다른 수감자들과 접촉하지 못하도록 극심한 활동의 제한을 받았다.

독일신앙운동

이들은 아리안, 게르만, 북구적 민족 신화에 근거한 독일적 토착종교를 회복해야 한다면서 기독교를 비판했다. 나아가 성경과 교회를 부정함으로써 나치의 기독교 박해에 동조했다.

01

01,02,03: 나치는 자신에게 저항하는 이들을 격리, 소멸시키기 위해 강제수용소를 지었다. 베를린 외곽에 있는 작센하우젠 수용소는 그 중 하나이다.

04,05: 작센하우젠 수용소의 화장장과 유골을 담는 용기. 혹독한 탄압은 사진 06처럼 후대에 "테러의 지형학(게쉬타포, 친위대, 제국보안청의 만행 고발전시관)"을 남겼다.

07: 독일 중부 플로센뷔르크 수용소에서도 악마적 행위들이 자행되었는데 재소자들을 죽음에 몰아넣고 무자비하게 화장한 장치들이 남겨져있다.

02

04

05

08: 인명 살상은 나치저항인들과 유대인들에게서 특히 잔혹했다.

09: 독일은 나치의 만행을 역사박물관으로 자료화하여 역사적 속죄 뿐 아니라, 역사 교훈의 장으로 공개하고 있다.

2

| 기독교 정책기관 |

2.1 나치 정부 내 교계부

나치 시대에 기독교를 통제하고 제어하기 위한 기관의 핵심에 교계부(敎界部, Reichskirchenministerium, 초기에는 Das Reichsministerium fuer die kirchlichen Angelegenheiten이라고 불렸다)가 있었다. 이 부서는 히틀러가 독일 교계를 장악하기 위해 내린 특별 지시에 의해 설립되었다. 그 때가 1935년 여름이었으니 제국 정부 안에서 가장 늦게 만들어진 부서였다.

구조적으로 보면 교계부는 프로이센 정부 시절 '과학, 예술, 국민교육'을 담당하는 부서 안에 소속되어 있던 종교 분야를 따로 독립시킨 것이었다. 이 구조는 1860년대에 이미 기틀을 갖추어 프로이센 제국 안에서 실행되고 있었다. 또한 프로이센을 제외한 독일 지역에서 각 주는 종교 문제를 담당하는 부서가 존재하고 있어서 이 기관들을 교계부로 통합시켰다. 그러나 1933년 이전까지 종교 문제를 담당하는 각 주의 정부 기관은 예배와 예식을 관장하는 것 외에는 별다른 활동을 하지 않았다. 하지만 교계부로 흡수, 통합되면서 급격히 정치화되어 갔다. 그 시점은 1933년 7월 11일 독일복음주의교회(DEK, Deutsche Evangelische Kirche)가 결성되면서부터이다.

교계부는 처음부터 제국 내 기독교를 육성하고 지원하려는 의도는 없었다. 오히려 철두철미하게 감독하고 지배하려는 목적을 가지고 있었다. 교계부 개신교 담당 직무 분할은 기존의 종교 담당 부서를 통합하여 얼마나 구체적으로 교계를 장악하려고 했는지 알게 해준다. 교계부는 각 지역에서 운영되는 교회 및 교회 관계 기관들이 서로 다르게 움직이기 때문에 이들을 통합하여 '관리의 일원화'를 꾀하는 데 있었다. 결국 이 체제는 기독교에 대한 '국가의 감독'을 강화하는 것이 목적이었다.91 나치 정부 내 교계부가 얼마나 치밀하게 교회를 통제했는지는 다음과 같은 규정들이 상세하게 보여준다.

I. 교회법과 행정

1. 독일복음주의교회법, 주 교회법, 산하 개교회법
2. 교회청
3. 교회 행정, 인적 · 재정관리
4. 노회들
5. 기타 교회기관(지방, 군 단위, 개교회, 소교구연합)
6. 교회 계약들
7. 교회법 및 규범들
8. 주 교회 연합체
9. 주 정부 내 교회 담당부서

II. 재산 관리사항

1. 일반 재산, 특히 동 단위 교회와 기독교 단체에 대한 재산 감독

---

91 Werner Haugg, Das Reichsministerium fuer die kirchlichen Angelegenheiten, (Berlin, 1940), 16, 32~36.

2. 교회 재산

3. 교회 소유의 대지, 토지 및 주택

4. 주 교회 및 산하 교회의 대지 매입, 매도 및 교환

5. 주 교회 및 산하 교회에 대한 지원

6. 주 교회 및 산하 교회의 대여

7. 주 교회 및 산하 교회의 물건 수집

8. 교회 재단에 대한 국가 및 지방 정부의 지원(일반 문의, 보상)

9. 국가 재원의 지원

III. 급료지원, 후원, 기밀비, 군·동 단위 교회에 대한 제한

1. 사역 급료, 은퇴 및 퇴임 복지

 a) 담임목사

 b) 보조목사

 c) 교회 행정 공무원

 d) 군 단위 교회 공무원

 e) 임시직

2. 목회자, 주 교회 및 군 단위 교회 공무원에 대한 상여

3. 특별 목적을 위한 제국 예비자금

4. 교계 공무원과 직원에 대한 사회복지

5. 프랑스 점령지에 대한 기금

6. 군·동 단위 교회 경계

7. 주 교회 목적을 위한 예비자금

IV. 보조금

1. 교회 보조금

 a) 주 교회, 주 교회급 단체

b) 교회세

c) 수수료 및 기타 보조금

2. 국가 및 공적 기관에 대한 교회 및 산하기관의 보조금

V. 건축과 후원 사항

1. 일반적 사안

2. 기념상 유지를 위한 일반 사안

3. 건축보조금

　a) 기념상 재정, 기념상 로또

　b) 국가 재정 보조금

　c) 개신교 건축물 보조금

4. 개신교 교회부서 건축물

5. 베를린 대성당

6. 건축 후원기금

7. 개신교 건축물, 이동식 예술상

　a) 프로이센

　b) 기타 주 지역

8. 후원

　a) 일반

　b) 특별 : 교회, 목회자, 교회 관리인

VI. 교회 관청

1. 담임목사, 감독, 주 교회청장

2. 별정직 교회 공무원, 교회 행정요원(예, 보조목회자, 동 단위 교회 행
　정직원, 오르가니스트, 집사)

　a) 개인

IX. 교회 및 종교적 생활

1. 단체, 기관, 재단

2. 교회 주최 순례 행사, 특히 국내 선교

3. 해외 선교

4. 개신교 남성 사역

5. 개신교 여성 사역

6. 개신교 청소년 사역

7. 군 목회, 기관 목회, 직장 목회, 지역 목회

8. 종교훈련, 교직 행위(예비, 세례, 장례 등)

9. 교회적 종교적 생활의 통계

10. 교회 서적, 기념도서 보존, 인종연구

X. 국내, 해외의 종교 및 세계관 단체

1. 해외 사안, 특히 교회연합(교회 친화를 위한 세계단체, 루터교세계협
   회 등)

2. 종교 및 세계관 단체, 이단

3. 알트루터교회

4. 종교 기관, 교회 및 세계관 기관 사이의 관계

   a) 교단 및 세계관 사이의 평화

   b) 지역에서의 교회 분쟁

5. 교회, 종교, 세계관 기관에의 소속(가입, 탈퇴, 이동)

6. 알트가톨릭 관련 사안

7. 정교회 관련 사안

8. 유대종교 관련 사안

XI. 일반적 사안

1. 일반
2. 국가 법제정과 연관된 법령
3. 국가교회법적 차원에서 재판부 결정(목차)

초대 교계부 장관으로 케를(Hanns Kerrl)이 임명되었다. 케를이 장관에 임명될 때 그에 대해 알려진 것이 거의 없었다. 그저 '야만인', '반유대 선동가'라는 부정적인 별명이 다였다. 1933년 3월 그가 발언한 내용은 그가 어떤 성향의 인물인지를 짐작할 수 있게 한다. "여러분들은 유대인에게서 (물건을-필자 주) 살 수 있습니다. 그러나 돈을 낼 필요는 없습니다."[92]

케를은 1887년 팔러스레벤의 한 기독교 가정에서 태어났다. 형제자매가 모두 13명이었는데 그 중 11번째였다. 1914년 결혼하고 곧바로 1차 세계대전에 참전하여 이듬해 예비군에 편성되었고 1918년까지 계속 전투에 참전했다. 전쟁에서 친형제 두 명을 잃는 아픔을 경험했다. 케를이 전쟁을 통해 구체적으로 어떤 경험을 했는지는 알려진 바가 없지만, 일반적인 사례에서 크게 벗어나지 않는다면 조국애, 전우애, 전쟁 혐오감 등을 경험했을 것으로 보인다.[93]

1923년 나치당에 가입한 케를은 1928년 프로이센 의회에 나치 출신 국회의원으로 선출되었다. 1933년 4월 프로이센 법무부 장관에 임명되었으나 1934년 6월 퇴임하고 만다. 그러다가 1935년 7월 새로이

---

92 Heike Kreutzer, Das Reichskirchenministerium im Gefuege der ns. Herrschaft, (Duesseldorf, 2000), 100~101.

93 Ibid., 104~105.

설립된 교계부 장관으로 발탁되기에 이른다. 이런 약력으로 보면 그는 결코 교계부를 이끌만한 전문 정치인은 아니었다. 그는 오히려 칸트와 쉴러, 챔벌린에 매력을 느끼고 많은 예술인들과 교류하며 지원했던 자유스런 낭만주의자에 속했다고 전해진다.[94] 케를은 실용적 기독교 노선에 서서 나치주의와 기독교를 융합하는 정책을 이끌려고 했다. 이런 경향은 괴벨스 같은 극렬한 반기독교 계열에게 미움을 사는 결과를 가져왔다. 괴벨스의 발언이 이를 증언하고 있다.[95]

"그(케를-필자 주)는 교회를 보존하려 한다. 하지만 우리는 교회를 해체시킬 것이다. 이것은 단순한 사안의 문제가 아니라 우리를 구분 짓는 근본적인 차이다."

케를은 장관으로 있으면서 당과 교계 양쪽에서 비판을 받았다. 나치당으로부터는 교회의 전통을 유지하려 한다는 비난을 받았고, 교계로부터는 기독교를 변질시킨다는 비난을 받았다. 케를의 장관직을 방해했던 또 다른 요인은 그의 귀족적 생활과 건강이었다. 그는 장관에 오르면서 호화로운 별장으로 이사하고 문화·예술인들을 초대하여 파티를 여는 등 주위의 눈총을 샀다. 또한 1936년부터는 심각한 심장관련 질병을 앓게 되는데, 이로 인하여 업무에 활력을 잃었을 뿐더러 결국 요절하는 사유가 되었다.

교계부는 조직에서 보여지듯이 가톨릭과 개신교에 대한 정책을 따로 설정했다. 케를은 교계부 산하 조직을 전문가들로 구성했다. 가톨릭은 로트(J. Roth), 개신교는 슈타안(J. Stahn), 중앙본부에는 무즈

(H. Muhs), 비서실에 아렌즈(Ahrens)를 포진시켰다. 특히 가톨릭 분야는 로트 신부, 가톨릭 신학자이며 법률가인 쉬뢰커(S.Schroecker), 두추즈(W.Dudzus) 신부, 쉬마노프스키(E.Szymanowski) 신부가 나치당원으로 활약하여 나치에 대해 일사분란하게 대응해 나갔던 가톨릭계에 파문을 일으켰다.

가톨릭에 대한 나치의 전략은 처음부터 교황과 맺은 조약을 활용하는 데서 시작했다. 조약의 내용을 나치 이데올로기로 교체시켜 무리 없이 가톨릭을 포섭한다는 작전이었다. 예를 들면 가톨릭 신학교 교육 내용에 나치 이데올로기를 첨부하고 가톨릭 기관들, 즉 유치원, 학교, 병원, 사회기관 등을 나치가 관리하는 것으로 전환하려 했다. 이 계획은 일부 이뤄졌으나 사제들의 저항에 부딪혀 전적으로 실행되지는 못했다.

개신교에 대한 나치의 전략은 가톨릭과는 달리 집요하고 치밀하게 진행되었다. 개신교는 이미 제국기독교와 고백교회로 나뉘어져 있어서 나치가 정책을 수행하는데 비교적 수월했다. 1935년 7월 교계부 장관이 등장함으로써 제국주교 뮐러는 사실상 허수아비가 되었다. 주교보다는 교계 공무원들이 정권을 가지고 보다 실질적인 영향력을 행사했기 때문이다. 1935년~1937년 제국기독교는 정권과 결탁하여 교회 재편을 실행해 나갔고, 이로써 고백교회는 내적 분리를 겪는 상황에 돌입하게 되었다.

1937년 교계부는 본격적으로 기독교를 와해시켜서 국가교회로 전환하려는 계획을 추진해나갔다. 1937년 교단 총회를 앞두고 히틀러는 케를에게 정책을 확실히 추진하라고 당부했다. 그동안은 수동적 자세로 있던 히틀러가 교계에 직접 관심을 표명한 것이다.96 히틀러는 케를이 장관으로서 교계를 장악하는 힘이 없다고 판단하였고, 당내에서 많은 비난이 끓어올랐다. 그리고 선거 결과는 나치의 기대에 미치지 못했다.

나치의 종교 정책은 가톨릭과 개신교를 해체하여 국가의 지배 아래 완전히 굴복시키려는 것이었다. 1941년 장관이었던 케를이 숨지면서 교계부는 장관 후임을 정하지 못한 채 공석으로 남겨두었다. 2차 세계대전이 한창 진행 중이어서 나치 정부가 더 이상 교계 장악에 관심을 둘 겨를이 없었기도 하였고, 교회가 더 이상 나치의 지배에 들어갈 수 없다는 것을 파악하였기 때문이기도 했다. 나치의 기독교 정책을 정치적으로 판단하자면, 그들의 반기독교 정책은 독일 기독교의 역사 깊은 전통과 결속력, 그리고 신앙인들의 결연한 저항과 능력에 부딪쳐 성공할 수 없었던 것이다.

2.2 나치당 내 교계 담당부서

나치당은 이중적 구조를 가지고 권력을 활용했다. 즉 나치당과 나치의 제국 정부가 그것이다. 나치당이 당 조직과 당원을 통해 이데올로기를 확산하려 했다면, 정부는 막강한 행정력, 공권력을 가지고 국가를 통제했다. 종교 문제에 있어서도 정부 조직은 교계부를 통해 직접 기독교를 박해한 반면 나치당은 당 차원에서 기독교 탄압을 감행

---

96 Ibid., 286~287.

했다. 시기적으로 보자면 나치의 반기독교 정책은 나치 정부 교계부가 설립되기 훨씬 전부터 시작되었다. 그러나 1933년 나치당이 정권을 장악하고부터 나치의 반기독교 정책은 당보다는 정부 측에서 구체적인 방법으로 탄압을 진행해 나갔다. 1933년 8월 당사상연구소장 로젠베르크는 「정치와 교회」라는 글을 통해 당보다는 정부가 종교 문제를 담당해야 한다는 의견을 피력했다.97

나치당은 처음에 제국기독교인들이 나치 사상에 긍정적 반응을 보내자 환영의 손짓을 했다. 기독교인들의 지지를 얻어야 하는 입장에서 나치는 제국기독교인들과 종교적 문제에서 공동전선을 펴기로 한 것이다. 그러나 제국기독교인들이 뮐러를 선출한 다음에 태도가 달라졌다. 나치당은 더 이상 제국기독교인들과 협력할 필요를 느끼지 못했다. 그 이유는 제국주교가 기독교 정책을 나치가 원하는 대로 이끌어 갈 것이라는 생각에서였다.

나치당이 제국기독교인들을 당으로 깊이 끌어들이는 것을 꺼려한 이유는 제국기독교 안에 반나치 저항이 있었기 때문이다. 제국기독교인 상당수가 친나치 계열이라는 것은 잘 알려진 사실이지만, 그렇다고 그들이 모두 나치는 아니었다. 제국기독교인 중에는 민족주의와 청소년 교육에 대한 강한 열망 때문에 나치 정책을 지지한 이들이 있었다. 이들은 나치 이데올로기 중에서 민족우월주의, 반유대주의 등에 찬성하지 않는 이들도 있었다. 즉 이들은 국가프로테스탄트의 사상과 나치 이데올로기가 만나는 지점까지만 나치를 수긍했지, 그 이상에 대

---

97 Leonore Siegele~Wenschkewitz, Nationalsozialismus und Kirchen. Religionspolitik von Partei und Staat bis 1935, (Duesseldorf 1974), 127.

해서는 오히려 비판론자들이었다.

이들은 뮐러가 주교로 임명되자 점점 나치에게서 떨어져 나갔다. 결국 제국기독교인들이 나치당에게 이용을 당한 셈이었다. 히틀러는 당과 국가의 역할이 다르다는 것을 공언함으로써 당과 관계있는 제국기독교인들이 정부 종교정책에 개입하는 것을 허용하려 하지 않았다.

"국가의 과제는 법이 허락하는 영역에서 역사적으로 형성된 국가 조직의 행정력을 활용하는 것이다. 당의 과제는… 국가사회주의 이념에 기초한 사상의 분야에서 온 국민을 교육하는 것이다."[98]

2.3 아이제나흐 연구소

아이제나흐는 루터가 가톨릭의 위협을 피해 은신한 곳으로, 여기서 그는 성경을 독일어로 번역했다. 나치는 바로 이 도시에 나치 주도하에 운영되는 연구소를 세우기로 한다. 나치는 루터를 민족 혁명가로 부각시키고 루터의 유적을 나치화하여 기독교인들의 환심과 인기를 얻으려고 했다. 공식 명칭은 '독일 교회 생활에 미치는 유대 영향 제거와 연구를 위한 아이제나흐 연구소(Einsenacher Institut fuer Erforschung und Beseitigung des juedischen Einflusses auf das deutsche kirchliche Leben)' 였다.[99]

제국기독교인운동의 지지를 받는 가운데 반유대주의를 신학적으

---

98 Ibid., 134.

99 Peter von der Osten~Sacken(hg.), Das missbrauchte Evangelium. Studien zu Theologie und Praxis der Thueringer Deutschen Christen, (Berlin, 2002).

로 입증, 선전하기 위해서 1939년 연구소가 설립되었다. 연구소의 설립 목적은 기독교 안에서 유대주의 영향을 제거하는 것이었다. 예를 들면, 예수 그리스도는 유대인이 아니라 아리안족이라는 것을 이론적으로 짜맞추는 작업도 이들에게 부과된 과제였다. 기독교인들을 회유하는 과정에서 나치의 반유대주의를 설득하기 위해서는 예수를 유대주의 전통에서 분리해야 했기 때문이다. 이 작업에 수많은 신약학자와 유대 전문가들이 동원되었는데, 그 중에 키텔의 경우가 대표적이었다.[100]

반유대주의는 나치에게 뿐 아니라 일부 기독교인들에게도 공감 가는 주제였다.

기독교회에서 유대 추방 운동을 실행하는 것은 시급하면서도 근본적으로 이뤄져야한다. 그것은 보다 높은 가치를 지니고, 보다 본질적인 의미를 갖고 있다…. 기독교회에서 유대 추방 운동이 이뤄질 때 비로소 독일 민족은 의식적인 기독교인으로서, 나아가 종교적 신앙 자세로서 지도자의 투쟁에 참여하게 되며, 지도자와 독일 민족의 신성한 과제를 완수하게 될 것이다.[101]

연구소 대표는 튀링겐 제국기독교인운동을 지도하던 레플러 목사가 맡았고, 연구 분야 소장은 그룬트만(Walter Grundmann) 교수가 맡았

---

100 키텔 부자는 아버지는 Gerhard, 아들은 Hellmut였는데, Gerhard Kittel은 튀빙겐 대학에서 신약학과 유대학을 가르쳤고, 아들은 뮌스터 대학에서 신약학과 종교교육을 가르쳤다. 저명한 『신약 신학 사전』(Theologisches Woerterbuch zum Neuen Testament)이 반유대주의자, 친나치주의자인 G. 키텔에 의해 편찬되었다는 사실이 유감스럽다.

101 Peter von der Osten~Sacken(hg.), 75, 재인용.

다. 그룬트만 교수는 개소식에서 다음과 같은 제목으로 연설했다. '독일 신학과 교회의 과제로서 종교생활에서의 유대 추방운동'.[102] 독일 전역에서 이 연구소 회원으로 50여 명의 신학 교수들이 가입하였고, 100여 명에 이르는 목사와 주교들도 대거 가입했다.[103]

연구소에는 젊은 신학자들이 많이 참여하였는데, 이들은 나중에 청소년을 지도하는 책임을 맡게 되어 독일 기독교의 반유대주의를 증폭시키는데 지대한 역할을 한 것으로 평가되고 있다. 여기서 발간된 책자 중에는 『하나님과 동행하는 독일인-독일 신앙 안내서』가 있었는데, 고백교회를 제외한 제국기독교회 전체에 배포되었다. 이들은 성경에서 히브리어, 구약과 관계된 구절, 예수와 유대의 관계를 나타내는 부분을 삭제했다. 또한 '아멘', '할렐루야', '호산나', '여호와' 등의 단어를 제거하고 예수와 다윗 혈통에 관계된 부분을 신약에서 제거하는 만행을 저질렀다.[104] 다음은 이 연구소에서 발간한 신앙교육서의 한 부분이다.

갈릴리 나사렛 출신인 예수는 그가 전한 말씀과 행동에서 보자면 모든 면에서 유대주의에 반대했다는 것을 알 수 있다. 예수가 유대인과 가졌던 투쟁은 너무 처절하여서 결국 그는 십자가 죽음을 맞이해야 했다. 그러므로 예수는 유대인이라고 할 수 없다. 오늘날까지 유대주의는 예수와 예수를 따르는 이들을 이해할 수 없는 증오심으로 탄압하고 있다. 그에 반하여 예수 주변에서는 특히 아리안족 사람들이 마지막이며 가장 심오한 질문

---

102 Ibid., 76.

103 Ibid., 77.

104 Ibid., 78.

에 대한 대답을 내놓고 있다. 그것은 예수가 독일 민족의 구원자라는 것이다.[105]

1939년 7월에 열린 연구소 모임에서 예나 대학의 조직신학 교수였던 아이젠후트(Heinz Eisenhuth)가 한 강연은 제국기독교가 얼마나 위험한 수준으로 신앙의 정도에서 벗어났는지 입증해준다. 그는 구약은 인종적으로 낯설고 비기독교적인 표현이라고 주장했다. 유대적 영향은 독일에서 구약뿐 아니라 세속화 과정에도 깊이 들어와 있다고 하면서 그 예가 유대인 철학자 스피노자라고 했다. 스피노자가 윤리를 강연하면서 하나님의 법칙을 자연 법칙으로 대체했다는 것이다.[106]

2차 세계대전이 끝난 후 튀링겐의 제국기독교인들이 이 연구소의 가치를 옹호하고 나섰지만 결국 친나치적 활동이 수집되어 폐쇄가 결정되었다. 비록 학문적으로 공헌한 바는 있지만 아이제나흐 연구소를 통해 전해진 사상들은 제국기독교인 안에서도 수용하기 어려운 주장이 많았던 것이 사실이다. 고백교회 회원으로 마르부르크 대학에서 신약학과 교회사를 가르쳤던 소덴(Hans von Soden) 교수는 신학에서의 인종 문제와 반유대주의에 관해 강하게 비판했다.[107]

---

105 Ibid., 79.
106 Ibid., 80~81.
107 Ibid., 89.

2.4 나치신학자 그룬트만(W.Grundmann)

위에서 논한 바 있는 '신학의 우경화'는 나치와의 관계로 볼 때 이중적 태도를 지니고 있었다. 관련 신학자들이 비록 나치 이데올로기를 지지하고 나치 신학에 활용된 부분이 다수 발견되지만, 그것은 애국과 민족주의라는 입장에서 볼 때 개연성이 있어 보이는, 우발적인 '잘못된 만남'이라 할 수 있다. 민족과 국가를 염려하는 마음과 학자적 중립성에서 나온 태도였다고 볼 수 있는 것이다.

아울러 이들이 나치에 협조하는 행동을 하기는 했지만 적극적인 정치활동이라고 평가하기는 어렵다. 이들은 정치적 야심에서 신학을 연구한 것이 아니라 학자적 연구열과 활동에서 추구한 것이었다. 그러나 W. 그룬트만의 경우는 성격이 전혀 다르다. 태도와 활동 면에서 볼 때 그는 소극적 나치 부역자가 아니라 적극적 나치 동조자, 나치 신학자, 즉 나치였다.

그룬트만은 1906년 켐니츠(Chemnitz)에서 태어났다. 1차 세계대전이 끝나던 1924년, 그는 8살 정도밖에 되지 않았기 때문에 보통 1890년대 태어난 이들, 즉 청년들이 겪었던 깊은 상흔으로 얼룩진 전쟁 체험과 민족적 자존심의 상실은 크게 작용하지 않았을 것으로 보인다. 그럼에도 불구하고 그는 전선의 체험을 고백하고 있다. 여기서 그룬트만은 국가라는 의미를 심각하게 받아들이게 된다.108 신학 공부를 마치고 예나 대학에 교수로 초빙된 그는 신약학을 가르치면서 아이제나흐 연구소 연구 분야 소장을 맡게 된다.

---

108 Peter von der Osten~Sacken, Walter Grundmann, Nationalsozialist, Kirchenmann und Theologe, 280~281.

1943년 가을 연구소장 자리에서 물러날 때까지 그는 신학의 나치화 작업에 심혈을 기울였다. 1945년 소련군이 튀링겐 지역을 점령하자 그룬트만은 체포되었다. 그해 가을 포로수용소에서 석방되어 학교에 복직하려 했으나 허락되지 않았다. 그는 학교 당국에 항의 편지를 보내 자신은 나치당의 희생자라고 스스로를 변호했다.[109] 그룬트만은 아이제나흐 연구소에 소장된 학술 자료를 보존하고 연구소를 계속 유지할 것을 관계기관에 호소하였으나 거절당한다. 친나치 연구 작업으로 알려진 이 연구소는 그렇게 하여 더 이상 존재할 수 없게 되었다.

학교로 돌아갈 수 없게 되자 그룬트만은 교계로 방향을 돌렸다. 처음에는 교계에서도 반대를 하였으나 어찌된 일인지 일 년 뒤인 1946년 가을 그는 교계에서 일할 수 있게 되었다. 당시 제시된 근거는 그룬트만이 나치에 항거하며 의미 있는 투쟁을 했다는 것이었다. 그의 동료들은 그가 반기독교 나치세력으로부터 탄압을 받았고, 초기 나치당에 가입한 것은 세상 정치에 어두운 한 신학자의 실수였다고 진술했던 것이다.[110]

게다가 신약학 분야에서 이룬 세계적 명성은 그를 복직시키는데 크게 기여했다. 그 뒤 그룬트만은 튀링겐 신앙교육원 원장의 자리를 맡는 것을 시작으로 아이제나흐의 목회자세미나, 라이프치히의 신학대학, 동독 개신교출판협회 고문 등으로 활약했다. 그의 저술 작업은 계속되어 그를 전후 서방 세계에 신약학자로 계속 이름을 올리게 했다. 그는 1976년 세상을 떠나기 전까지 튀링겐 교회협의회에서 활동했다.

---

109 Peter von der Osten~Sacken, 87.
110 Ibid., 87~88.

하지만 과거사 청산을 진행해오던 동독 경찰의 증거 수집으로 1990년 그룬트만은 나치 협력자 및 전쟁 범죄자 명단에 오르는 결말을 맞았다.[111] 그가 심오한 학문과 다양한 교계의 활동을 통하여 나치 명단에서 그 흔적을 지우려 하였으나 역사는 끝내 그를 나치 신학자로 평가했다.

그가 나치당원으로 나치 어용신학을 수립하는데 적극 가담한 내용은 몇 가지 영역으로 나누어진다. 여기서는 신학자들이 주로 범했던 친나치 성향의 이론 중 대표적인 세 가지 주장을 소개한다. 다음 세 가지 이론은 전형적으로 나치화된 신학 이론들이다.

첫째, 그룬트만은 절대적 전체주의 국가를 옹호하는 이론을 펼쳤다. 그는 독일 민족을 위협하는 요소로 현대 인간의 자유와 해방을 지목했다. 그것은 한쪽으로는 미국의 자본주의에서, 다른 한쪽으로는 소련의 볼셰비즘에서 온다고 보았다. 둘 다 물질주의적 형태를 띠고 개인주의를 통해 인간성과 공동체를 파괴한다고 주장했다.[112] 그러한 혼돈에서 독일이 회복되기 위해서는 히틀러 국가처럼 전체주의 체제를 띠어야 한다는 것이다. 개인의 자유에 기초한 국가보다 민족 공동체에 기초한 국가여야 절대적 위기를 극복할 수 있다는 이론을 전개했다.

둘째, 그렇다면 절대적 전체주의 국가 안에서 교회가 할 수 있는 역할은 무엇인가? 이에 대해 그룬트만은 역시 나치의 입맛에 맞게 정리하고 있다. 교회는 국가의 이익에 우선 봉사해야 한다는 것이다. 그

---

111 Ibid.,
112 Ibid., 282.

의 교회론에서도 나치의 슬로건, 즉 "개인보다는 공동체가 우선"이 전제조건이었다. 이 과제를 완수하기 위해 교회는 모든 신앙고백을 아우르는 국가종교이거나 국가교회여야 한다. 중요한 것은 인종에 맞는 독일 신앙을 토대로 해야 한다고 주장하면서, 전체주의 국가 안에서는 전체주의 교회가 목적에 상응한다고 했다.113

셋째, 기독교에서 유대적 요소를 제거하는 탈유대 작업을 감행했다. 이 작업은 그가 아이제나흐 연구소를 지휘하면서 더욱 구체화되었다. 그는 다른 나치 성향의 신학자들과 달리 구약을 인정했다. 구약의 선민 이스라엘을 받아들였다. 예수 그리스도의 메시아적 연속성을 구약에서 발견하기도 했다. 예수가 역사 속에서 이스라엘 백성의 섭리적 가치를 갖고 있다고 인정했다.

하지만 구약의 이스라엘은 현재의 유대인과는 아무런 연관성이 없다는 주장을 펼쳤다.114 구약 속의 이스라엘은 하나님의 축복과 사랑의 대상이지만 현재의 유대인들은 모든 민족에게 저주의 대상이라고 했다. 왜냐하면 그들은 예수를 십자가에 못박게 함으로써 하나님의 저주를 받았기 때문이다. 또한 유대인에게 내린 저주가 다른 민족에게 전가되는 결과를 낳았다고 했다. 유대인 문제를 대하는 기준은 인종적 관점에서가 아니라 바로 종교적 관점에서 풀어야 한다는 이론을 내놓았다.115 결국 이런 주장들은 유대인들을 핍박하고 탄압하는 폭력을 정당화시켰다.

---

113 Ibid., 286~287.
114 Ibid., 288~289.
115 Ibid., 290.

3

| 제국기독교의 교단 장악 |

3.1 뮐러 주교의 선임

뮐러(Ludwig Mueller)는 1883년 북부 독일 귀터스로(Guetersloh) 출신으로 전형적인 국가프로테스탄트의 길을 걸어왔다. 그는 신학을 공부하면서 1차 세계대전에 참전하게 되고, 여기서 국가와 교회, 민족과 신앙, 신앙과 사회라는 시대적 고민을 하게 된다. 여기에 군인이자 군목으로서의 전쟁 참여는 그에게 또 하나의 내적 경험을 확고히 하게 한다. 독일 민족을 향한 하나님의 뜻이 무엇인가? 독일 민족은 역사 속에서 어떻게 구원사를 만나게 될 것인가? 하는 것이었다.

그는 해군 군목으로 근무한 경력이 있었다. 군에서 제대한 후 뮐러는 한 작은 도시에서 지역 교회를 담임하고 있었다. 뮐러와 히틀러가 만난 연도에 대한 설(說)은 다양하다. 하지만 가장 확실한 주장은 1929년이라는 설이다. 그는 1929년 동프로이센을 방문한 히틀러를 만나게 되었는데, 이 때 히틀러를 자신의 집으로 초대해서 그 때까지 자신이 수집한 독일의 상황에 대한 정보와 생각을 나눌 수 있었다는 것이다.116 그것이 계기가 되어 히틀러는 나중에 뮐러를 제국주교의 자리에 오르도록 제안하게 된다. 평범한 목사였던 그에게, 그러나 민족

---

116 Thomas Schneider, Reichsbischof Ludwig Mueller. Eine Untersuchung zu Leben, Werk und Persoenlichkeit, (Goettingen 1993), 80~83.

과 교회의 회복에 강한 열정을 품고 있던 그에게 이 제안은 하나의 명예이자 유혹이 아닐 수 없었다. 또한 히틀러의 제안이 하나님의 섭리였다고 믿게 되었다.

하지만 히틀러의 속셈은 달랐다. 그는 자신의 사상을 충실하게 따르는 꼭두각시가 필요했다. 히틀러의 인선은 당근과 채찍 정책이 많았는데 뮐러의 경우에도 해당되었다. 일종의 당근 정책이었다. 나치 시대에 권력의 자리에 등용되는 많은 경우가 사회적으로나 경력 면에서 열등한 사람들에게 주어졌다. 그렇게 함으로써 그들로부터 충성과 열정을 약속받는 방법을 썼던 것이다. 주교에 임명될 때 뮐러는 독일 한 변방에 묻혀있던 무명의 목사였다.

독일복음주의교회(DEK)는 이미 보델쉬빙(Friedrich von Bodelschwingh) 목사를 주교로 선출해 놓은 상태였다. 그런데 나치 정권은 이를 인정하지 않고 제국기독교인들을 선동하여 선거 결과에 불복하게 하고 다시 선거를 하게 했다. 결과는 나치와 제국기독교인들 뜻대로 이뤄졌다. 히틀러는 독일복음주의교회를 해체하고 나치에 협력하는 제국기독교를 결성하게 했다. 그 주교에 뮐러가 임명된 것이다. 뮐러는 나치가 집권하는 동안 주교 자리에 있었지만 실권이 거의 없었다. 1935년 나치의 교계부가 활동을 시작하면서 모든 권력을 빼앗겼다고 봐도 무방하다. 그는 종전 직후인 1945년 7월 31일 세상을 떠났다. 자살이라는 의견도 있지만 사인은 심장병에 의한 자연사로 밝혀졌다.[117]

---

117 그의 죽음을 둘러싸고 여러 이론이 있다. 첫째는 나치가 그에게 자살을 강요했다는 것이다. 그러나 이 주장은 시간적으로 맞지 않는다. 왜냐하면 나치는 5월 8일 종전됨으로써 이미 존재하지 않았기 때문이다. 두 번째, 죄책감에 자살했다는 이론이다. 그러나 이것도 사실과 부합되지 않는다는 반론이 많다. 왜냐하면 뮐러는 누구보다도 신념이 강한 성

3.2 뮐러의 실용적 기독교론

뮐러는 주교로서의 정치·종교 활
동에 비해서는 비교적 뒤늦게 실용
적 기독교에 관한 책을 내놓는다. 그
의 『실용적 기독교란 무엇인가?』는
1939년에 발간되었다.118 나치가 2차
세계대전을 일으키던 해였다. 따라서
뮐러의 책은 실용적 기독교를 교육하
고 선전하려는 의도 보다는 제국주
교로서 자신의 직무에 관한 당위성을
변명하려는 의도가 많다는 의견이 지
배적이다.

뮐러의 『실용적 기독교란 무엇인
가?』 표지.

먼저 뮐러가 보는 시대적 사고와 그 비판에 대해 살펴보자. 뮐러
는 당시의 국가프로테스탄트들이 가지고 있던 공감대를 고스란히 공
유하고 있었다. 즉, 전쟁에서의 패배감이 극단적인 절망감을 몰고 왔
고,119 베르사이유 조약에 의해 독일은 쇠퇴하고 있으며 주변의 여러
적들에 둘러싸여 있다고 보았다. 그 적들은 다름 아닌 공산주의와 유
대인이라는 것이다.120 여기에 대하여 기존 교회는 영향력을 전혀 보이

격이었다는 것이다. 세 번째 주장이 가장 설득력을 얻는다. 그것은 뮐러의 부인이 증거하기
도 하는 내용이다. 그의 사인이 '심장병에 의한 자연사'라는 것이다. 뮐러는 오래전부터 심
장병을 앓아왔고, 의사 치료를 받은 기록도 있으며 주교로서 심각한 갈등을 겪었다고 한다.
Thomas Schneider, 308~310.

118 L.Mueller, Was ist das Positive Christentum? (Stuttgart, 1939).

119 Ibid., 114.

120 Ibid., 65, 99, 100, 102.

지 못했고, 오히려 무능력해 보였다. 그는 "교회여 깨어나라"는 슬로건을 인용하면서, 독일 민족을 살리기 위해서는 교회가 깨어나야 한다고 주장한다.[121]

나아가 교회가 안정된 신앙생활을 하고, 국민들이 평화를 누릴 수 있는 것은 국가사회주의와 히틀러 때문이라고 칭송한다. 교회는 여기에 감사해야 한다고 뮐러는 주장한다. 따라서 그는 강력한 권력과 국가는 민족과 교회를 위해서 필요하다면서, 1933년 나치 집권부터 시작된 강제 합병 작전을 지지한다. 뮐러는 이 작전이 국가의 통합을 위해 거쳐야할 과정이라고 설명한다.[122] 또한 국가사회주의는 민족을 위한 거대한 삶의 학교이며 독일 국민의 삶을 향상시키는 이상적 철학이고 독일적 경건성을 되살리는 운동이라고 주장한다.[123]

뮐러는 국가가 독일 역사에서 이러한 전환점을 만들어 가는데 교회는 무엇을 할 것인가라고 묻는다. 그는 교회도 새로워져야 한다고 외치면서 새로운 교회가 필요하다고 역설한다. 독일 민족이 오래전부터 독일 정신 속에 담아온 경건성을 새로운 교회에 담아내야 한다는 것이다.[124] 그는 이렇게 쓴다. '하나의 민족, 하나의 신앙, 하나의 새로운 독일교회.'[125]

그럼 독일에 세워져야 하는 '새로운 독일교회'는 어떤 형태를 띠어야 하는가? 그 대안이 바로 실용적 기독교였다. 뮐러가 주장하는 실용

---

121 Ibid., 88.
122 Ibid., 145.
123 Ibid., 156.
124 Ibid., 96.
125 Ibid., 117.

적 기독교는 먼저 발상의 전환이 필요했다. 성경에 표현된 신관은 유대인들에 의해 왜곡되었고, 바리새인들에 의해서 기독교는 왜곡되었다. 그것은 부정적인 기독교이다.[126] 부정적인 기독교에서 긍정적인 기독교로 전환되기 위해서는 관점을 바꿔야 한다는 것이 뮐러의 주장이었다. 실용적 기독교는 입으로 주장하는 종교가 아니라 행위로 실천하는 종교이다. 부정적으로 말할 것이 아니라 긍정적으로 행동해야 한다.[127]

실용적 기독교에서 중요한 것은 사랑이다. 사랑은 가족에서만 필요한 것이 아니라 국가에서도 필요하다. 부모와 자식이 사랑으로 전체적으로 연관되듯 국가에서도 전체주의가 필요하다. 그래야 국민들을 사랑으로 하나 되게 할 수 있기 때문이다. 실용적 기독교는 노동, 동료의식, 투쟁, 그리고 죽음에 이르기까지 전체를 하나로 묶는데 기여한다.[128] 그렇게 함으로써 국민들이 안정되고 질서 있는 삶을 유지할 수 있게 한다. 국민들은 신실하게 노동에 임하면서 자신의 임무에 충실하게 되고 조국과 민족을 위해 즐겁게 봉사할 수 있게 된다.[129]

실용적 기독교는 하나님과 하나님에 대한 봉사와 예배를 중시한다. 하나님은 선하신 분이고 진리와 사랑을 주신 분이다. 하나님을 섬기듯이 하나님이 계시로 주신 국가에 최선을 다해야 한다.[130] 실용적 기독교의 중심은 바로 진리와 사랑이다.

---

126 Ibid., 59.
127 Ibid., 99.
128 Ibid., 63.
129 Ibid., 95 f.
130 Ibid., 69.

그럼 새로운 독일교회는 국가와 어떤 관계를 맺어야 하는가? 그는 여기서 베르크만이 주장하는 국교회적 체제를 생각하고 있다. 즉, 교회 사안을 국가에 위임하는 것이다. 교회는 국가의 법과 권력에 따라 행동해야 한다고 주장한다.131 결국 그는 자신을 주교에 위임시킨 히틀러에게 충성심을 표하지 않을 수 없었다. 강력한 지도자는 독일 민족의 표상이며 그 인격 안에 국가와 민족, 정당이 하나로 통합된다는 이론을 주장한다.132 교회 역시 지도자와 국가에 종속되어야 마땅하다고 말하면서, 가톨릭은 로마의 지배를 받고 있다고 비판한다.133

실용적 기독교는 유대인 문제에 관한 것은 종교적으로 풀지 않고 정치적으로 풀어야 한다고 주장한다. 따라서 국가가 어떻게 하느냐에 따라 교회는 이 문제를 바라보아야 한다. 유대인 문제는 독일 안에서 정신적 해체 작업을 의미하므로 실용적 기독교가 이를 투쟁하지 않는다면 국가 안의 이질적 존재로 남을 수밖에 없다는 것이다. 종교 교육 시간에 유대인의 구약을 가르치는 것은 참을 수 없다고 말하는 뮐러는 독일 민족의 신화, 동화, 민요 속에 얼마나 경건한 내용이 많은지 알 수 없다고 말함으로써 반유대주의를 드러낸다.134

국가는 바로 독일적 경건성을 보호하며, 사랑을 훈련하고, 진리를 관찰하게 하는 귀부인과 같은 존재라면서, 이러한 국가는 실용적 기독교가 추구하는 가장 고귀한 목표가 된다고 주장한다. 그의 사상은

---

131 Ibid., 96~98.
132 Ibid., 145.
133 Ibid., 158.
134 Ibid., 157.

이처럼 국가를 이상주의화, 우상화하고 있다.135

3.3 제국기독교 정책

제국기독교 정책은 나치 정부에 의해 주도되었지만, 제국기독교인 운동이 기독교 정책의 방향을 제공한 것이 많았다. 제국기독교인운동 의 이론가인 비네케 목사의 주장은 전형적인 사례에 속한다. 그는 제 국기독교가 지향해야 할 방향성을 10가지 원칙으로 정리하고 있다.136

1. 우리는 루터의 전통에 따른 복음주의 제국교회(Reichskirche)를 추구 한다. 여기에 개혁주의 교회들이 가입할 수 있으며 그들은 신앙 특성 을 보장받는다.
2. 우리는 국가교회(Staatskirche)를 추구하지 않는다. 국가 안에 국가가 있는 모습의 그런 교회를 추구하지 않는다. 우리가 추구하는 교회는 복음주의 제국교회이다. 이는 국가사회주의의 권위를 신앙적으로 인 정하고, 제3제국 안에서 복음을 선포하려 한다.
3. 복음주의 제국교회는 독일 기독교인들의 교회이다. 다시 말하면 아 리안족의 기독교를 의미한다. 그런 면에서 외국에 거주하는 독일 기 독교인들과 연대한다. 독일 민족이 아닌 다른 민족에게 복음을 전하 는 행위는 해외 선교의 사역에 해당된다.
4. 이렇게 결성된 교회는 반동 행위가 이뤄지는 장소가 되어서도, 민주 주의적이며 의회주의적인 공간이 되어서도 안 된다.

---

135 Ibid., 161~163.
136 F.Wieneke, ibid., 32~41.

5. 복음주의 제국교회는 민족의 신뢰를 업고 유지되며 제국주교에 의해 다스려진다.

6. 복음주의 제국교회는 10개 이상의 교구로 나눠지지 않는다. 각 교구는 연방주교를 둔다.

7. 제국주교는 독일 기독교인의 대부분이 속해있듯이 루터교인이어야 한다. 개혁주의 기독교인은 보조 교역자로 둘 수 있다.

8. 제국주교의 직무는 루터의 도시인 비텐베르크에 둔다. 비텐베르크 궁정교회가 그가 담임하는 교회가 된다.

9. 위에 제시된 원칙에 맞는 제국교회와 제국주교의 인선에 관해서는 제국기독교인의 제안에 따라 복음주의 기독교인들이 1933년 10월 31일 시행하는 입헌 선거에 따라 결정된다. 선거권은 국가가 지정한 선거권에 따라 모든 기독교인들에게 부여된다. 아리안족에 속하지 않은 기독교인은 제외된다.

10. 제국주교는 위에 제시된 원칙에 따라 세국교회에 필요한 기구를 설치할 수 있다.

나치는 제국주교를 중심으로 구체적인 교회 정책을 실행하도록 했다. 뮐러는 주교에 취임한 후 영적지도위원회(Das Geistlicher Ministerium)를 결성했다. 여기에는 제국기독교인운동의 사상적 지도자인 호쎈펠더도 들어있었다. 그리고 실제적인 행동 강령을 발표했다. 그는 나치 이념과 히틀러를 하나님의 선물이라고 표현하면서 제국기독교적 사상에 서 있다고 했다. 또한 교계에서도 아리안법을 적용해야 하며 공산주의, 자유주의와 투쟁할 것이라고 천명했다. 그는 목회 직무가 공적인 사역이므로 법을 따라야 한다고 주장하면서 대외적으로 교회연

합도 추진할 것이라고 공표했다.[137]

가장 먼저 시행된 기독교 탄압 정책은 아리안법을 교계 안에도 적용하도록 한 것이다. 이 법은 1933년에 발표된 것으로 제국 내 모든 공직에 해당되었는데, 교계도 예외는 아니었다. 즉, 교계에서 일하는 공무원이나 목회자들 가운데서도 아리안 혈통 증명을 제출하게 했다. 유대인이나 다른 인종이 독일 국적을 소유하고 기독교로 개종했다 하더라도 교계 내 공직이나 목사직에서 퇴출하려는 의도였다.

다음으로 시행한 것은 기존의 교구(Kirchenbezirk)를 조정하는 작업이었다. 이 조치는 나치가 시행한 '강제 합병'과 맥을 같이 한다. 이는 사회 각 기관들을 강제 해산하고, 나치 조직에 합병하여 모든 기관을 나치화하려는 시도였다. 교구를 조정하는 목적은 제국기독교인들이 주장하는 중앙집권적 교권제도를 확립하려는 것이었고, 이는 다시 제국 최고 지도자의 명령에 절대 복종하는 국가교회적 체제를 마련하려는 의도에서였다. 나치는 중세 시대에 교회가 국가를 지배했다면 자신들의 시대는 국가가 교회를 지배해야 한다고 주장한다.

국가교회는 국가 원수가 교회의 수장을 겸하는 제도를 의미한다. 교구 조정은 그 과정에서 나치 사상에 저항하는 목회자들을 제거할 수 있기에 더욱 박차를 가했다. 뮐러의 구상은 새로운 교구를 통하여 '제국교회 내각(Reichskirchenkabinett)'을 구성하는 것이었다. 그러나 이 계획은 고백교회와 목사긴급동맹의 저항에 부딪혀 쉽게 성공하지 못하다가 1933년 겨울에 결성된다.

---

137 Thomas Schneider, 153~154.

1933년 12월 뮐러와 히틀러 청소년단의 최고 지도자 폰 쉬라흐(Baldur von Schirach)가 협약을 체결하고 이 사실을 공포했다. 주요 내용은 기독청소년단을 히틀러 청소년단으로 이관하여 소속시킨다는 것이다. 이 작업은 이전에 주교가 이미 각 교회 청소년 담당 목사들로부터 충성 서약을 빌미로 수행해 왔었다. 주교는 1934년 초 제국청소년 목사로 짠(Zahn)을 임명하고 그로 하여금 이 작업을 완수하게 했다.[138]

1934년 6월 제국주교는 전 독일을 돌면서 연설하기로 마음먹는다. 그가 행한 연설은 두 가지로 구분할 수 있다. 하나는 기독교의 복음이었다. 여기에 대해서는 비판의 여지가 없을 것이다. 그러나 다른 하나는 문제가 많았다. 즉 뮐러는 주교의 자격으로 연설하면서 국가사회주의 혁명과 히틀러는 하나님이 허락하신 것이다, 국가사회주의가 그동안 실행해 온 일은 기독교가 원하던 바이다, 기독교인은 세례로 되는 것이 아니고 행위로 되는 것이다 등등 펠라기우스적 발언을 한다.[139] 뮐러 주교는 제국기독교의 크라우제가 1934년 2월 28일 베를린 스포츠센터에서 한 발언을 두고 이교도적이며 독일 기독교 신앙에서 이탈했다고 비판하면서 제국기독교인운동과 거리를 두었다. 하지만 그 자신은 국가사회주의 이데올로기와 기독교 정신을 통합하려는 실책을 범했다. 그의 사상에 의하면 독일의 재건이 나치주의와 기독교의 융합을 통하여 가능하다는 것이었다.

뮐러가 주장하는 이런 사상은 교계에 논쟁을 불러오면서 주교 퇴임

---

138 Ibid., 168~179.
139 Ibid., 195~200.

을 요구하는 목소리가 높아졌다. 제국주교가 교회의 연합을 도모하지 않고 분열을 일으킨다는 것이다. 1935년 밀러는 제국주교로서 그 위상에 심각한 타격을 입었다. 나치 정부 안에 교계부가 설립되었기 때문이다. 이후 나치는 밀러를 통하지 않고 교계부를 통해 직접 기독교를 통제했다.

VI. 기독교 박해

4

| 탄압의 구체적 사례 |

4.1 교계 지도부 위협

나치 시대에 점령당한 독일교회는 고백교회를 통해 신앙을 이어갔다. 제국기독교인이 비록 교계를 장악하고 나치에 충성하여 권력을 얻었지만, 그들은 교리적으로 기독교와 상당한 거리를 두고 변질되어 갔다. 위에서 언급한 내용에서 볼 수 있듯이 독일교회파가 주장한 내용의 핵심은 기독교의 개혁이 아니라 신흥 종교를 세우려 한 것이다.

히틀러는 밀러를 제국주교로 임명한 후 교회를 배려하지 않았다. 다시 말하자면 제국주교라는 꼭두각시를 앉혀놓고 기독교를 본격적으로 탄압했던 것이다. 히틀러는 밀러를 주교에 앉혀놓고 명령만 했지 자주 만나 대화하지 않았다. 고백

교회의 저항은 그에게 권력을 휘두르는데 가장 큰 방해거리로 보였다. 나치의 탄압을 받는 교회 가운데 고백교회가 대부분을 차지했다.

『중보기도, 1933~1944 고백교회 목록』에 열거된 탄압 사례는 나치가 얼마나 다양한 방법으로 교회와 목회자를 핍박했는지 알 수 있게 해준다. 알려진 탄압 방법은 다음과 같다.

직무 방해, 직무 정지, 직무 대기, 직위 해제, 추방으로 협박, 벌금으로 협박, 규정을 지키지 않는다는 이유로 수감 위협, 체포로 위협, 고발, 여행 금지, 대학 학업 금지, 추방, 체류 금지, 강제 휴직, 재판 회부, 제한적 체류 허가, 해직, 퇴직금 없는 해직, 교수권 박탈, 시민권 박탈, 급료 삭감, 급료 지급 금지, 벌금형, 강제 수감, 강제수용소 수감, 일반교도소 수감, 수학 기간 불인정, 목회지 발령 금지, 목사관 강제 퇴거, 설교 금지, 발언 금지, 집필 금지, 출판 금지, 감시, 목회자 기본권 행사 금지, 교회 사용 금지, 청소년 교육 금지, 목회권 전적 금지, 강제 은퇴, 강제 대기, 입교 교육 금지 등등.140

이 외에도 전쟁을 일으키면서 나치는 목회자와 사제들을 구별하지 않고 전선으로 차출했다. 교회는 목회자가 없어서 설교나 영적 보살핌에 굶주리게 되었고, 나치의 교육 정책 아래서 신학을 공부한 자들이 교회에 파견되어 교인들이 혼란을 겪기도 했다. 그러는 가운데 전선에 나가 목숨을 잃은 목회자, 사제들이 속속 생겨나면서 교회는 이중의 어려움을 겪었다.

---

140 Fuerbitte. Die Listen der Bekenneden Kirche 1935~1944, Im Auftrag der Evangelischen Arbeitsgemeinschaft fuer Kirchlichen Zeitgeschichte, von Gertrud Gruenzinger u. Felix Walter, (Goettingen, 1996), 221~223.

나치는 국민 계몽과 선전부를 가동시켜 시민들로 하여금 교회를 탈퇴하도록 종용했다. 그들은 나치 노동조합, 히틀러 청소년단 등과 같은 친나치 조직을 만들고, 이 조직과 교회에 이중으로 가입하지 못하도록 했다. 결국 교회를 탈퇴하도록 유도하면서 나치 사상으로 세뇌시키려는 작전을 노골적으로 드러내었다.

4.2 친나치 교수 및 학생단체 설립

나치 정권이 강제 합병을 통해 사회를 모두 나치 조직으로 체계화하려 한 것은 널리 알려진 사실이다. 그들이 교계를 장악하기 위해 실행한 정책 가운데는 신학교와 교수, 학생 단체를 공격하는 방법도 있었다.

우선 모든 교수들은 국가사회주의 독일교수동맹(NSDDB, National-sozialistischer Deutscher Dozentenbund)에 가입하도록 했고, 학생들은 국가사회주의 독일대학생동맹(NSDSB, Nationalsozialistischer Deutscher Studentenbund)에 들어가도록 강요당했다. 교수들은 아리안법으로 첫 번째 위협을 받아야 했고, 두 번째로는 친나치 교수협회에 들어가는 것으로 압박을 당해야 했다. 나치에 찬성하지 않는 이들은 교수직을 박탈당하거나 여타의 방법으로 연구와 교육 현장에 접근할 수 없게 했다. 친나치 교수들이 권력의 힘을 빌어 승승장구하는 동안 나치 반대 교수들은 망명을 하거나 국내에서 핍박을 받으며 살아야 했다.

학생들도 박해를 받기는 마찬가지였다. 신학생들은 두 그룹으로 분리되었다. 친나치 계열의 학생이거나 반나치 계열의 학생들이었다. 나치를 추종하는 신학생들은 제국기독교인운동에서 영향을 받아 '독일 기독교인 학생투쟁동맹(Studentenkampfbund)'이라는 단체를 결성했다. 이 단체는 브란덴부르크 지역의 젊은 제국기독교인들로부터 지원을 받아 생겨났고 지도는 심즈(Siems) 전도사가 맡았다. 그는 제국기독교 이론가인 비네케 교수 밑에서 실습을 하고 있었다.

학생투쟁동맹은 제국기독교적 신학을 공부하고 민족과 교회를 위해서 투쟁할 것을 다짐했다. 이들은 전 독일 학생 집회를 구상하기도 했다. 이들은 독일 혁명, 독일 종교개혁 등과 같은 단어를 자주 사용했다. "독일 종교개혁은 하켄크로이츠(나치 상징 십자가-필자 주) 밑에서 민족 혁명과 함께 전진한다. 이것은 그리스도의 십자가 밑에서 행진하는 제국기독교인 신앙 운동의 종교개혁이다."141 그들은 한걸음 더 나아가 자신들이 '그리스도의 SA(돌격대)'라고 비교하기를 주저하지 않았다.142

친나치 학생 운동은 점점 확산되어 '투쟁그룹'이라는 이름의 단체가 생겨났는데, 이는 전국 21개 대학교에 설립되었다. 괴팅겐의 경우 371명의 신입 신학생 중에서 이 단체에 가입한 학생이 무려 200명에 이르렀다. 비엔나 대학교의 개신교 신학대학은 전통적으로 학생이 적은 데에 비해 40명이나 가입했다는 기록이 있다.143 가톨릭 신학생들도 반나치 성향 주교들의 염려에도 불구하고 친나치 단체를 만들었다. 이들은 '국가사회주의 가톨릭 학생연대'라고 이름을 지었다.

---

141 Cornelius H. Meisiek, Evangelisches Theologiestudium im Dritten Reich, (Fft/M 1993), 189~191.
142 Ibid..
143 Ibid.. 192.

이들 학생 단체들은 친나치 이데올로기와 그로 인해 혼합된 신앙 논리를 선교적 사명을 띠고 전파해야 한다고 느꼈다. 그들은 자신들의 열정을 '민족 선교'라고 불렀다.

친나치 계열에 가담하지 않은 학생들은 '청년개혁파운동'이라는 이름으로 모였다. 이들은 고백교회의 정신을 고수하고 제국기독교인운동에 반기를 들었다. 이들은 '투쟁동지협회(Kampfbruderschaften)'라는 이름으로 전국 17개 신학대학과 설교자 세미나에서 동지를 규합했다. 나치 당원으로 가입한 학생들과 비신학생들도 이 단체에 가입했다.[144]

1933년 7월 제국기독교인들이 주교 선거에서 압승을 거두자 고백교회를 중심으로 학생단체가 결성되었다. 이 단체는 특별한 이름을 만들지 않았으나 전국 신학대학에 지부를 두었다.

반나치 학생들에게는 여러 가지 불이익이 가해졌다. 이들은 먼저 신앙과 신학을 겸비한 교수에게서 공부할 수 없는 어려움이 있었다. 그런 교수들이 강단에서 격리되자 학생들은 친나치 교수들로 구성된 신학대학에서 공부하기를 꺼리는 상황이 발생했다. 그런 이유로 복음적인 교수를 찾아 먼 거리도 불사하고 이주해야 했으며, 일부 학생들은 대학이 변질된 신학을 가르친다는 이유로 교단에서 운영하는 설교자 세미나에서 공부하기도 했다.

나치에 동조하지 않는 학생들에게 가해진 불이익은 이외에도 많았다. 기숙사에 들어갈 수 있는 추천서를 받지 못하거나, 장학금 신청 시에 역시 교수 추천을 받지 못해 어려움을 겪기도 했다.

---

144 Ibid., 196.

4.3 신학 교육기관 축소 및 폐쇄

나치의 교육 정책은 기독교에 대해 가혹했다. 그들은 고백교회, 목사긴급동맹 등에서 나치 사상에 반대하는 사건이 계속되자 교역자를 양성하는 신학교를 폐쇄하려 했다. 폐쇄할 수 없는 경우에는 여러 학교를 통폐합하는 방법을 썼다.

고백교회는 나치의 신학교 탄압이 점점 강화되자 목회자 양성을 고민하지 않을 수 없었다. 그래서 고백교회 노회와 다른 교단(개혁주의교단, 침례교단, 감리교단 등)들은 교단이 운영하는 신학교 또는 설교자 세미나를 세웠다. 하지만 이 기관들이 방해받지 않고 교육을 진행하기는 매우 힘들었다. 비밀경찰이 수시로 감시하였기 때문이다.

나치 시대에 운영되던 고백교회 직영 신학교는 베델과 엘버펠더 신학교였다. 이들은 과거 신학 수업을 위해 설립된 학교로서 각각 1905년과 1927년에 세워졌다. 그러나 나치의 방해로 신학 공부를 할 수 없게 되자 많은 학생들이 몰려들어 수업 공간, 재정 확보, 복지 분야에서 어려움을 겪기도 했다. 1935년 나치는 교단 직영 신학교를 폐쇄하는 법령을 공표하여 이 학교들은 불법 운영이라는 법의 제약을 받게 되었다.

나치가 1939년 9월 전쟁을 일으키면서 신학대학은 더 많은 어려움을 겪었다. 교수와 학생에 대한 탄압도 큰 문제였지만, 신입생들이 급격히 줄어들었기 때문이었다. 입학을 앞둔 신입생들이 6개월 동안 강제 노역에 끌려가거나, 전쟁으로 바로 차출되어갔기 때문에 입학할 수가 없었다.

다음 표는 남녀 신학생 수가 시간이 지남에 따라 어떻게 감소해갔

는지 분명하게 보여준다.145

학기	남학생	여학생	전체
WS 1932/33	6,599	314	6,873
WS 1934/35	5,162	194	5,356
WS 1935/36	3,975	138	4,113
WS 1936/37	3,082	101	3,183
WS 1937/38	1,891	040	1,931
WS 1938/39	1,432	038	1,470
겨울 1941	0346	025	371

킬(Kiel), 기센(Giessen), 로슈톡(Rostock) 대학은 신입 학생이 거의 없어 신학교를 폐교할 지경에 이르렀고, 많은 신학생이 몰리던 튀빙겐, 라이프치히 대학은 나치 교계부의 방해로 학생을 받지 못하는 상황으로 내몰리게 되었다.146 나치는 전쟁을 핑계로 신학 공부를 베를린, 예나, 비엔나에서만 할 수 있도록 할 심산이었다. 이 계획은 철저한 계산에서 나왔다. 베를린은 나치 제국 수도로서 언제나 감시할 수 있는 장점이 있었고, 예나와 비엔나는 저명한 신학교수가 초빙되어 있지 않은 곳이어서 학생이 몰릴 우려가 없는 지역이었다. 나치는 기독교를 해체하기 위해 미래 교회 지도자가 될 신학생부터 제거하려는 계획을 세

145 Rainer Hering, Theologische Wissenschaft und Drittes Reich. Studien zur Hamburger Wissenschafts~und Kirchengeschichte im 20.Jahrhundert, (Pfaffenweiler, 1990), 24.

146 Ibid.. 338~339.

운 것이다.

다음의 표는 신학대학이 설치된 대학과 학생 수의 변이를 보여주는데, 나치가 신학대학을 얼마나 통제했는지 알 수 있게 해준다.[147]

신학대학	WS 1932/33	SS 1935	SS 1939	겨울 1941
베를린	908	404	109	046
본	393	184	025	010
브레슬라우	396	207	036	013
에어랑겐	579	277	216	051
기센	259	122	015	002
괴팅겐	400	247	096	033
그라이프스발트	287	143	038	007
할레	438	241	142	042
하이델베르크	278	196	059	017
예나	205	154	031	010
키일	130	088	013	003
쾨니히스베르크	328	244	026	006
라이프치히	540	365	127	042
마부르크	428	234	079	022
뮌스터	289	131	020	011
로슈톡	195	132	029	005
튀빙겐	820	564	269	051
비인			041	008

---

147 Ibid., 25.

위 통계는 나치가 행한 대 기독교 정책 중 신학교에 대한 탄압을 한 눈에 보여준다. 1933년 정권 초기에는 많은 학생들이 신학을 공부하기 위해 입학한 것을 알 수 있다. 그러나 1935년, 나치 정권이 안정기에 들어선 시기에는 신학생 수가 격감하고 있다. 나치가 전쟁을 시작한 해인 1939년에는 신학생 수가 초기에 비해 10퍼센트도 안 될 정도로 줄어든 것을 확인할 수 있다.

한 가지 흥미로운 사실은 가톨릭 신학대학은 개신교와 달리 학생 수가 별반 차이가 없다는 것이다. 예를 들면 뮌스터, 뷔르츠부르크 가톨릭 신학대학은 1934년도에도 점진적인 증가를 기록했으며, 1941년에는 뮌스터에 394명, 뷔르츠부르크에 239명의 신학생을 기록하고 있다.[148]

1938년도부터 나치는 신학교 통폐합을 감행했다. 경비 절감과 학문적 효율성 증대가 그 이유였지만, 목표는 공석이 되는 교수직에 친나치 교수와 친나치 연구를 지원하려는 의도였다. 하이델베르크 신학대는 튀빙겐 대학으로, 키일 신학대는 괴팅겐 대학으로, 라이프치히 신학대는 예나와 할레 대학으로, 기센 신학대는 마부르크 대학으로, 그라이프스발트 신학대는 베를린이나 쾨니히스베르크 대학으로, 로슈톡 신학대는 베를린으로 각각 통합한다는 계획이었다.[149]

나치는 신학대학에 대한 통제를 강화하는 동시에 교육 과정에 대해서도 간섭했다. 나치가 주장하는 이데올로기에 기독교가 적응하도록 '민족, 인종, 국가'라는 개념을 강화하게 한 것이다. 그렇게 하여 신학

---

148 Ibid., 25~26.
149 Ibid., 26.

강의에 나치 경향의 주제가 도입되었다. '기독교와 국가사회주의', '교회사에 나타난 독일 인종', '민족, 조국, 사회적 시각에서 본 교회의 선포', '인종 이론과 기독교 생활 질서', '독일식 예수 이해', '선교 이론의 인종과 민족문화', '제국기독교인운동론', '독일 민족과 기독교 신앙', '신약과 인종 문제', '구약 속의 피와 땅의 개념', '기독교의 본질과 대(大) 아리안 종교들', '민족 공동체 안에서의 기독교 윤리', '노르딕-아리안적 현실종교론', '민족의 신앙 문제', '영국식 세계관의 형태 변모' 등이 그것이다.[150]

4.4 예배당 무단출입 및 사용

나치 성향을 가진 목회자들 중 일부는 돌격대, 친위대 군복을 입고 교회를 드나들었고, 나치당원들도 제복을 입고 교회를 아무 거리낌 없이 출입했다. 또한 나치청소년들도 히틀러 청소년단 제복을 입고 예배당을 출입하게 했다. 이는 교회와 기독교 신앙을 무시하고 교회의 권위를 비웃는 태도를 공공연하게 드러낸 행태였다.

4.5 교회 헌금 규제

고백교회는 어려운 동지들이 많았다. 그들은 예배 시간에 그리스도를 위해 갇힌 자들의 이름을 알려주고, 함께 기도하는 시간을 가졌다.

---

150 Ibid., 29~30.

헌금도 여러 방면에 사용되었는데, 그 중 일부는 나치에 의해 체포되거나 수감된 목회자 가족을 위해 사용되었다. 나치는 이런 도움의 손길을 막기 위해 헌금을 하지 못하게 규제했다. 비밀경찰은 수감된 목회자와 가정을 위해 헌금하지 못하도록 헌금 행위를 감시했다.

4.6 충성 헌장 강요[151]

나치는 1933년 정권을 잡으면서 충성 서약을 예식처럼 활용하도록 했다. 개인은 자신의 위에 있는 지도자에게 충성을 맹세하고, 또 그 사람은 그 위에 있는 지도자에게 충성을 맹세함으로써 결국 최고 지도자인 히틀러에게 절대적 충성을 한다는 것을 각인시키려했다. 이 충성 서약은 목회자들에게도 강요되었다. 목회자들은 히틀러에게 충성을 맹세함으로써 직무를 수행할 수 있다는 인정을 받아야 했다. 이 행위는 아리안법 시행과 함께 교계에 큰 파문을 일으켰다.

4.7 기독 청소년 강제동원

나치는 교계를 장악하면서 교회에 속한 청소년들을 나치화하려 했다. 그들에게 청소년은 나치 이데올로기를 교육해야할 대상이었고, 나아가 전쟁을 수행하는 도구였다. 나치는 종교 교육에서부터 청소년들을 신앙과 분리시키려고 했다. 종교 교육에서 기독교적인 내용을 희석

---

151 이 부분은 'Ⅱ. 나치 정책과 기독교'에서 소개한 바 있다.

시키고 독일 민족 신화를 기본으로 하는 민족 종교로 대치하려 했다.

이들은 청소년 행사, 체육대회, 각종 시합 등을 기독교인들이 주일로 지키는 일요일에 개최함으로써 교회에 가는 것을 방해했다. 또한 히틀러청소년단(HJ, Hitlerjugend), 독일소녀연맹(BDM, Bund der deutschen Maedel) 등에 가입하도록 종용하여 신앙생활을 하지 못하게 했다.

특히 밀러 주교가 행한 일은 기독 청소년들에게 뿐 아니라 교계에 심각한 타격을 주었다. 그는 제국기독교인의 위상이 떨어지고 자신의 능력을 의심받게 되자 주교 권력을 남용하여 교회에 소속된 청소년 명단을 나치에게 넘겨주었다. 그 결과 이들은 자신도 모르는 사이에 나치청소년단에 가입되게 되었다. 이 때 넘겨진 명단은 무려 70만 명에 이르는 것으로 드러났다.

제4부

목숨을 내걸고 순교에 이르기까지 나치 권력에 투쟁한 기독교인들은 성경의 중심에 있는 자들이었고, 나치에 부합한 자들은 성경의 진리를 부정하거나 내버린 자들이었다. 마치 심판대 좌우로 순종한 자와 불순종한 자들이 나뉘듯, 나치 시대는 성경을 중심으로 그렇게 나뉘었다. 하나님의 말씀은 그런 면에서 한쪽에는 심판이요, 다른 한쪽에는 은혜였다.

VII. 신학의 나치화

1
| 성경론 |

나치 시대에 고백교회와 나치주의자들 사이에 가장 치열한 대립이 있었다면 그것은 바로 성경이라고 볼 수 있다. 나치와 제국기독교인들은 성경을 자신들이 원하는 대로 조작하려 하였고, 고백교회는 성경을 지키려 했다. 줄여서 표현하자면 나치 시대는 성경관의 전쟁이었다고 부를 수 있다. 성경을 하나님의 말씀으로 믿느냐, 그렇지 않느냐에 따라 큰 갈림길이 생겼다. 고백교회는 성경의 영감설을 믿고 이를 지켰다. "모든 성경은 하나님의 감동으로 된 것으로 교훈과 책망과 바르게 함과 의로 교육하기에 유익하니"(딤후 3:16). 고백교회의 이 신앙이 나치주의자들과 친나치 기독교인들로부터 핍박을 받는 사유가 되었다.

나치 시대를 살아가던 사람들의 영을 분별하는 방법이 있다면 그것은 성경이었다. 구약과 신약의 내용, 거기에 담겨있는 신학 사상과 신앙, 기독교적 삶과 윤리 등은 고백교회에 속해있는가 아니면 나치의 유혹에 떨어져 있는가를 가르는 시금석과 같았다.

목숨을 내걸고 순교에 이르기까지 나치 권력에 투쟁한 기독교인들은 성경의 중심에 있는 자들이었고, 나치에 부합한 자들은 성경의 진리를 부정하거나 내버린 자들이었다. 마치 심판대 좌우로 순종한 자와 불순종한 자들이 나뉘듯, 나치 시대는 성경을 중심으로 그렇게 나뉘었다. 하나님의 말씀은 그런 면에서 한쪽에는 심판이요, 다른 한쪽에는 은혜였다. 이제 하나님의 말씀인 성경을 어떻게 왜곡하고 자신의 논리대로 편집해갔는지 알아본다.

1.1 구약 폐기론

1933년 베를린 체육관에서 열린 제국기독교인의 모임에서 이 단체의 지도자 킨더(Kinder)가 행한 연설은 독일 교계를 혼란에 몰아넣었다. 제국기독교인 중에서도 많은 회원이 탈퇴하는 일도 벌어지고 고백교회의 반론이 만만치 않았다. 여기에서 킨더는 구약은 유대인의 역사이므로 폐기해야 한다고 주장했다. 그의 주장은 인종주의에 깊이 뿌리내리고 있었다.

민족교회가 혈통과 종족을 숭앙하는 이유는 민족이 혈통과 본질의 공동체이기 때문이다. 민족교회의 회원은 국가법에 따라 민족의 일원인 자이어야 한다. 민족교회를 이끌 관리들은 국가법에 따라 공무원인 자이어야 한다(아리안법).

…민족교회는 교회가 신적 영원성의 완성된 상태를 살아가는 것이 아니라, 신이 이 땅에 부여한 질서와 연결되어 있다는 사실을 확인한다. 독일 민족교회가 신의 창조로서 종족을 존중하는 한, 신의 계명으로서 종족을 순수하고 건강하게 유지할 것을 보증한다. 다른 종족에 속하는 이들과 맺는 결혼은 신의 뜻에 반하는 것이다.[152]

이런 편파적이고 비신앙적인 나치의 행동에 대해 파울하버 주교는 1933년에 발간한 『유대교, 기독교, 게르만 종교』에서 구약의 중요성에 관하여 이야기하고 있다. 그가 다룬 주제들은 이러했다. '구약의 종교적 가치와 기독교에서의 성취', '구약의 윤리적 가치와 복음에서의 가치', '구약의 사회적 가치들'.[153]

구약은 하나님의 창조, 인간의 타락, 그가 선택하신 이스라엘 백성들과의 관계, 구원을 위해 보내실 메시아에 관한 약속 등을 예언하신 기록이다. 그러나 나치 이데올로기 한 가운데 자리하고 있던 민족우월주의와 반유대인주의는 구약의 관점을 완전히 뒤집어놓으려 했다. 독일 신앙의 뿌리인 기독교에 대한 의혹을 가중시키려 한 것이다. 특히 구약을 일방적으로 비판의 대상으로 삼았다. 수많은 나치 사상가들은 종교학 이론을 들어 구약이 유대인의 민족사에서 형성된 자기 민족만을 위한 이야기라고 주장했다. 고대 근동에 산재해 있던 여러 나라들의 다양한 신화들을 조립해서 만든 이스라엘 민족 신화가 구약이라는

---

152 Kinder, "Der Vorstoss gegen Gottes Willen", in Leon Poliakov & Joseph Wulf, Das Dritte Reich und sein Denker, (Wiesbaden, 1989), 249. 재인용.

153 Faulhaber, Judentum, Christentum, Germanentum, (Muenchen, 1933).

것이었다.

또한 이스라엘 민족은 열등 민족이므로 그런 민족에게서 나온 야훼라는 신은 보복적이며 무자비한 신일 수밖에 없다고 주장했다. 그 신은 전쟁의 신으로 다른 민족을 파괴하는 호전성을 가졌다고 비난했다. 구약에서 유대인들은 야훼에게 노예처럼 복종하며 살아가기 때문에 노예 종족이라고 비판했다. 아울러 유대인들은 부당이득을 취하며 고리대금을 하는 비윤리적 집단이라는 것이었다. 하지만 독일 민족은 아리안-게르만족의 혈통을 잇는 우등 민족이었다.

나치는 그렇게 구약을 비판하면서도 구약에 나타난 몇 가지 신학 사상을 자신의 이데올로기를 위해 차용했다.

첫째, 구약에 기록된 하나님 중심의 정치 체제(Theocracy)이다. 나치는 여기서부터 독재의 모형을 만들어나갔다. 왕정 시대는 하나님이 이스라엘에 왕을 세워 백성을 다스리는 정치 체제를 허락했다. 왕권신수설과 같은 강력한 전제주의 권력이 이런 상황에서 발생하는데, 나치는 최고 지도자 히틀러와 나치 권력을 마치 하나님이 중심이 되어 대리자를 세운 그런 왕정에 비유했다. 나치 정권의 정통성은 하나님이 왕권을 신적 권위로 보증하듯 그렇게 위로부터 보증된 것이라고 주장했다. 결국 구약과 이스라엘을 부정하면서도 자신들의 정권을 주장하기 위해 구약과 이스라엘을 다시 수용한 것이다. 논리적 모순이 아닐 수 없는 대목이다.

둘째, 구약에 나타난 예언자의 역할이다. 예언자는 하나님을 떠나 중심을 잃고 방황하는 백성들에게 하나님에 대한 신뢰와 신앙으로 다시 회복케 하는 메시지를 전달한다. 나치는 그들의 세계관이 세상을 구원할 예언적 운동이라고 선전하면서 자신의 이데올로기에 충성을 다하라고 선전했다. 그들은 누구보다도 정치 선전의 힘을 잘 활용했던 집단이었다. 정치 선전에 종교적 옷을 입힌 예언자, 선지자적 화장술은 나치를 시대의 예언자처럼 받아들이게 하는데 기여했다. 히틀러는 유대인들에게 나아갈 방향을 알려주던 역할을 한 선지자처럼 독일 민족에게 보내진 선지자라고 선전했다.

셋째, 나치는 유대의 선민사상을 활용했다. 이스라엘 백성은 온 민족에게 복과 은혜를 내리시기 위해 하나님이 선택한 민족이다. 나치는 이스라엘의 선민사상이 그들의 열등감에서 나온 민족적 콤플렉스라고 비난하면서 스스로 선민으로 자처했다. 나치는 심리학적으로 분석하자면 열등감에 사로잡혀 있던 이들이 많았다. 그들 중 특히 과격한 공격 성향을 가진 이들은 전통 사회 안에서 지도 계층에 들지 못하고, 경제적으로 중산층 이하의 삶을 살면서, 지적으로 내세울 것이 별로 없었다. 나치 운동을 반지성운동(Anti-intellektualismus)이라고 평가하는 것은 이런 이유에서다.154

이제 나치가 선민사상을 인수하는 격이 되었다. 나치는 아리안-게르만족이 진정한 선민이라고 주장했다. 그들은 생물학, 인류학, 민속학, 철학 등을 동원하여 아리안-게르만족의 우수성을 입증하려고 했다. 얼굴의 모양, 체형에서부터 눈동자, 머리카락 색깔 등을 가지고 독일인이 선민인 근거와 기준을 선전했다.

---

154 나치 운동을 반지성 운동이라고 하는 데는 두 가지 이유가 있다. 하나는 그들이 일반적으로 지식 계층에 속하지 못한 것이 원인이고, 다른 하나는 그들의 세계관이 머리와 이성에 뿌리를 두기 보다는 가슴과 감정을 먼저 앞세웠기 때문이다.

성경, 특히 구약이 유대
인 문화의 유산이라며
비판하였던 책들이 나치
주의자들에 의해 많이
출간되었다(왼쪽: 『구약
의 폐단』). 이런 사상에
대응하여 변증하는 책
들도 등장했다(오른쪽:
『구약의 신앙증거와 예
수 그리스도에 대한 신
앙고백』).

넷째, 나치는 구약에 나타난 종말사상을 자신들의 목적을 위해 활용했다. 역사의 흐름에서 선지자가 등장하고, 어떤 사건이 이루어지는 시점이 있는 것처럼 나치의 등장, 히틀러의 등장, 세계사 속의 나치의 부상은 모두 역사적 과정에서 이뤄진 것이라고 주장했다.

1.2 신약의 게르만적 수용

신약은 예언에 따라 인간으로 오신 성자 하나님 예수 그리스도의 행적과 성령의 권능을 따라 선교한 제자들의 행적과 앞으로 이루어질 역사에 대한 증거를 기록한 책이다. 구약 폐기를 선언한 제국기독교인들은 나치의 사상을 받아들여 신약을 나치화하는 작업을 진행했다.

첫째, 기독론(Christology)에서 자세히 다루게 되겠지만, 그들은 "예수는 아리안족이다"는 주장을 일삼았다. 이 주장에 의하면 예수가 유대인일 수 없다는 것이다. 그렇게 함으로써 신약을 아리안족의 신화 속

에 편입시키려 했다. 심지어 예수 그리스도를 인도-게르만족이나 도이치족이라고 주장했다.155

둘째, 지도자의 권위에 복종할 것을 강요했다. 이를 위해 나치는 성경에서 그 증거를 가져왔다. "각 사람은 위에 있는 권세들에게 복종하라 권세는 하나님께로 나지 않음이 없나니 모든 권세는 다 하나님의 정하신 바라"(롬 13:1).

셋째, 성경 이해에 있어서도 자의적인 해석을 가미했다. 예를 들면 산상수훈에 나타난 계명을 비인간적이라고 비난했다. "나는 너희에게 이르노니 악한 자를 대적치 말라 누구든지 네 오른편 뺨을 치거든 왼편도 돌려 대며"(마 5:39). 한쪽 뺨을 맞는데 다른 뺨을 때리라고 갖다 대는 것은 전혀 보통 사람의 감정이 아니라는 것이다.

또는 마태복음 5장 44절도 문제로 삼는다. "나는 너희에게 이르노니 너희 원수를 사랑하며 너희를 핍박하는 자를 위해 기도하라"(마 5:44). 원수를 사랑하라는 계명은 왜곡된 감정을 강요하는 행위라고 주장한다. 위의 성경 구절이 요구하는 것을 실행하는 것은 사람으로서는 불가능하다는 것이다. 그것은 인간의 정상적인 감정에 정면으로 위배되는 행동을 명령하고 있기 때문에 비인간적일 뿐 아니라 자연스런 감정을 억압한다고 주장했다.156

넷째, 성경의 주요 개념을 나치화하고 있다. 나치가 주장하는 성경은 어떤 책일까? 히틀러는 감옥에서 쓴 자서전이자 투쟁 철학서인

---

155 E. Bergmann, 29~32. 베르크만은 여기서 클라게(Klagge)를 인용하면서 현재 기독교는 예수의 종교가 아니라, 사도들에 의해 편집된 교회가 되었다고 주장한다.

156 Ibid..

『나의 투쟁』(Mein Kampf)을 나치의 성서처럼 떠받들게 했다. 나치주의 자들이 복음이란 용어를 사용하면 그것은 나치 이념을 선전하기 위한 수사학일 뿐이었다.

중생, 세례, 새사람 등 성경적 개념은 나치에 의해 왜곡되었는데, 나치 사상이 각인된 사람이 거듭난 사람이고, 그런 나치 당원이 바로 새사람(A New Man)이라고 주장했다. 결국 나치가 말하는 새사람이란 나치의 신념에 따라 꼭두각시처럼 행동하는 사람을 말한다.

나치는 영적 성숙을 위한 덕을 철저하게 유린하고 있다. 신앙의 내면화 과정에서 일어나는 현상을 나치 정신으로 무장하는데 활용하고 있는 것이다. 주님에 대한 순종, 하나님의 말씀에 대한 순종은 최고 지도자 히틀러와 국가와 당에 대한 순종으로, 예수 그리스도에 대한 사랑은 히틀러와 동료에 대한 사랑으로, 하나님 나라를 위한 헌신은 조국에 대한 헌신으로, 신앙의 결단에서 나오는 자발적인 절제는 고난에 빠진 민족과 조국을 구하기 위한 절제로, 신앙의 내면에서 체험하는 종교적 고독은 나치가 이상화한 영웅적 인간이 민족의 소명으로 홀로 행동하는 과정에서 만나는 외로움으로 미화한다.

2
| 신론과 민족 신화 |

나치주의자들이 다루는 신론은 크게 두 방향으로 나눠진다. 첫째
는 제국기독교인운동이 주장하는 신론이다. 이들은 구약을 인정하는
자들과 구약을 폐기하자는 자들로 다시 구분되는데, 대체적으로 구약
을 인정하는 자들이 더 많았다. 제국기독교인들은 기독교와 나치주의
를 오가면서 이중적인 신앙 태도를 가졌다. 제국기독교인들이 부정적
으로 비쳐진 모습 가운데 가장 두드러진 것은 반유대주의와 국가교회
건설이었다.

둘째는 독일신앙운동파들의 신론이다. 이들은 기독교적이라기보다
는 애초부터 독일 민족 신화에서 출발하기 때문에 다른 종교, 즉 신흥
종교라 해야 할 것이다.[157] 이들이 주장하는 신론은 기독교 신학적인
면에서는 다룰 수 없을 정도로 민속적이어서 종교학적으로 설명해야
기술이 가능하다. 이들이 신봉하는 신은 신화, 전설 등에 등장하는 인
물들인데, 이들의 행동을 나치가 추구하는 독일인의 모델로 수용하고
있다.

이들은 여기서 머물지 않고 민족 신화와 성경의 신론을 혼합시키는
종교혼합주의적 작업(Syncretism)을 감행했다. 신론으로부터 나치는 창

---

157 이 부분은 '이단에서 신흥 종교로'라는 부분에서 다루었다. 참조 III.3.2.

조신학적 세계관(Weltanschauung der Schoepfungsordnung)을 펼친다. 이들이 창조의 질서를 강조한 것은 나치가 정권에 정통성을 부여하기 위한 정치 술책이었다. 즉, 이들은 하나님이 창조하신 세계는 위계질서를 가지고 있는데, 이는 거역할 수 없는 가치를 가진다고 주장한다. 따라서 어느 누구도 나치의 권세(Macht)와 나치가 세운 국가를 거부해서는 안 된다. 여기서 국가는 신성한 존재가 되고, 개인은 국가 앞에서 존재 가치를 주장할 수 없다. 그들이 주장하는 "개인 이익보다 전체 이익이 우선이다"(Gemeinnutz vor Eigennutz)는 구호는 이를 보여준다. 이러한 세계관은 전체주의(Totalismus)를 작동시키는 데 활용되었다.

나치는 기독교의 신론 외에도 전체주의 국가관을 세우는데, 여러 부분에서 그 이론을 차용하고 있다. 예를 들면 계몽주의, 절대 왕정, 관념주의, 고전주의 등이 그것이다. 이들을 다르게 표현한다면 독일을 대표하는 교양(Bildung) 사상이라 할 수 있는데, 이들은 프랑스, 영국과 같은 나라의 발전을 바라보며 독일 민족의 정체성과 부흥을 크게 염원했다. 하지만 세계 교양으로 인정받은 괴테, 쉴러, 횔덜린, 레씽, 헤르더, 훔볼트, 빈켈만, 쉘링과 같은 작가, 학자, 사상가들은 나치에 의해 혹독하게 악용 당했다. 이 중에서 헤겔이 중심이 된 관념주의는 나치의 국가관 형성에 절대적인 영향을 끼쳤다. "국가는 절대 정신이 이룩한 세계이다…. 국가는 윤리적 이념의 현실이다." 관념주의 철학에 의하면 국가는 세계 이성이 이룩한 최고의 현실인 셈이다.158

---

158 Hans Dakmen, Die nationale Idee von Herder bis Hitler, (Koeln, 1934), 25.

3
| 기독론과 히틀러 우상화 |

독일에서 1930년대는 신학적으로 자유주의가 번성하던 시대였다고 할 수 있다. 기독론 연구에서 특이한 사항은 이미 18세기부터 역사적 예수 연구(Leben-Jesu-Forschung)가 지속되어져 왔다. 라이마루스(Reimarus)로부터 시작하여 르낭 등을 거쳐 노벨평화상 수상자인 슈바이처(A.Schweitzer)에 이르기까지 예수 그리스도의 신성을 부인하고 예수와 그리스도를 분리시키는 길을 걸어왔다. 자유주의 신학에서 불트만이 시도한 예수의 실존주의적 탈신화화(Entmythologisierung) 작업은 나치 추종자들에게 반가운 정보가 아닐 수 없었다. 왜냐하면 그들은 예수의 신성을 해체하고 기독교를 세속화하여 권위를 붕괴시키려는 강한 의지를 가지고 있었기 때문이다.

예수 그리스도는 제자들에게 묻는다. "사람들이 인자를 누구라 하느냐 너희는 나를 누구라 하느냐 주는 그리스도시오 살아계신 하나님의 아들이시니이다"(마 16:13~20). 기독론은 예수 그리스도께서 신성과 인성을 동시에 가지신 하나님의 독생자요 고난과 십자가의 죽음, 그리고 부활로 구원의 주가 되신다는 것을 고백하는 기독교 신앙의 근간이다. 이 신앙은 기독교가 다른 종교와 구별되는 근본적인 차이를 보여준다. 나치에게 기독교 신앙의 교리는 처음부터 중요하지 않았다. 그들은 자신들의 목적을 달성하기 위해 기독교를 제멋대로 편집하고

자 했다.

나치주의자들이 기독론을 대하는 방법은 여러 가지였다. 어느 한 부류는 교리를 간직하고 있는 이들이 있는가 하면, 다른 한 부류는 예수 그리스도에게서 신성을 제거하려 했다.

첫째 주장은 오직 인간 예수만 받아들이자는 태도였다. 그들은 인간 예수에 반유대주의를 가미시켜 자신이 원하는 그리스도 이미지를 만들어 냈다. 그것이 민족 혁명가 예수, 반귀족주의자 예수, 영웅 예수였다.

이들의 주장에 의하면 예수는 아리안족으로 로마와 유대 민족의 지배에서 혁명을 일으켰다는 것이다. 예수는 목수 출신으로 하부 계층에 속하였고, 군중들을 모아 왕족과 귀족의 도시 예루살렘을 붕괴시키려했다. 유대에는 전통적 유대주의자인 바리새인들이 있었는데 아리안족 예수가 그들에게 반기를 들었다. 성경에 바리새인들과 토론하는 장면들은 예수의 반귀족주의를 보여준다는 것이다. 그런 의미에서 예수는 백성들의 영웅이었다. 예수는 어느 누구도 용기내서 할 수 없는 혁명을 일으킨 영웅이라는 것이다.

둘째, 기독론이 내포하고 있는 알레고리와 비유를 차용하는 방법이다. 이는 기독론의 진정한 의미와는 관계없이 교인들 안에 내재하는 예수 그리스도를 새로운 이미지로 교체하는 작업이었다. 즉, 히틀러에게 기독론의 옷을 입히는 전략이었다.

기독론에서 성육신(Incarnation)은 중요한 개념이다. 나치는 독일을 위해 국가사회주의가 필요하고, 이 이념을 완성하기 위해 신적인 지도자가 필요하다고 역설하면서, 히틀러가 바로 국가사회주의 이념이

성육신한 장본인이라고 추켜세웠다. 그 다음으로는 그리스도의 생애에 히틀러를 주입시켰다. 예수 그리스도가 자기 백성을 위해 고난 받고, 모욕 받으며 십자가의 길을 간 것처럼, 히틀러는 민족의 지도자로서 조국과 민족을 위해 고난의 길을 간다는 것이다. 그리스도가 하늘의 영광을 버리고 자기 백성을 위해 전적으로 희생한 것처럼, 히틀러도 영광을 취하지 않고 온전히 희생하고 있다고 선전하면서 국민들에게 전적인 충성을 강요했다.

셋째, 기독론을 수사학적 역설(Paradox)로 전환하여 히틀러의 역할을 극대화했다. 예를 들면 이들은 이런 구호를 부르짖었다. "예수는 예루살렘에서 실패했다면 히틀러는 베를린에서 (혁명에-필자 주) 성공했다." 예루살렘과 베를린을 대비시켜서 기독교와 나치 이데올로기를 언급하고, 다시 예수와 히틀러의 차이를 극화시키려 한 것이다.

앞에서 본 것처럼 기독론을 왜곡한 이유는 결국 히틀러가 정치적 메시아라는 주장을 하기 위해서였다. 이는 모두가 히틀러의 절대적 권력을 보장하려는 의도였으며 강력한 중앙통제적 지배 권력을 구축하기 위해서였다. 히틀러의 메시아 상에서 빼놓을 수 없는 이론은 영웅숭배론이다. 나폴레옹에서 챔벌린으로 이어지는 영웅숭배 사상은 당시 유행하던 사상 중 하나로서 히틀러는 바그너를 통해 이러한 영향을 받았다.

나치는 이미 민족 신화에서 신화적 영웅을 끌어왔고, 기독론으로부터 종교적 영웅을 만들어내었다. 이제 히틀러에게 남은 것은 전제적 권위를 감행할 수 있는 정치적 영웅이요, 국민적 영웅으로 부상하는 일이었다. 이 시나리오의 마지막은 히틀러가 독일을 구원할 메시아,

곧 구원자라는 선동 정책에 들어있다. 나치는 기독론을 왜곡하여 히틀러를 우상화하는데 전력을 기울였다.

4

| 인간론의 대결—성경과 나치즘 사이에서 |

나치는 인종과 민족 이론을 내세워 사람을 두 종류로 분류했다. 하나는 우수한 독일 민족에 속하는 우등 인종이거나 삶의 가치가 없는 열등 인종이라는 것이다. 또한 그들은 기독교인과 독일인의 관계를 문제 삼았다. 이 문제와 연관하여 한쪽에서는 진정한 기독교인은 진정한 독일인이어야 한다고 주장했고, 다른 한쪽에서는 진정한 기독교인은 진정한 독일인이 될 수 없다고 주장했다.

기독교에서 인간은 어떤 존재인가? 그는 하나님의 형상(Homo Imago Dei)으로서 자유의지를 가진 존재이다. 그는 창조주의 꼭두각시나 노예가 아니라 독립된 인격체로 살아간다. 비록 죄로 인하여 선과 악을 온전히 구별할 수 없어서 행위의 자유를 완전히 누리지는 못하지만 명목적으로는 자유로운 개체이다. 하지만 죄의 문제를 스스로 해결할 수 없는 인간은 구원의 주 예수 그리스도가 필요하다. 그 분을 믿고 따르는 자에게는 하나님의 진노가 아니라 은혜의 구원이 주어진다. 그는 이 세상에서 죄인이면서 동시에 의인인 삶을 살아가게 된다.

나치는 이러한 기독교적 인간 이해에 반기를 든다. 우선 인간에게서 죄라는 것을 제거한다. 인간에게는 원죄도 없고 자범죄도 없다는 것이다. 인간은 스스로 행동할 수 있는 자유를 가진 존재라고 주장한다. 그의 행동은 자신의 의지와 감정에 따라 나타난 것이므로 죄라고 부를 수 없다. 인간의 자연스런 표현일 뿐이다. 인간의 행동은 선과 악 저 편에 있는 행동 그 자체일 뿐이라고 주장하는 이들은 운명에 돌진하라고 부추긴다. 이들이 모델로 삼는 인간형은 디오니소스, 파우스트, 메피스토펠레스 등으로 파국적인 종말을 향하여 앞뒤 안 가리고 뛰어들 수 있는 성격의 전형들이다. 이런 성격의 소유자들이 죽음에 직면해서 죽음을 불사하고 과감한 파멸로 뛰어드는 것은 이런 사상을 미화한 결과이다.

반면에 나치는 자신들이 원하는 인간상을 조립해가기 위해 기독교 인간론을 차용한다. 첫째 기독교에서 말하는 '새로운 인간'을 나치의 새로운 인간으로 변용한다. 바울 사도는 그의 서신서에서 반복해서 이 개념을 가르쳤다. 죄인된 사람들은 그리스도를 통해 언제든지 새 사람으로 변화될 수 있다. 그런 구원의 과정에서 중생의 단계를 거쳐야 한다. 나치는 모든 국민들이 나치 이데올로기로 거듭나야 한다고 말한다.

그러면 세례는 어떻게 활용되었는가? 나치는 교회의 세례 예식을 자신들에게 맞게 변용했다. 나치 행사를 종교 예식처럼 만들어 교회에서 세례 받는 것 같은 종교적 분위기를 연출했다. 세례를 통해 교회의 신앙 공동체에 속하게 되는 과정을 나치는 자신들의 민족 공동체에 들어와 한 가족이 되는 것처럼 꾸민 것이다.

기독교의 의미를 차용한 이 모든 행위는 위장 전술에 지나지 않았다. 나치에게 인간은 독립된 자유인이 아니라 국가 이념을 완성하기 위해 희생되어야 할 도구일 뿐이었다. 그들은 마르크스주의와 투쟁한다고 말하면서 모순되게도 유물론적 인간 이해를 버리지 못했다. 나치는 자신들의 혁명을 이루기 위한 수단으로 인간을 철저하게 격하시켰다.

　그렇다면 진정한 기독교인은 진정한 나치가 될 수 있는가? 그 답은 더 이상 고민하지 않아도 확실할 것이다. 제국기독교인들은 진정한 기독교인은 진정한 민족주의자이기 때문에 진정한 나치가 될 수 있다고 주장했다.159 그들은 자진해서 나치당에 가입하고 친나치 활동을 하는 등 권력과 손을 잡았다. 나치 정권을 빌어 일사분란하게 하나의 교단으로 독일 전역을 다스린다면 그들이 기대하는 민족 선교는 쉽게 이뤄질 수 있다고 보았다. 하지만 그것은 처음부터 크나큰 오판이었다. 진정한 기독교인은 나치가 될 수 없었다. 왜냐하면 나치 자체가 반기독교적이요, 반성경적이기 때문이다. 민족주의 안에서 기독교와 나치가 통합될 수 있다고 믿었던 것이 돌이킬 수 없는 실책이요, 비극을 몰고 온 원인이 되었다.

---

159 나치주의를 추종하는 신앙인들은 기독교에 대해 여러 반응을 나타냈다. 제국기독교인들은 기독교 신앙과 나치주의의 통합에 긍정적이었다. 반면 독일 신앙파들은 기독교가 독일 민족의 정체성과 통합에 해를 끼쳤다고 비판하며 배척했다.

VIII. 신앙의 정치화

1

| 하나님 나라에서 민족 집단주의로 |

독일에서 제국(Reich)이란 단어는 전통적으로 권위를 갖는 용어이다. 나치가 자신들이 세운 정권을 '제3제국'이라고 명명한 것은 독일 역사에서 기인했다. 제1제국은 신성로마제국(900~1870), 제2제국은 독일 제국(1871~1918), 그리고 1933년 정권을 잡은 뒤 자신들의 시대를 제3제국이라 한 것이다. 그런 의미에서 나치가 독일의 정통성을 잇는 정권이라는 주장을 서슴지 않았다.

제국은 유럽사에서 로마 시대로부터 그 기원을 갖기에 유럽인들에게 익숙한 정치 용어이다. 로마 제국은 황제와 원로원, 포럼 등 독재와 민주를 오가는 모습을 보여주므로 경원시 하는 대상이기도 하지만 반면에 동경의 대상이기도 했다. 제국은 마치 평화를 보장하고 시민들의 삶을 안정되게 보장하는 그런 이상적 통치의 모습을 띠기도 했다.

더구나 기독교 전통이 있는 곳에서 제국은 긍정적으로 받아들여졌다. 제국은 하나님이 통치하시는 영광, 정의, 평화의 나라를 의미하기 때문이다. 나치는 기독교인들에게 자신들이 세우는 국가가 바로 그런 전통을 잇는 제국이란 것을 강조하기 위해 기독교인들 내면에 잠재되어 있는 공동체 의식을 환기시켰다.

제국이 긍정적으로 받아들여진 또 하나의 이유는 중세 모델을 전면에 내세웠기 때문이다. 중세는 일반적으로 암흑의 시대로 평가되지만 다른 관점에서 보자면 긍정적인 면도 있었다. 특히 제국을 강조하는 이들은 중세 교회와 통치에 기본이 되었던 권력의 조직과 수직적 위계질서에서 그 모형을 찾았다. 그들은 사제의 구조와 세속 권력의 구조를 상하 종속체제로 보았고 나치는 통치 체계를 절대적인 상하종속 구조로 만들었다.

이렇게 나치는 유럽 정신 속에 내재한 제국의 모습을 자신들이 세운 국가에 대입시킨다. 당연히 그들이 주장하는 제국은 성경이 증거하는 나라와 판이하게 달랐다. 성경이 보여주는 하나님 나라는 하나님의 통치가 공의와 사랑으로 이뤄지는 나라를 말한다.

나치는 하나님 나라의 이데아적 현상을 자신들이 달성해 가고 있는 것처럼 치장했다. 나치가 선전한 하나님 나라는 제국주의적 전제국가였다. 그들은 위대한 게르만-아리안족 의 신화를 이루기 위함이라고 말하지만 그것은 영토 확장 정책의 또 다른 이름일 뿐이었다. 아리안족의 활동 무대였던 동방을 회복해야 한다는 구호는 침략 정책을 위장하기 위한 술책이었다.

나치는 "한 민족, 한 믿음, 한 교회"라는 구호를 만들어 선전했다. 그들에게 교회는 무엇인가? 교회와 하나님 나라와 어떤 관계에 있는가? 교회를 통해 하나님 나라가 이루어진다. 그러나 교회가 곧 하나님 나라는 아니다. 기독교적으로 보자면 교회와 국가는 분리되어야 한다. 교회는 하나님 나라를 실현해 가는 도구로서 존재한다. 나치는 이 관계를 나치당에게 권위를 부여하는 성구(聖句)로 변용시켰다. 즉, 나치당은 제국의 실현 과정으로서 존재가치가 있다는 것이다.

　나치주의자들은 중세 시대에 교회가 국가를 지배했다면, 이제는 국가가 교회를 지배할 시대라고 역설한다. 그들은 국가교회를 세우기 원했다. 모든 권력은 교회를 지배한 국가에서 나온다는 것이 그들의 주장이다. 나치는 성경 중에서 특히 로마서 13장 1절을 인용했다. "각 사람은 위에 있는 권세들에게 굴복하라 권세는 하나님께로 나지 않음이 없나니 모든 권세는 다 하나님의 정하신 바라"(롬 13: 1). 이 성구를 해석한 루터를 예로 들면서 그들은 나치 정권에 대하여 절대 복종을 강요했다. 이로서 교회는 기독교인을 통제하는 기관으로 전락했으며 나아가 국가 이념을 실현하는 종속 기관이 되고 말았다. 전체주의 사상이 교회를 비교적 쉽게 지배할 수 있게 된 것은 신앙인들의 내면 속에 제국의 모습이 이미 심어져 있었기 때문이었다.

2

| 체제 복종으로서의 신앙 |

   교회의 역할 중에서 중요한 것이 신앙 교육이다. 신앙 교육은 청소년 시절에 시행되는 입교문답, 성인들에게 부여되는 세례문답 등이 있다. 신앙 교육은 단지 교리를 아는데서 그치지 않고 그 교리를 일반 생활에 적용하여 살고 있는가 하는 데 중요성이 있다. 신앙 훈련은 우선 세례·학습 과정처럼 교리를 공부하는데서 시작된다. "믿음은 들음에서 나며 들음은 그리스도의 말씀으로 말미암았느니라"(롬 10: 17).

   신앙을 강조할 때 나치가 의도한 것은 적어도 두 가지였다. 하나는 신앙이 체험을 중요시한다는 것과 다른 하나는 교육을 받아야 한다는 것이다. 나치가 주장한 '신앙'이란 용어의 배후에는 기독교 신앙생활이 의미하는 신앙의 관습이 들어 있다. 국가사회주의 이념과 독일 제국기독교의 교리를 실천하는 행위가 신앙생활의 근간이라는 주장이다.

   나치가 주장한 구원은 민족 공동체(Volksgemeinschaft)의 일원으로 누리는 만족감과 행복이다. 이 체험이 없다면 그것은 진정한 구원의 징표라고 말할 수 없다. 나치 세계관 운동을 일종의 신앙 운동으로 보이게 한 것이다. 나치가 선전한 이념시가 적나라한 모습을 보여준다.

'검은 군대'의 신앙 고백

나는 믿는다!
나는 나를 낳아준
독일의 어머니를 믿는다.
나는 자기 민족을 위해 자신의 가슴을 풀어헤치는
독일 농부들을 믿는다.
나는 자기 민족을 위해 노동에 헌신하는
독일 노동자들을 믿는다.
나는 자기 민족을 위해 생명을 던진
죽은 자들을 믿는다.
나의 신(神)은 나의 민족이기에
나는 도이치란트를 믿는다!

3

| 성령론과 나치 세계관 운동 |

성령은 기독교에서 중요한 의미를 갖는다. 성령은 삼위일체 하나님의 한 위로서 창조에 관여하시며, 죄를 고백하게 하고, 성도를 거듭나게 하는데 결정적 역할을 한다. 성령은 하나님의 은혜를 베푸시는 보혜사이시다(요 14:16, 26; 15:26). 성령은 한편 체험적인 면이 있다. 성령 받은 사람들이 몸을 통해 구체적인 현상을 체험한 것처럼 성령의 사역은 역동적이다.

나치는 자신들의 사상에 감화되어 당의 일원으로서 활동적으로 살아가는 것을 "성령에 취한 것"에 비유했다. 기독교인들이 쉽게 받아들일 수 있는 표현으로 위장한 것이다. 성령의 역사는 나치에 의해 이데올로기적 열정, 열광, 도취 등의 현상을 표현하는 용어로 대체되었다.

그 결과 "성령의 충만을 받으라"(엡 5: 18)는 성경 말씀은 나치에 의해 "독일 신앙적 영성으로 무장하라"는 말로 받아들이게 선전되어졌다. 이 말은 다시 말해 "나치의 열정을 품으라", "나치 사상으로 무장하여 히틀러를 따르라"는 속내가 숨어있는 주문과 같은 것이었다.

4
| 종말론과 운명적 결단 |

종말론(Eschatology)은 기독교뿐 아니라 다른 종교에서도 볼 수 있는 개념이다. 인간은 영원히 흘러가는 시간 속에서 어떤 특정한 사건과 깨달음을 통해 의미를 부여한다. 종말론은 정해진 어떤 시간이 끝나는 현상과 거기에 대한 인간의 체험을 중심으로 펼쳐지는 역사 해석이라 할 수 있다. 종말론의 관점은 개인의 종말과 전체 역사의 종말을 들 수 있다. 성경의 종말론은 창조, 타락, 구원, 회복이라는 과정 속에서 이해되어야 바른 해석을 내릴 수 있다.

구약과 신약은 종말론에 특별히 관심을 두고 언급하고 있다. 구약에서는 이스라엘 백성을 중심으로 펼쳐지는 하나님의 구원과 심판, 진노, 회복에 대하여 말씀하고 있고, 신약은 구원자 예수 그리스도의 재림, 마지막 때의 환난, 새 하늘과 새 땅에 대한 소망을 예언하고 있다. 이런 종말론은 기독교 신앙을 통해 세계 역사를 이해하는 관점이 되었고, 이는 다시 한 국가의 상황을 이해하는 방법이 되었다. 종말론을 국가와 같은 집단에 적용하는 경우, 국가의 흥망성쇠의 맥락에서 파악하려는 경향이 짙었다.

유럽사의 경우를 예로 들면, 20세기로 넘어오는 시점에서 세기말 현상이 두드러지게 나타났다. 그것은 긍정과 부정의 양면성을 띠었다. 19세기에서 20세기로 넘어가는 전환점에서 사람들은 종말을 두 가지 면에서 체험하였던 것이다. 하나가 긍정적 종말 체험이라면 또 다른 하나는 부정적 종말 체험이었다. 긍정적 종말 체험이 새로운 시대가 멋진 신세기를 열 것이라는 희망을 갖게 했다면, 부정적 종말 체험은 유럽이 노년기의 문명으로 인하여 결국 몰락하게 될 것이란 허무주의를 보여주었다.

독일의 경우 20세기에 들어와서 역사 체험은 긍정보다 부정에 더 가까웠다. 슈펭글러의 『서구의 몰락』과 같은 저술들이 미래를 부정적으로 보게 만들었고, 실제로는 1차 세계대전으로 인한 참상의 체험은 역사를 비관적으로 받아들이게 했다. 그러나 이 부정적 종말 체험을 이면에서 관찰하면 그만큼 재건과 부흥에 대한 열망이 깊게 도사리고 있었다는 해석이 가능하다. 거기에다가 바이마르 공화국의 붕괴는 독일 역사를 부정적으로 보게 만드는 결정적 요인이 되었다. 이 상황으로 인하여 독일인들은 나라의 재건과 부흥을 어느 때보다 더 강하게 열망하게 되었다.

나치와 친나치 신학자들은 바로 이런 역사적 조건을 종말론에 대입하여 관찰하였고 해석했다. 그들이 종말론을 적극적으로 활용한 것은 기독교적 전통에서 자연스런 사고 유형이었다고 본다. 문제는 종말론을 구체적으로 해석하고 적용하는 과정에서 편협한 민족주의가 개입

되었다는 것이다.

나치는 기독교의 종말론을 적극 활용했다. 이들은 하나님이 독일 민족에게 재기할 수 있는 기회를 주셨는데 바로 '이 때(Kairos)'라는 것이다. 이스라엘 백성에게 메시아를 보내주셨듯, 하나님은 독일 민족에게 정치적 메시아 히틀러를 보내셨다고 주장했다. 그렇게 독일 민족은 역사적 정점을 맞이하게 되었다는 것이다. 여기에 국민들은 역사적 인식을 갖추고 민족 공동체 건설에 나서야 한다고 주장했다.

나치는 20세기 초반을 지나면서 독일이 겪은 상황을 종말론적으로 해석하면서 히틀러를 정치적 지도자, 독일의 구원자로 내세웠다. 전쟁, 죽음, 극도의 인플레이션, 실업, 경제 불안, 사회주의 혁명 등 사회 붕괴 현상 앞에서 독일인들은 자연스레 종말론을 생각하지 않을 수 없었다. 이와 같은 역사적 상황에서 기독교인들은 선지자들이 한 예언을 떠올리게 된다. 하나님께서 독일 민족을 위해서도 구원자를 보내실 것이라는 믿음은 자연스럽다 하겠다. 문제는 이 예언자적 상상력을 나치주의화했다는 것이다. 퀴네트(Walter Kuenneth)는 나치주의를 이렇게 해석한다.

오늘날 독일 민족에게 한 신흥 종교가 탄생했다. 그 대변인들은 이를 두고 새로운 삶의 신화, 새로운 인간형을 창조했다고 말한다. 신앙을 통해 만들어진 새로운 인간형은 우리 시대의 과제였다고 평가된다….

이 신흥 종교에서 하나님과 인간의 관계는 뒤틀려졌다. 인간이 인간의 형상을 따라 신을 창조한다. 그들은 우리에게 이렇게 주장한다. 만약 내가 없었다면 신도 존재하지 않을 것이다. 우리가 영혼과 피를 가지고 있지 않았다면 우리가 믿는 신도 존재하지 않을 것이다. 그렇기 때문에 사람들은 우리에게 고유한 가치와 고유한 능력에 관한 신화를 이야기하는 것이다. 나는 나 자신의 원인이다. 나는 나의 영원한, 유한한 생명을 따라 살 것이다. 이런 논리는 결코 기독교 신앙일 수 없다….160

예수 그리스도가 마지막 때를 예언하면서 하나님의 나라를 선포한 것처럼 나치가 권력을 얻은 것은 마지막 때에 세계를 위해 독일을 선택했다는 이론이다. 민족의 부흥, 나아가 전체주의적 국가를 운영하기 위해 나치주의자들은 종말론적 역사관을 그 누구보다 효과적으로 차용하려 했다.

히르쉬는 현대 역사 속에서 독일이 받은 소명에 관해 누구보다도 확신에 차 있었다. 그는 이렇게 주장한다. "독일 민족의 현 시점에 서 있는 우리는 분노와 압박의 어둡고 긴 시간 뒤에 신적 은총의 태양이 떠오르는 것을 경험하게 될 것이다." 그에 의하면 하나님의 계시는 세계사적 구원을 위해 독일을 부르셨고, 독일은 구원을 기다리고 있는 모든 민족을 도와야 한다. 국가사회주의자들의 소명은 바로 이 구원적 역사를 이룩하는 것이다. 그 역시 히틀러를 긍정적으로 평가했다. 그는 이 일을 위해 하나님이 준비시킨 정치적 메시아라고 주장했다.

나치가 다방면에서 온갖 방법을 다해 끌어온 종말론은 국민들의 삶 속에서 극적으로 연출되어져 갔다. 종말 체험의 요소에는 종종 외적의 침입으로 인한 고통, 질병과 환란에 의한 사회 불안의 증가 등이 함께

---

160 Georg Denzler & Volker Fabricius, Christen und Nationalsozialisten, (Fft/M., 1993), 76. 재인용.

했다. 기독교인들이 이러한 내용을 잘 알고 있었기에 사회가 고통에 떨어지면 백성의 불순종, 교만, 하나님의 진노, 심판 등의 패러다임을 생각하기 쉬웠다. 나치가 종말론을 연출했다는 것은 바로 기독교인들에게 잠재되어 있는 종말의 체험을 정권 유지를 위해 증폭시켰다는 것이다. 그들은 프로파간다를 통해 공포와 불안감을 조성하고 나아가 전쟁이 불가피한 과정임을 주입시켰다.

나치는 이렇게 종말론을 이용하여 전쟁 분위기를 고조시켜 나갔다. 그들은 전쟁을 미화하거나 심리적으로 전쟁의 충동을 일으키게 했다. 종말론이 종종 전쟁과 관련지어져 설명된 것을 상기시키면서 전쟁을 교묘하게 합리화했다. 종말의 혼돈은 유익하다. 왜냐하면 혼돈을 통해 약한 자는 역사에서 사라지게 하고 강한 자는 더 강하게 만드는 기회가 되기 때문이다. 그러면서 운명적 파국으로서의 전쟁을 받아들이라고 주장했다. 그들은 2차 세계대전을 준비하면서 그것은 게르만-아리안족의 옛 영토를 회복하는 정책이라고 주장했다. 그들이 말하는 동방정책은 파괴의 전쟁이 아니라, 해방전쟁이라는 것이다. 마치 나폴레옹이 다른 국가를 침공하면서 해방전쟁이라고 미화한 것과 같은 이론이었다. 결국 전쟁은 나치에 의해 성전(聖戰)으로 불리었다. 이렇게 하여 그들은 민족 말살과 파괴를 일삼는 전면전(全面戰)을 도발했다.

IX. 기독교 문화의 왜곡화

1

| 민족에 봉사하는 윤리 |

나치는 자신들이 주장하는 이데올로기는 이론이 아니라 행동에 있다고 했다. 그들은 머리보다는 가슴, 논리보다는 실제, 말보다는 행동이라고 선전했다. 나치는 국가사회주의 이념은 철학이 아니라 세계관(Weltanschauung)이라고 표현했는데, 이 말은 어떤 논리적 체계를 갖추고 그 안에 도식화된 구조가 아니라 현실 속에서 체험으로 느껴지며 이를 행동으로 옮기는 과정이라고 강조했다. 그들의 행동 윤리는 개인보다는 전체를 먼저 고려하는 것이었다. 개인의 이성과 판단은 국가의 이성과 규범을 극복할 수 없는 한계를 지니기 때문에 개인은 언제나 국가에 종속되어야 한다고 주장했다.

이러한 나치의 주장에 따르면, 윤리는 모든 계층의 독일 국민에게 해당되는 사항이었다. 그들은 개인의 자유와 권리를 포기하고 국가가 지시하는 행동을 따라야 했다. 나치당원, 공무원, 경찰, SS, 군인, 나치 노동조합, 히틀러 청소년단, 나치 주부협회 등 각 조직에 해당되는 행동 강령을 따라야 했다. 최고 지도자 히틀러와 상위 지도자에 대한 충성 서약은 모든 행동의 전제조건이었다.

또한 민족 사이에도 우성과 열성이 존재하기 때문에 우등 민족은 열성 민족을 지배할 권리를 가진다는 논리를 폈다. 이런 논리는 적자생존, 약육강식을 근간으로 하는 사회다윈주의를 따르는 것이다. 나치는 여기서부터 폭력을 자행하고자 하는 근거를 마련한다.

첫째, 그들은 종족 청소(Rassenhygiene)를 합리화했다. 유대인을 열성 민족으로 분류하면서 나치는 대량학살(Genocid, Holocaust)이라는 만행을 저지르게 된다. 둘째, 나치는 이 이론을 근거로 인권 말살 정책을 자행했다. 그들의 기준에 미달되는 부류의 사람을 '무가치한 삶(unwertiges Leben)'이라고 분류하여 강제불임시술, 안락사를 강행했다. 여기에는 장애인, 유색인종, 동성애자, 정신박약자 등이 포함되었다. 안락사의 대상에 어린아이들도 포함되어 있었던 사실은 나치의 본성을 그대로 웅변하는 대목이다.

나치가 통치에 있어서 문제 삼은 부분은 기독교인들이 성경과 기독교 신앙에 근거하여 나치가 주장하는 행동 윤리를 따르지 않는다는 데 있었다. 가톨릭은 로마 교황의 권위를 따르고, 개신교는 성경의 권위를 따르므로 결국 나치가 추구하는 독일 민족 공동체에 협조하지 않는다고 비난했다. 그들은 교회도 국가의 감독과 지시를 따라야 한다고 주장하면서 '민족 앞의 교회, 민족 앞의 신앙'이라는 말을 강조했다.

이런 상황 가운데 본회퍼의 『제자도(Nachfolge)』는 특별한 의미를 갖는다. 예수 그리스도를 주님으로 고백하는 교인들은 나치의 이념을 따를 것이 아니라 그리스도의 말씀을 따라 행동하는 것이 당연하다. 여기서 본회퍼는 의문을 제시한다. 왜 일부 교인들은 복음에 합당하게 행동하지 않는가? 어떻게 나치의 본질을 알아차리지 못하며, 그들이 선전하는 이론에 설복당하고 있는가? 그가 내린 결론은 교인들이 하나님의 은혜를 값싸게 여기고 있기 때문이라는 것이다.

그는 '값비싼 은혜'와 '값싼 은혜'를 대비시킨다. 예수 그리스도가 십자가에서 대속의 죽음을 통해 이루신 구원사역을 너무 쉽게 받아들인다는 것이다. "믿음으로 의롭게 된다"는 진실 뒤에 존재하는 예수의 고난을 생각지 않고, 구원이라는 결과만을 받아들이다보니 값싸게 취급하게 되었다고 지적한다. 예수께서 걸어가신 고난의 길은 가려하지 않고 단지 구원과 현세의 복을 받으려는 심리가 정권에 타협하는 오류를 가져왔던 것이다.

2

| 교회 절기의 정치적 오용 |

나치는 처음부터 기독교를 정치에 이용하려고 했다. 교회 절기도 유린의 대상이 되었다. 나치 추종자들은 독일 신화와 토착 농경문화에 있던 절기를 고유한 것이라며 다시 부활시키려 했다.

민족에게 절기는 중요한 의미를 띤다. 그것은 축제와 오락, 경제 활성화와 심리적 연합에 그치지 않고, 종교적 내용이 채색되거나 의미가 전환되는 과정을 띠므로 민족의 종교성, 세계관 형성에 깊은 영향을 끼친다. 나아가 절기를 지키는 것은 전통적 종교와 사상에 대한 교육적인 의미가 있어 나치는 이를 통해 이념을 강화하는데 적극 활용하려 했다.

기독교 절기는 큰 단위에서 보자면 다음과 같이 한 해를 구성하고 있다.

대강절(교회 절기의 한 해 시작)
성탄절
사순절
고난주간
부활절

성령강림절(오순절)

추수감사절

그럼 나치가 규정한 한 해 절기는 어떠했을까? 이들은 주로 기독교 절기의 의미를 왜곡, 변형하여 나치화하는데 온 힘을 기울였다. 또한 국가 공휴일, 기념일을 나치 이념에 맞게 조정했다. 예를 들면 4월 20일은 히틀러 생일, 5월 1일은 노동절로 규정한 가운데, 모든 노동자들이 유급 휴일로 지키게 함으로써 노동자들의 환심을 사려했다. 11월 9일은 나치 혁명 기념일로 지키게 했다.[161]

그러면서 나치는 기독교 절기가 성경적이지 않다고 지적했다. 기독교가 로마의 국교로 지정되면서 일부 로마 신화와 변용, 혼합된 것을 비판했다. 베르크만은 『국가교회』라는 자신의 책에서 절기에 관해 언급하고 있다. 그는 독일 민족 신화에서 절기의 의미를 가져와야 한다고 주장하면서 다음과 같이 전통적인 교회 절기를 환원해야 한다고 강조했다.

---

161 이 사건은 1923년 11월 9일 히틀러 정변에 참여하여 사살된 나치 당원을 영웅화하면서, 종교적 예식으로 신비하게 연출했다. 그렇게 하여 당에 대한 충성과 희생을 강조하려 했다.

부활절　　　→ 빛의 축제일
성령강림절 → 오월의 절정
성탄절　　　→ 겨울축제

히틀러 역시 교회 절기가 갖고 있는 기독교적 의미를 전혀 다르게 변형시켰다. "우리는 신앙의 문제 때문이 아니라 교회가 가지고 있는 고유한 힘을 우리 고유의 운동에 유익하게 활용해야 하기에 (교회를 이용해야) 한다…. 부활절은 더 이상 부활과 관계가 없다. 그것은 우리 민족의 영원한 개혁을 의미한다. 성탄절은 구세주의 탄생을 의미한다. 그것은 우리 민족의 영웅적 모습과 자유의 정신이 탄생하는 것을 말한다."

나치는 교회 절기가 가지고 있는 의미를 다음과 같이 전환시켰다.

대강절　　　→ 성육신, 히틀러의 인격이 역사 속으로 나타남
성탄절　　　→ 나치 이념의 탄생
부활절　　　→ 나치 이념의 재생
추수감사절 → 게르만 신화와 조상, 히틀러에 대한 감사예식

3

| 신앙 인물의 편집 |

3.1 바울 사도

성경의 인물 중 바울은 어떤 사람인가? 성경은 그의 이름이 사울로 유대교에 열심 있는 청년이었다고 소개한다. 그는 스데반이 순교할 때 현장에 있던 인물이었다(행 7:58). 기독교인들을 박해하던 사울이 어떻게 바울로 변화되고 이방인의 사도가 되었는지 성경은 그 과정을 증거하고 있다(행 7장 이하). 바울 사도는 여러 서신들을 통해 하나님 말씀을 증거하는 복음의 증거자가 되어 주 예수 그리스도를 섬기는 가운데 순교하는 자리에 이른다.

바울은 그러나 일부 자유주의 신학자들과 철학가에 의해 왜곡되었다. 예를 들면 예수는 사랑의 복음을 전했지만 바울은 그것을 교리화하고 체계화함으로써 예수의 복음을 다시 율법적으로 만들었다는 것이다. 친나치 신학자들은 바울이 유대인으로 히브리어에 능통하고, 로마인으로 라틴어에도 능통했다는 점을 들어 민족 정체성이 모호한 국제적 이방인이라는 이론을 제시한 바 있다. 바울 사도에 대한 폄하는 여기서 그치지 않는다. 자유주의 신학자들에 의하면 바울 사도는 편견에 사로잡힌 유대인 학자로서 예수의 십자가 죽음을 통해 자신의 명성에 위협을 느끼자 예수의 복음을 자신의 논리로 정립하여 새로운 교파를 세우려고 한 망상가라는 것이다.

나치주의자들은 이렇게 말한다. "루터에게 멜랑흐톤이 있다면 예수 그리스도에게는 바울이 있었다." 이 말은 비난의 의미로 쓰였다. 그들은 루터가 독일 민족의 혁명가로서의 길을 끝까지 가지 못한 것은 루터 주변에 멜랑흐톤이 있었기 때문이라고 주장했다. 그처럼 예수의 사랑이 교리로 굳어진 것은 바울 사도 때문이라고 비난했다.

바울 사도에 대한 견해에 있어서 나치주의자들은 모순적이었다. 그들은 바울 사도는 이중 국적으로 정체성이 모호하다고 주장하는가 하면, 한쪽에서는 바리새적 유대인이었다고 몰아세웠다. 나치는 처음부터 성경의 기록을 진리로 받아들이지 않던 이들이었기에 성경에 나타난 바울 사도의 모습에 진지한 관심을 보이지 않았다. 그들은 성경의 진리를 그렇게 왜곡하고 비방함으로써 성경의 권위뿐 아니라 성경 속 인물들도 고의적으로 폄하했다.

3.2 마이스터 에카르트(Meister Eckart)

마이스터 에카르트는 중세의 수도사로서 신비주의에 깊이 심취했다. 나치는 자신들의 세계관을 만들면서 그 한 뿌리를 중세 시대에서 가져왔다. 특히 신(神) 체험에 대해서는 신비주의에서 그 자양분을 얻었다. 그는 이렇게 기록하고 있다. '사람의 영혼 가운데에서 신이 탄생한다.'

독일신앙파들은 성경을 통해 계시하시는 하나님에 관심이 없었다. 그들은 성경이 증거하는 여호와 하나님은 유대인의 민족신이기에 독일인으로서는 받아들일 수 없다고 부정했다. 나치주의자들의 신관은 지극히 주관적이고 체험적인데 기반을 두고 있었다. 그들은 신앙은 교리가 아니고 체험이며 관점이라고 주장하면서, 신도 자신이 어떻게 체험하고 있는가 하는 점이 중요하다고 주장했다. 에카르트의 주관적이며 신비주의적인 신 체험이 나치에 의해 적극 수용된 것은 우연이 아니었다.

나치주의자들은 에카르트의 저술 가운데서 자신들에게 유리한 내용을 발췌했다. 예를 들면 인간이 신적 영혼의 근원이라거나 인간 내면에 영원성이 머물고 있다는 표현이 그러하다.

"신이 알 수 있는 것을 모두 알 수 있는 인간은 곧 신-인식의 인간이다. 그런 인간은 자신의 존재 안에서, 자신의 일체성 안에서, 자신의 현재 안에서, 자신의 진리 안에서 신을 파악한다…."

이런 이유로 죄로부터 구원받는 근거는 예수 그리스도의 구원 사역 때문이 아니라 최후의 인식에 기인한다. 그러므로 인간은 신의 노예가 아니라 신의 친구라고 주장한다. 이런 표현은 게르만 신화의 신-인간 관계와 맥을 같이한다.[162]

3.3 루터(M. Luther)

루터(1483~1546)는 독일이 낳은 종교개혁가이다. 이 사실을 의심하

---

162 Julius Glarner, Meister Eckeharts deutsche Mystik, (Bonn: Verlag Gebr. Scheur, 1934), 47. 에크하르트의 주관적 체험에 근거한 신비주의는 이단론에 휩싸이기도 했다.

는 이는 아무도 없다. 그는 중세에서 근대로 넘어오는 과정에서 인문주의를 만나고 성경 연구를 통해 중세 가톨릭교회의 모순을 밝혀내었다. 루터가 종교개혁을 일으킨 장본인이라는 주장은 너무 과분한 시각일지도 모른다. 유럽 사회는 이미 종교개혁을 위한 여러 가지 조건들이 무르익고 있었다. 종교개혁은 하나님의 섭리에 쓰임 받은 사람들과 환경이 이뤄낸 역사적 거사였다.

하지만 루터가 '독일적' 지도자인 것은 확실하다. 그가 독일어로 성경을 번역하면서 독일 백성을 염두에 둔 사실이나, 찬송을 만들면서 독일 민요와 같은 백성들의 문화를 활용한 것을 보면 루터는 분명 독일적, 독일 민족적이었다. 그러나 나치는 루터를 민족에 묶어두려 했다. 즉, 그들은 '루터 정신(Luthergeist)'을 말하면서 로마 지배 권력으로부터 독일을 해방시키려한 민족 운동가, 민족 혁명가로만 보려고 했다. 루터는 지중해권 로마 문화로부터 알프스 북쪽 게르만 문화를 독립시킨 혁명가라는 것이다.

나치는 루터 사상으로부터 기독교인들을 회유하는 몇 가지 이론을 추출해낸다. 첫 번째 작품이 두 제국론(Zwei-Reichen-Lehre)이다. 아우구스티누스의 『신의 도성』에서 영향을 받은 이 사상은 "가이사의 것은 가이사에게 하나님의 것은 하나님에게"(마 22:21)라는 성구를 근거로 분리를 추구했다. 이 말씀을 자신들에게 적용하여 통치 질서와 시민 윤리로 강조했다. 이들이 즐겨 인용한 성경 구절은 로마서 13장 1절이었다. 모든 권세는 하나님께로부터 왔다고 선전하면서 국가에 대해 절대 복종을 강요한 것이다. 나치가 루터를 결정적으로 활용한 부분은 두 가지 면에서였다.

첫째, 루터를 가톨릭 교황의 지배, 라틴 문화로부터 게르만 문화를 해방시킨 민족주의의 선구자로 본 것이다. 둘째, 루터가 남긴 반유대적 저술이었다. 그는 십년 이상 유대인 선교를 하였는데 유대인들이 그리스도께 돌아오지 않자 유대인들이 초래하게 될 심판에 관해 격렬한 어조로 말했다. 루터는 유대인에 대한 실망과 좌절에서 반유대적으로 보이는 심한 표현을 남기고 말았는데 나치는 이 부분을 정치 이데올로기에 적극 활용했다.

01: 나치의 기독교 왜곡 정책에 저항한 니묄러 목사의 베를린 달렘 교회.

02: 그 옆의 목사관은 1980년 이후 '평화의 집'으로 활용되어, 복음에 기초한 평화 연구, 세미나, 기도회, 교육 등을 개설하고 있다.

03: 또한 교회의 한 켠에는 공동묘지가 있는데, 그 안에 고백교회 소속되어 저항 운동에 참여한 성도들이 주 예수의 재림을 고대하며 기다리고 있다.

04

Dietrich Bonhoeffer
4. 2. 1906 — 9. 4. 1945

„Im Beten und Tun des Gerechten"

Von guten Mächten
wunderbar geborgen
erwarten wir getrost,
was kommen mag.
Gott ist bei uns
am Abend und am Morgen,
und ganz gewiß
an jedem neuen Tag.

06

04: 고백교회의 일원이며 히틀러 제거작전에 참여하였다 순교에 이른 본회퍼 목사의 비문. "정의로운 자들의 기도와 행동 속에서" "광대하신 은총에 싸여 안온한 가운데, 앞으로 다가올 것을 위로 속에서 기다립니다. 하나님은 아침이나 저녁이나 우리와 함께 계신다, 매일 새로운 날에도 확실히"

05,06: 나치저항가들 중에는 대학생들도 있었다. 뮌헨대학교 학생들로 구성된 "백장미단"이 그 대표적인 이들이었다. 뮌헨대학교 본관 건물과 입구 바닥에 새겨진 그들이 당시 배포하였던 전단지 기념타일.

| 제5부 |

쉬나이더는 목회자로서는 나치에 의해 희생된 첫 번째 순교자로 기록되어 있다. 나치에 저항하다 순교한 개신교 목사로서 본회퍼가 먼저 거론되지만, 그보다 앞서 타협하지 않는 복음주의적 신앙으로 나치에게 온몸으로 저항하다 목숨을 바친 지도자로 쉬나이더를 빠뜨릴 수 없다. 그의 순교는 본회퍼에게 깊은 영향을 끼쳤다.

X. 개신교의 양심과 저항

1

| 프로테스탄트 저항과 순교 1 : 교계 |

1.1 니묄러(M. Niemoeller)

니묄러(Martin Niemoeller, 1892~1984)는 독일 기독교의 산 증인이요, 나치 시대에 고백교회, 목사긴급동맹 등의 단체로 기독교 신앙을 지키고 나치에 대항하여 교계 저항을 이끈 지도자요, 전후 독일복음주의 교회협의회를 재건한 목사요 교계지도자였다.

다음은 니묄러가 나치 시대 동안 활약한 활동에 대한 짧은 연대기이다. 고백교회 지도자로서 어떻게 고난의 길을 갔는지 먼저 연대기로 살펴본다.[163]

니묄러 목사 저항연대기

1933. 5월 29일, 보델쉬빙 주교 재임 시절 동역자로 근무하다(41세).
　　　8월, 목사긴급동맹을 결성하다. 고백교회의 태동.

---

[163] Herbert Mochaski, Der Mann in der Brandung. Ein Bildbuch um Martin Niemoeller, (Fft/M. 1962), 14~15; Carl Oddnung, Martin Niemoeller, (Berlin 1967), 41~43; Hannes Karnick & Wolfgang Richter(hg), Niemoeller. Was wuerde Jesus dazu sagen? Eine Reise durch ein protestantisches Leben, (Fft/M,. 1986), 162~165.

1934. 1월 25일, 히틀러를 면담하다. 괴링이 전화 도청 내용을 공개하다.

2월 초, 나치가 설교 금지를 명령하다.

5월 29일~31일, 바르멘에서 제1회 고백교회 노회에 참석하다.

10월 20일, 베를린 달렘에서 제2회 고백교회 노회에 참석하다.

이 때 고백교회의 교회·정치적 활동이 구체화되다.

가을, 자서전 『우보트(U-Boot)에서 강단으로』 발간하다.

1937년, 검찰이 니묄러를 40여 개에 달하는 기소 내용으로 고소하다.

6월 27일, 달렘 교회에서 마지막으로 설교하다.

7월 1일, 베를린 모아빗 감옥에 수감되다.

1938. 2월 8일, 니묄러 재판이 시작되다.

3월 2일, 죄명이 선고되다.

3월 3일, 히틀러의 특별 지시에 의해 베를린 근교 작센하우젠
강제수용소에 수감되다.

1941. 3월 17일, 임종을 맞는 부친 방문이 허락되다.

(나치 반대시위 발생을 이유로) 장례식 참석은 무산되다.

7월 11일, 뮌헨 근교 다하우 강제수용소로 이감되다.

1945. 4월 26일, 다하우 강제수용소에서 티롤로 이송되다.

5월 3일, 미군에 의해 해방되나 나폴리로 이송되다.

6월 24일, 가족에게로 돌아가다(53세).

그의 경력은 자서전에 『우보트(U-Boot)에서 강단으로』라는 제목을 붙일 만큼 특이했다. 목사의 집안에서 태어나 경건한 교육을 받으며 자란 니묄러는 1910년 해군 사관학교에 입학하고, 1차 세계대전이 발발할 당시 해군으로 참전했다. 거기서 잠수함(U-Boot) 전투 교육을 받고 잠수함대를 옮겨 다니며 작전에 참여하다 지휘관이 되었다. 그는

프랑스 전함을 격침시킨 전력도 갖고 있는 군인으로 성장했다. 당시 그를 정신적으로 이끈 것은 조국애와 전우애였다. 반면에 신앙인으로서의 갈등은 계속되었다. 당시의 고뇌를 그는 이렇게 적고 있다.

기독교의 종말인가? 얼마나 자주 신학도들 사이에서 이 단어가 오르내렸던가? 우리 젊은 장교들은 그 의미에 대해 아는 것이 별로 없었다. 신학적 사유에 그렇게 관심이 있을 리 없었다. 우리가 알 수 있는 것은 그 어떤 도덕규범도 파산 지경에 이를 수 있으며, 파괴되지 않는 양심을 보호할 수 없는 상황도 있다는 것이었다. ⋯우리가 의심이나 고뇌 속에서 파멸한다거나, 혹은 어떤 살아있는 양심으로 미혹을 극복할 수 있다거나 하는 질문은 우리가 용서를 믿는가 하는 것과 연관되어 있다. 기본적으로 기독교의 종말에 관한 이야기는 신앙으로부터 기인한 최근의 파산 때문이다. 그럼에도 불구하고 기독교적이라고 할 수 있는 도덕은 기독교의 종말을 정말 도울 수 없다. 왜냐하면 그것은 이미 죽었기 때문이고, 또 그 사실을 알려고도 하지 않기 때문이다. 1월 25일은 나에게 아주 의미심장한 날이 되었다. 그날 내 눈은 도덕적인 세계가 존재할 수 없다는 것을 확실히 알았기 때문이다.164

제대 후 집으로 돌아온 그는 농업에 종사하는 국민들이 겪는 빈한한 생활에 충격을 받았다. 그는 어떻게 하면 국민에게 제대로 봉사할 수 있을까 고민하게 되고, 목사의 가정에서 배운 복음의 능력에 관해 다시 생각하게 되었다. 복음이 사람을 변화시킨다는 확신이었다. 당시 그는 신학을 통해 신학 연구를 추구하기보다는 진실된 마음으로 국

---

164 Hans J.Oeffler u.a.(hg), Martin Niemoeller, Ein Lesebuch, (Koeln, 1987), 18.

민을 섬기려는 진정성에 이끌렸다고 고백했다.165

니묄러는 신학 공부를 마치고 1924년 베스트팔렌 지역 국내 선교회 목사로 활동하게 된다. 1931년 베를린 달렘 지역에 목사로 부름받아 사역하던 중 나치 정권이 득세하는 현장을 보게 되었다. 니묄러는 동시대인들처럼 독일 제국의 정통성을 부인하던 바이마르 공화국의 의회 민주주의에 회의를 품으며 혹 나치가 독일을 회복하고 민족적 통일을 이룰 수 있는 정당이 아닌가 생각하기도 했다. 히틀러의 수상 임명에 니묄러가 신뢰를 보냈던 것은 그런 이유에서였다.166 니묄러는 이렇게 고백했다. "히틀러가 등장했을 때 마치 해방을 체험하는 듯 했다."167

하지만 니묄러는 자신의 생각이 미혹임을 곧 깨달았다. 나치가 주장하는 기독교나 제국기독교인운동이 성경적이지 않으며 기독교 역사에서 그 전례를 발견하기 어려운 종교혼합주의적 주장을 일삼는 것을 보고 거부감을 공개적으로 표현했다. 1933년 5월 니묄러 목사는 동료 목사인 퀴네트(Walter Kuenneth), 릴리에(Hanns Lilje)와 함께 '젊은 개혁주의 운동(Jungreformatorische Bewegung)'을 일으키며 제국주교 선거에 공식 입장을 표명한다.

교회는 교회로 남아있어야 합니다! …우리는 선거를 원하지 않습니다. 우리는 교회 안에 있는 의회적 제도와 싸워야 하며, 과거와 현재에 등장한

---

165 Ibid., 26.
166 RGG, Bd.6. 308~309.
167 J.Bentley, 60.

교회 정당과 관계해서는 안 됩니다. 선거가 공시되었기 때문에 우리 복음주의 교인들은 이제 결단을 내려야 합니다.

우리는 고백교회를 위해서 싸울 것입니다. 우리의 신앙고백이 간섭받지 않는 것만으로는 충분치 않습니다. 교회는 구약과 신약 성경에 증언된 대로 십자가에 달리신 주님에게 다시 고백해야 한다는 사실을 새로 배워야 합니다. 지금 제국기독교인의 지도자들이 매일 주장하고 있듯이, 교회는 교회 안의 잘못된 교리와 끝까지 싸워야 합니다.

우리는 새롭고 젊은 교회를 위해 싸울 것입니다. 교회 안에 정치적이거나 정치적인 행동이 발붙일 수 없습니다. 우리는 예수 그리스도의 용서로부터 나오는 속죄와 믿음과 형제적 사랑의 능력이 언제나 살아있는 새로운 교회를 원합니다. 우리는 이 능력이 관료주의에게 짓밟히지 않으며 대중운동에 시달리지 않는 교회의 모습을 원합니다.

우리는 새롭고 자유로운 교회를 위해 싸울 것입니다. 이 교회는 모든 정치권력으로부터 자유로워야 합니다. 교회는 완전한 자유 속에서 하나님의 말씀을 전할 때에만 독일 민족을 위해 봉사할 수 있습니다.

복음의 기초 위에 세워진 교회가 지금 위험에 처해 있습니다. 그래서 우리는 복음주의 교인들에게 호소합니다. 교회 편에 서 주십시오. 우리는 국가에게 복종과 사랑을 표합니다. 이번에는 순전히 교회에 관한 선거입니다. 우리는 설교의 자유를 원합니다. 우리는 하나님의 성령에서 나오고, 하나님에 대한 봉사를 위한 갱신을 원합니다. 그런 이유로 우리는 자유롭고 젊으며 신앙을 고백하는 교회의 교인들과 함께 뭉쳤습니다.

복음주의 교인들이여, 여러분의 교회를 위해 전진하십시오. 교회는 교회로 남아있어야 합니다! '복음과 교회'에 표를 찍어주시기 바랍니다![168]

---

168 Ibid., 43~44.

이 선언은 나치가 지배하는 동안 니묄러 목사의 길이 험난하리라는 것을 암시한다. 왜냐하면 나치와 손을 잡은 제국기독교인운동, 독일 신앙운동이 매일같이 선전하는 이단적 주장이 복음주의 교회와 교인들을 혼란케 하는 책동이라고 밝혔기 때문이다. 그는 고백교회의 길이 예수 그리스도께서 인도하시는 십자가의 길로 알고 신앙을 지키며 저항의 길을 갔다. 니묄러는 교회와 관계된 정부 부서에 항의 서한을 보냈다. 하지만 답신을 얻지 못했다.

1934년 1월 25일 니묄러는 독일복음주의교회 대표단에 포함되어 수상 직무실에서 괴링, 제국주교 뮐러 등이 배석한 가운데 히틀러를 만났다. 히틀러는 당시 여러 방면의 정적들로부터 받는 공격으로 몹시 상기되어 있었는데, 교회 쪽에서는 목사긴급동맹의 활동으로 인해 심기가 매우 불편한 상태였다. 히틀러는 목사긴급동맹의 니묄러 목사를 직접 거론했다.[169] 부름 주교는 이 때 목사긴급동맹은 교회 안의 신앙적 문제로 인해서 생긴 단체이지 결코 제3제국을 위하려는 목적은 없다고 설명했다. 히틀러는 이 때 제3제국은 자신에게 맡기고 목회자들은 양떼들이 천국에 갈 수 있도록 잘 인도하라고 했다.[170]

이 만남이 계기가 되어 니묄러는 히틀러의 특별 명령으로 요주의 인물이 되고 나치의 박해와 삼엄한 감시를 받던 중 1937년부터 감옥을 드나들기 시작했다. 그의 죄목은 '강단 남용과 국가권력에 대한 항거'였다.[171] 나치의 기독교 정책과 정면으로 부딪친 니묄러 목사는 성

---

169 J.Bentley, 110.

170 J.Bentley, 111.

171 Ibid..

나치에 의해 강제로 체포된 이들이 갇혀있던 강제수용소 감옥 내부.

도들에 대해서는 정치 주장을 일삼는 것이 목사의 직무가 아니라고 보았다. 목사는 성도들에 대해서 먼저 성경 말씀을 강론하고, 하나님의 의가 무엇인지 가르치며, 시대의 진실을 파악하는 것이 급선무라고 보았다. 니묄러는 비밀경찰에 의해 체포될 즈음인 1937년 6월 19일 주일에 산상수훈을 설교했다. 설교 본문은 마태복음 5장 13~16절이었다.[172]

　사랑하는 형제, 자매 여러분, 오늘 이 저녁과 이 기도회 시간은 한 주간을 마감하는 시간입니다. 먼저 조용한 기도를 하면서 우리 교회와 그리스도의 몸된 교회에 속한 지체들, 그리고 오늘 저녁 여기에 올 수 없는 이들

---

172 M.. Niemoeller, Dahlemer Predigten 1936~1937, (Muenchen, 1981), 167~175.

을 기억합시다. 우리는 복음 때문에 자유를 억압당하고 자유를 빼앗긴 성도들의 이름을 듣게 될 것입니다.

(이어서 5분 동안 중보기도 할 명단을 읽었다. 이 행동으로 그는 앞으로 설교 금지, 추방, 체포 등의 탄압을 감수해야 했다.)

사랑하는 성도 여러분, 오늘 명단이 놀랍게도 길어졌습니다. 제가 제대로 세었다면 약 72~73명 정도 될 것 같습니다. 아는 분도 있고, 잘 모르는 분도 있습니다. 목사님도 있고, 성도님도 있습니다. 남자 성도, 여자 성도의 이름도 있습니다. 청년과 노인의 이름도 있습니다. 우리 조국 독일에서 그 수가 얼마나 되는 지 누구도 말할 수 없습니다. 하지만 다음 주가 되면 그 숫자가 더 늘어날 것이라는 것은 누구나 상상할 수 있는 일입니다.

이들을 누가 비판할 수 있겠습니까? 우리는 지난 4년간 잘못된 길로 이끌려 왔습니다. 그로 인해 교회의 지체들이 끝내 체포되었습니다. 오늘 경찰의 의심을 받는 이들에 관해 듣게 된다면 그들이 내일 신문에 대문짝만하게 날 것임을 상상하게 됩니다.

하나님께 영광과 감사를 드립니다. 우리 형제자매들은 인간적으로 가치 없어 보이는 어떤 일을 위해 비판한 것이 아닙니다. 그들은 고향으로부터 추방당했고, 침묵을 강요당했으며, 감옥에 갇혔습니다. 그들은 그것을 의무로 받아들였고, 복음주의 기독교인들의 권리라고 생각했습니다. 기독교 신앙에 대한 공격을 거리낌 없이 공격이라고 표현하고, 기독교 신앙에서 분리된 것을 거침없이 그렇다고 인정하고, 예배를 간섭하는 것을 당당하게 간섭이라고 표현하였기 때문입니다. 그들을 비판할 다른 어떤 것이 있지 않습니다.

우리의 형제자매들은 오늘날 세 가지 주요 사안을 교회의 당연한 권리로 생각하고 있습니다. 첫째 기독교 신앙에 대한 공격으로부터 방어하고, 둘째 제국교회에서 탈퇴해야 하며, 셋째 헌금을 모아야 하는 일입니다. 그런데 제국 지도자는 이 법을 확인하였음에도 불구하고 지금까지 법으로 보장하지 않았습니다. 오히려 교회의 법을 제한하고 있습니다. 그래서 우리 형제자매들은 교회가 더 상위법을 가지고 있다고 여깁니다. 우리는 이 법에 의거하여 비신앙 운동 선전에 대해 말씀에 기초한 투쟁을 선언하고, 교회를 분리하려는 움직임에 경고를 보내야 하며, 이미 잃어버린 자들에 대하여 중보기도를 해야 하며, 교회의 어려움에 헌금으로 도울 수 있어야 할 것입니다.

오늘 우리 형제자매들에게 일어나고 있는 일에 우리도 함께 할 것입니다. 그것은 의심할 여지없는 질문이기도 합니다. 기독교회는 그 교인들과 교계 지도자들 가운데서 지도자가 자신의 말로 확인한, 우리가 교회에 대한 공격을 방어할 수 있는 권리를 갖고 있습니까? 아니면 비신앙에 대해 방어하는 우리를 금지하고 무력하게 만들고 스스로 방어하는 이들을 감옥에 보내는 자들이 옳은 것입니까? 이러한 경우가 에센의 야나쉬(Jannasch)목사님, 부쉬(Busch) 목사님, 헬트(Held) 목사님에 해당됩니다. 그분들은 공공연한 공격에 대하여 숨어있지 않고 반격했으며 그래서 감옥에 갇히게 되었습니다.

바로 이 문제라고 봅니다. 교회는 어떤 교인들이 신앙에 관하여 미혹에 떨어졌다고 교회에 알릴 권한이 있지 않겠습니까? 아니면 우리가 이런 일을 하지 못하게 금지하고 무력하게 만드는 이들이 옳은 것입니까? 형제자매 여러분, 니젤(Niesel) 목사님과 프로이센교회협의회 회원들이 체포된 상황이 바로 그렇습니다. 제가 제대로 센다면 모두 여덟 분이나 됩니다. 그들은 설명했습니다. "교회 탈퇴는 기독교회에 부과된 권한이다. 그것을 금지하는 것은 옳지 않다." 형제자매 여러분, 교회는 누가 (제국)교회에서 탈퇴했는가 하는 사실, 미혹에 빠진 이들을 위한 중보기도에 그들을 초대하고 있다는 사실을 명백히 알아야 합니다.

세 번째 문제는 이런 것입니다. 교회가 헌금을 걷는 행위는 오래전부터 내려온 것인데, 지도자의 명령이 아직도 유효한가 하는 점입니다. 예수 그리스도의 뜻에 따라 헌금을 드리는 행위가 정부 장관의 펜대에 의해서 좌우된다는 것은 있을 수 없습니다. 이것을 금지하기 때문에 감옥에 간 이는 없습니다. 그러나 그저께 신문에 보면 헌금을 걸을 수 없다고 공시했습니다. 그런데 이 공시는

강제수용소 독방.

국가로부터 공인된 교회 기관도 아닌 데에서 나왔습니다.

형제자매 여러분, 이런 외적인 문제를 놓고 볼 때 오늘날 어느 누가 교회에 대하여 그런 것을 말할 기회가 있겠습니까. 불가능합니다. 그러기에 서는 행동할 수밖에 없습니다. 나아가 우리 복음주의 기독교에 약속된 내용에 대하여 반대적으로 결정될지, 정말 지도자의 말이 유효한지 알 수 없습니다. 만약 비기독교적 공격에 대해 반대했다 하여, 또는 신앙에서 분리된 것을 분리되었다고 말했다고 하여, 또는 헌금을 걸었다고 하여, 또는 지도자의 말이 유효한가에 대하여 부정적으로 말했다고 하여 어떤 한 사람이라도 감옥에 갇혀있는 한, 어떤 한 사람이라도 추방당하는 한, 어떤 한 사람이라도 설교 금지를 당하는 한, 우리는 간과하지 않을 것입니다.

사랑하는 성도 여러분, 우리는 이런 상황 속에 있습니다. 아주 어둡고 불안한 상황이라고 말할 수 있습니다. 프로이센교회협의회 나머지 회원들은 불안하고 위협을 느낀 채 독일을 누비고 있습니다. 오늘 아스무센 목사님 부인이 베를린 알렉산더 광장에서 공개적으로 심문을 당했습니다. 사모님은 남편이 어디 있는지 아무 정보도 받지 못한 채 네 시간을 기다려야 했습니다. 누군가 프로이센교회협의회 분들을 철창 속에 가두었습

니다. 지금 프로이센 교회는 인도자가 없습니다. 사무실도 모두 폐쇄되었습니다. 타자기도 압수되었습니다. 쓸 돈도 모두 빼앗겼습니다. 이런 상황 속에서 본문 말씀은 특별하게 들립니다. "너희는 세상의 소금이니", "너희는 세상의 빛이니".

오늘 제가 이 말씀을 읽을 때 이 말씀이 저에게 정말 새롭게 다가왔습니다. 저는 그 말씀을 또 읽어야 했습니다. 그 말씀은 제가 분명히 알고 있는 말씀인데, 이 말씀을 읽자 저는 내적으로 하늘을 날 것 같은 느낌을 받았습니다. 이론적으로 이 말씀은 마태복음 5장 11~12절 말씀과 연결되어 있습니다. "나를 인하여 너희를 욕하고 핍박하고 거짓으로 너희를 거스려 모든 악한 말을 할 때에는 너희에게 복이 있나니 기뻐하고 즐거워하라 하늘에서 너희의 상이 큼이라 너희 전에 있던 선지자들을 이같이 핍박하였느니라"(마 5:11~12).

그러면서 "너희는 세상의 소금이니, 너희는 세상의 빛이니"라고 하십니다. 마치 예수 그리스도의 교회가 핍박과 이 말씀 중간에 있는 것같이 말씀합니다. 저는 이 말씀을 어렸을 때부터 알고 있지만 이 성경 구절 속에서 오늘은 이렇게 말씀하시는 것 같습니다. 주 예수께서 교회들에게 "너희는 핍박을 받게 될 것이다, 너희는 고난을 받게 될 것이다, 너희는 천하게 여겨질 것이다, 그것도 거짓말로 범벅이 되어"라고 말씀하시는 것 같습니다. 그러고 난 후에 "너희는 세상의 소금이니, 너희는 세상의 빛이니"라고 하시는 겁니다.

형제자매 여러분, 이러한 말씀은 우리의 염려와는 다소 맞지 않는 것같이 보입니다. "너희는 세상의 소금이니." 이 말씀은 다른 사람들에게 소금을 갖다 주라는 말씀은 아닙니다. 오히려 다른 책임을 부여하고 계십니다. "소금이 만일 그 맛을 잃으면 무엇으로 짜게 하리요 후에는 아무 쓸데없어 다만 밖에 버리워 사람에게 밟힐 뿐이니라". 이 말씀은 소금이 진정 소금으로 남아 있어야 하는 것이 우리의 책임이란 것입니다. 그래야 주님이 그 소금을 자신의 목적에 맞게 사용하시고 활용하실 수 있습니다.

형제자매 여러분, 예수님이 오늘날에도 우리 민족을 향한 뜻을 가지고 계신지 대답할 수 있어야 합니다. 저는 제 눈으로 오늘 우리 민족이 어떻게 소금으로 사용되어야 하는지, 어떻게 우리 민족이 봉사해야 할는지 잘 모르겠습니다. 그러나 형제자매 여러분, 그 염려는 우리의 염려거리가 아닙니다. 그것은 주님의 소관입니다. 우리는 그저 소금이 그 맛을 잃지 않도록 염려해야 합니다. 그것은 어떤 의미일까요?

그 점이 우리가 바로 이해해야 할 요점입니다. 기독교회가 이 위기의 순간에 세상적인 것과 한 통속이 되어서는 안 된다는 것입니다. 그 뜻은 세상으로부터 소금의 맛을 구분할 수 있어야 한다는 것입니다. 그러면 그리스도의 교회는 어떻게 세상과 구별될까요?

우리는 위기의 시대를 지나왔습니다. 그러나 아직도 그 시대를 지나고 있습니다. 누군가 우리에게 이렇게 말합니다. "만약 너희들이 교회로서 유별난 고집을 버린다면, 만약 너희들이 세상에 반대하는 것을 그만 둔다면 세상은 아주 달라질 것이다. 너희들은 세상과 조화를 맞출 필요가 있다. 세상에 복음을 맞출 필요가 있다. 그렇게 한다면 너희들은 다시 영향력과 힘을 얻게 될 것이다."

사랑하는 성도 여러분, 그 말은 소금이 맛을 잃는다는 것입니다. 소금이 어떻게 활용될 것인지가 우리의 염려가 되어서는 안 됩니다. 우리의 염려는 소금이 맛을 잃지 않는 것입니다. 4년 전에 유행했던 슬로건을 인용하겠습니다. "복음은 복음으로 남아 있어야 한다. 교회는 교회로 남아 있어야 한다. 신앙고백은 신앙고백으로 남아 있어야 한다. 복음적인 교인은 복음적인 교인으로 남아 있어야 한다." 우리는 복음을 변화시켜 '독일복음'을 만들어서는 안 됩니다. 우리는 그리스도의 교회로부터 '독일교회'(제국교회-필자 주)를 만들어서는 안 됩니다. 우리는 복음적 교인으로부터 '독일교인'을 만들어서는 안 됩니다!

"너희는 세상의 소금이니." 그것이 우리의 책임입니다. 우리의 소금을 세상과의 타협과 순응에 주어버리는 순간, 우리는 주 예수 그리스도를 우리 교회의 이름으로 민족에게 주게 됩니다. 그러나 만약 소금이 소금으로 남으면 우리는 주님을 신뢰할 수 있습니다. 그러면 주님은 우리의 축복이 커지도록 사용하실 것입니다.

주님이 우리에게 보여주시는 다음 그림을 보겠습니다. "너희는 세상의 빛이니." 우리는 이 말씀을 들으면서 우리가 주님 앞에서 아무런 의미가 없는 염려를 하고 있다는 것을 깨닫게 될 것입니다. 우리의 염려는 어디로 가고 있습니까? 제가 명단을 읽고 있을 때 우리는 미처 생각지 못했을 겁니다. "하나님 맙소사! 이 바람, 이 폭풍, 도대체 이 세상에 불고 있는 이 기운이 복음의 작은 불씨를 꺼버리지는 않을까?" 그래서 우리는 이 말씀을 폭풍 가운데서 꺼내 어디 안전한 모퉁이로 옮기지나 않았습니까?

지금에서야 모든 게 확실해졌습니다. 예수님이 무엇을 말씀하시려는지 오늘부터 저는 이해하게 되었습니다. "바구니를 꺼내지 말라. 너희가 준비한 바구니로 불씨를 보호하게 하기 위해 내가 불을 붙인 줄 아느냐! 바구니를 집어넣어라. 불은 촛대 위에 있어야 하는 법이다. 바람결에 불이 꺼지는지 아닌지를 염려하는 것은 너희의 소관이 아니다."

우리는 불이 꺼질지 아닐지를 염려할 필요가 없습니다. 그것은 주님의 소관입니다. 우리는 단지 빛을 숨기지 말아야 합니다. 어쩌면 평화로운 시간에 다시 꺼낼 고상한 목적으로 그럴지도 모르겠습니다. 하지만 아닙니다. "이같이 너희 빛을 사람 앞에 비취게 하라"고 말씀하십니다.

형제자매 여러분, 이 점이 오늘 우리가 부딪치는 부분입니다. 우리는 모든 방면에서, 정치 지도자들과 하급 관리들로부터 간섭을 받고 있습니다. "하나님 맙소사! 그렇게 크게 떠들지 마시오, 감옥에 갈 수 있으니. 그렇게 똑똑하게 말하지 마세요. 그냥 얼버무려 말할 수도 있잖아요!"

형제자매 여러분, 우리는 빛을 등상 아래 두어선 안 됩니다. 만약 그렇게 한다면 우리는 불순종하게 됩니다. 우리는 빛이 세상 가운데 있도록 하는 임무를 갖고 있습니다. 그분은 우리를 심지로 삼을 필요가 없습니다. 다른 심지를 가져오실 수도 있습니다. 빛을 드러내기 위해 다른 사람을 사용하실 수도 있습니다.

침묵하는 교회는, 더 이상 말하지 않는 교회는 그 생김새가 어떻든 관계없이 자신의 존재를 거부하는 겁니다. 하나님의 말씀을 크게 외치는 것이 우리가 드릴 헌신입니다. 교회가 계속 존속할지, 아니면 질식할지, 또는 빛이 꺼질지 관계없이 그렇습니다. 신앙의 동지 여러분, 그것은 우리의 소관이 아닙니다. "자기 목숨을 얻는 자는 잃을 것이요 나를 위해 자기 목숨을 잃는 자는 얻으리라." 이 말씀은 교인 각자의 목숨에도 해당되지만 교회의 목숨에도 그대로 적용됩니다.

오늘 저는 이렇게 말해야 하겠습니다. 다음 주일에는 제가 못할지도 모릅니다. 오늘 여러분들께 확실하게 다시 말씀드리겠습니다. 여러분 중 다음 주일에 무슨 일이 일어날지 누가 알겠습니까? 그것을 말하는 것이 우리의 의무입니다. 이 의무에 더해 주님의 약속이 있습니다. 마르틴 루터가 표현한 바 있듯이 '복음의 연약한 빛'을 하나님이 우리 민족에게 주셨습니다. 중요한 것은 우리가 우리에게 주어진 소명을 행할 준비가 되어있는가 하는 것입니다. 그것은 바로 복음을 전파하는 것이며, 빛이 비추게 하는 것입니다.

주 예수 그리스도께서 우리에게 교회에 대한 세 번째 그림을 주셨습니다. "너희는 세상의 소금이니, 너희는 세상의 빛이니." 그리고 끝으로 "산 위에 있는 동네가 숨기우지 못할 것이요." 성경 구절을 관통하고 있는 이 그림을 통해서 우리의 시각이 소금에서 산 위의 동네로 옮겨갑니다. 소금을 뿌리면 소금은 없어집니다. 빛도 사라집니다. 그렇게 주님에 대한 봉사 안에서 스러집니다. 그러나 도시는 영원히 있습니다. 거룩한 산에 든든히 세워져 있습니다. 우리 시대의 혼란과 고난 속에서도 이 소망은 우리 눈앞에 서 있습니다. 하나님의 도성은 굳건히 세워져 있습니다!

사랑하는 신앙의 동지들이여, 우리의 섬김과 멈추지 않는 사명감 안에 우리를 향한 주님의 말씀은 충만하게 들어 있습니다. 우리는 약속하신 산 위에 있는 도성입니다. 지옥의 권세도 그를 이기지 못할 겁니다. "산도 낮아지고 언덕도 넘어지고", 이런 의미는 아닙니다. 다른 말씀이 해당될 것입니다. "내 은총은 네게서 떠나지 않을 것이다. 우리를 불쌍히 여기소서."

독일 전역에 튀링겐 제국기독교인운동에서 나온 주장들이 떠들썩하게 나돌고 있습니다. 일주일 뒤에 교회 선거가 있을 것이라는 겁니다. 8일은 아주 긴 시간입니다. 정말 그럴 것인지 확실히 모릅니다. 사랑하는 형제자매 여러분, 우리가 만약 교회 선거에 응하게 된다면 그 때는 정말 고난과 염려의 둑이 터지는 것 같을 겁니다. 고백교회가 전 프로이센 지역에서 활동하지 못하게 방해받고 있기 때문입니다. 다음 주간에는 이번 주보다 더 힘들고 어렵게 될 것입니다. 오늘 하나님의 은혜로 뭔가 마침표를 찍었으면 합니다. 이 시대의 고난을 통과하게 할 소망이 어디 있는지 우리는 묻고 싶습니다. 그 고난은 자꾸 커져서 턱밑까지 차오르지 않았습니까?

하나님의 도성은 숨겨져 있을 수 없습니다. 형제자매 여러분, 하나님의 도성은 결코 폭풍 같은 것에 흔들리지 않습니다. 정녕 적들이 성벽을 타고 넘는다 하더라도 정복당하지 않습니다. 하나님의 도성은 높은 곳에서 오기 때문에 그렇게 서 있습니다.

오늘 아침 저는 베를린에 있는 동료 목사들에게 이렇게 말했습니다. "아마도 우린 오늘 4년 동안의 신앙고백으로 뭉쳐진 지도를 기뻐해야 할 시점에 와 있는 것 같습니다. 하나님은 우리가 사람을 의지하지 않고 교회의 목자 되시는 주님을 신뢰하고 있는지, 그리하여 우리가 바른 길을 가고 있는지 증거를 원하시는 것 같습니다."

그래서 이번 선거에서는 우리가 소금을 헛되이 쓰지 말고, 빛을 모퉁이에 두지 말고, "천지는 사라지되 하나님의 말씀은 영원히 있도다"라고 고백해야 할 것입니다. 형제자매 여러분, 하나님의 말씀을 의지해야겠습니다. 은혜를 받은 표가 있는 이들은 복이 있을 것입니다. 그들을 자신을 의심하지 않을 것입니다. 폭풍이 몰아치고 물들이 밀려와도 아주 굳건히 서 있으며, 아주 굳건히 뿌리를 내리고 있음을 확신하는 자들에게 복이 있을 것입니다.

하나님께서 우리를 도우시길 바랍니다!

히틀러는 교회의 저항을 자신의 권위에 대한 도전이자 거부로 받아들였다. 1938년 니묄러는 '개인 죄수'로 특별 관리하라는 히틀러의 직접 명령에 따라 작센하우젠 강제수용소에 수감되었다. 그의 체포는 제국 내에서뿐만 아니라 해외에서도 큰 기사거리가 되었고 해외 교계 지도자들은 나치 정부에 항의 서한을 보냈다.[173] 스위스에서 활동 중인 고백교회 지원 단체는 니묄러 목사의 신앙과 행동에 관해 책자를 만들어 배포하기도 했다. 이 책자는 니묄러 목사를 나치 체제에 대한 거룩한 성전, 십자군 전쟁을 치르고 있는 그리스도의 군병(Militia Christi)이라고 평가했다.[174] 나치 검찰이 니묄러 목사를 기소한 '죄목'은 무려 40여 가지나 되었다.

니묄러는 옥중에서 편지를 통해 가족과 동료들과 소식을 주고받았다. 다음 편지는 니묄러 목사가 베를린 모아빗 감옥에 수감된 후 아내 엘제(Else)에게 보낸 첫 번째 편지이다. 이 편지는 '죄수의 몸'으로 갇혀있던 그가 어떻게 말씀에 의지하여 수감 생활을 견뎌냈는지 엿보게

---

173 J.Bentley, 177.

174 Martin Niemoeller und sein Bekenntnis, hg.v.Schweizerischem Evangelischen Hilfswerk fuer die Bekennende Kirche in Deutschland, (Zollikon/Swiss, 1938).

한다. 편지의 날짜는 1937년 7월 2일로 기록되어 있다. 이때는 강제수용소에 수감되기 전으로, 모아빗 경찰 감옥에 구금되어 있을 때였다.

···사랑하는 엘제, 어제 당신과 작별 인사도 나누지 못하고 헤어져서 정말 미안하오. ···바라기는 내가 이 길로 인도될 수 있도록 준비되는 것이오. 이 길은 내가 스스로 만든 것은 아니요. 예수님께서 베드로에게 마지막으로 하신 말씀이 생각나오. "두려워하지 마라!" 당신도 이 말씀을 통해 기뻐할 수 있기를 바라오. "나에겐 무슨 일이 일어나지 않을 것이다!"

나는 지금 교회가 눈을 떠서 보기를 바라고, 미래에 예수님의 복음 외에 다른 어떤 것도 드러나지 않기를 바라고, 주님과 같이 동행하기를 바라는 마음뿐이오. 내가 지난 주 보훔(Bochum)에서 '세상의 소금과 세상의 빛'이란 설교를 할 수 있었던 것은 참으로 감사했소. 월요일 저녁에 성만찬을 진행했으면 더 좋았을 텐데. 그런 바람에도 불구하고 나는 지금 만족하고 감사하오. 왜냐하면 내가 설교한 그 내용으로 내가 위로받기 때문이오. 내가 생각을 바꿔야겠구나, 마음먹지 않은 것이 감사하고 우리를 위협하는 것들에서도 (믿음의) 바위가 든든히 서 있고 흔들리지 않는 것이 또 감사하오!

당신이 이 말씀을 읽을 때 나를 생각해주기 바라오. 나도 아침저녁으로 이 말씀을 읽도록 하겠소. 그리고 우리가 인내하지 못하는 경우가 없길 바라겠소. "하나님의 사랑과 그리스도의 인내를!" 기원하오. 이 말을 신혼부부들에게 얼마나 많이 해주었는지 모르겠소. 이제는 당신과 나에게 해당되는 말씀이 되었구려···.175

---

175 W. Niemoeller, M.Niemoeller. Briefe aus der Gefangenschaft Moabit, (Fft/M. 1975), 21.

니묄러 목사의 본격적인 수감 생활은 베를린 북부에 위치한 작센하우젠 강제수용소로 이송되고서부터이다. 그러다 1941년 독일 남부 다하우 강제수용소로 이감되었는데 나치는 니묄러를 가톨릭으로 전향시키려는 의도를 갖고 있었다. 하지만 그 작전은 이뤄지지 못했다. 다음은 그가 작센하우젠에 수감되어 있을 때 쓴 편지이다. 날짜는 1941년 2월 9일로 기록되어 있다.

사랑하는 엘제, 이 3주간은 참으로 지내기 어려웠소. 그런데 당신이 다녀간 게 얼마나 좋았는지 모르오. 당신으로부터 뜻하지 않게 아버지의 근황에 대해 알게 되어서 좀 당황했소. 아버지가 병상에 누워계실 줄 상상도 하지 못했소. 우리는 서서히 그분의 임종을 준비해야 할 것 같소. 그러나 아버지가 마음의 준비를 하시고 어머니도 아버지 간호에 아직 힘이 있으시다니 기쁘고 감사하오. 그렇게 우리는 하나님 손 안에 맡겨야 되지 않겠소….

교회의 보배, 영광은 바로 복음이오. 그 복음은 교회 안에서, 교회로부터, 교회로 선포되어야 하오. 이 영광은 사실 낮아짐과 관계되오. 프로테스탄트 교회는 이 낮아짐과 아첨으로 인하여 그들에게서 영광의 많은 부분이 상실되었소. 결국 그것은 정상에 관한 것이 아니라 기초에 관한 것이오. 질서에 관한 것이 아니라 도그마에 관한 것이었소. 그 어떤 교회에 관한 것이 아니라, 그 하나의 교회에 관한 것이었소. 내가 과거의 복음적인 교회를 추구한다고 해서 그 어떤 대안적인 교회를 찾는다고 생각하면 당신은 나를 잘못 이해하고 있는 것이오. 나는 나에게 확실히 보여진 그 교회를 찾고 있소. 그 교회는 지금 프로테스탄트에 속해 있지 않고, 과거에도 마찬가지였소….176

176 W.Niemoeller, M.Niemoeller. Briefe aus der Gefangenschaft Konzentrationslager Sachsenhausen, (Bielefeld, 1979), 155~156.

전쟁이 끝나갈 무렵, 나치는 특별 관리 대상인 수감자들을 은밀히 살해할 목적으로 알프스 산중으로 이동시켰다. 이들은 친위대에 의하여 관리되었는데, 곧 연합군이 나치를 축출하자 독일에 진입한 미군의 손에 넘겨졌다. 그러나 니묄러는 바로 석방되지 못했다. 그는 미군정이 있던 나폴리로 압송되었고, 그곳에서 심문을 받은 후 파리로, 다시 독일 비스바덴으로 옮겨졌다. 그때까지 수감 상태를 벗어나지 못한 니묄러 목사는 단식 투쟁에 돌입했다. 그 결과 니묄러는 석방되어 가족을 만날 수 있었다.

1.2 디벨리우스(O. Dibelius)

디벨리우스(Otto Dibelius, 1880~1967)는 나치가 집권하던 당시 베를린 교구의 주교였다. 그는 독일 북부 지역에서 목회와 교계 활동을 하면서 독일의 정치적 변화를 체험했다. 베를린이 독일 제국, 바이마르 공화국의 수도인 점을 감안하면 가장 중심에서 독일 역사를 살아갔다고 할 수 있다. 그도 보통 기독교인들이 그랬듯이 나치 초기 운동 때 히틀러에게 호감을 표현했다. 디벨리우스는 국가와 교회가 절대적으로 분리되어야 한다는 이론을 지지했는데 나치가 국가교회를 세워 교회를 지배하려는 것을 알고 강하게 반발했다. 게다가 반유대 정책에 크게 실망하여 이후 고백교회의 지도자 중 한 명이 되어 저항 운동을 이끌었다.

디벨리우스 주교는 '고백교회의 정신적 지도자요, 그러므로 국가사회주의의 가장 치명적인 적'으로 비밀경찰의 주목을 받았다.[177] 게다가 그에게는 국가 반역죄라는 '죄목'이 더불어 붙여졌는데, 나치는 자신들의 사상에 동조하지 않는 이들을 제거하기 위해 이 죄명을 붙였다. 하지만 주교는 수많은 글을 통해 고백교회적 신앙을 선포하고 교인들을 독려했다.

당시 그가 배포한 책자들은 지배 세력인 나치에 저항하는 의도를 숨기지 않았다.『기독교의 게르만화(化), 하나의 비극』,『교회의 진정한 게르만화』,『역사적 행위로서 교회의 투쟁』,『교회 투쟁에서의 거대한 전환』,『갈등 상황 속에 살아가는 독일인의 힘』,『그 갈릴리 사람이 결국 승리한다』 등과 같은 책들은 나치와 제국기독교인의 독주 아래 소망을 찾는 사람들에게 빛이 되어 주었다. 그의 사상이 어떠했는지 대표적인 부분을 살펴본다.

『기독교의 게르만화, 하나의 비극』

(Die Germanisierung des Christentums. Eine Tragoedie)

아리안족의 기독교가 갖고 있는 비극은 수많은 사람이 목숨을 바친 기독교가 가치의 범위에서 후순위로 밀려났다는 데 있다. 이럴 경우 기독교는 붕괴할 수밖에 없다…. 아리안족의 종교는 결코 고유한 생활양식을 형성하지 못했다. 고대에 그랬듯이, 아리안족의 기독교는 교회를 세우지 못하고 결국 가톨릭에 종속되어버렸다…. 사람들이 기꺼이 목숨을 내놓는 기독교는 교회를 세우게 되어 있다. 그런데 아리안족의 게르만화된 기독교는 '민족'을 세웠을 뿐이다. 신앙을 위한 투쟁에서 기독교가 민족에 뿌

---

177 Friedrich Gollert, Dibelius vor Gericht, (Muenchen, 1959), 38.

리를 두는 한, 살아있는 기독교 앞에서 붕괴할 수밖에 없다….178

『교회의 진정한 게르만화』(Die echte Germanisierung der Kirche)

…이제 복종의 의무에 한 경계가 설정되어 있다. 교회는 명령이 합법적인 한에서 복종의 의무를 가진다. 모든 이들은 사람의 법보다 하나님의 법에 더 복종하게 되어 있다. 여기에 루터의 게르만적인 것이 하나님 말씀에서 근거를 발견한다. 복음에 대한 복종으로부터 국가의 법은 세워진다. 그렇게 국가의 법은 독일적인 것이다.179

『역사적 행위로서 교회의 투쟁』(Der Kampf der Kirche als geschichtliche Tat)

이제 교회는 세 번째 투쟁에 들어서 있다. 복음에 순종하지 않는 시대정신이 지금 존재하고 있다. 복음과 시대정신 사이에 타협하려는 시도가 세 번째 발생한 것이다. 복음에 불복하는 힘이 강하게 움직이고 있다. 이 힘이 성경적 진실 안에서 교회의 선포를 회복하려는 노력을 파괴하고 있으며, 시대정신과 싸우려는 에너지로 충전되어 복음을 선포하려는 노력을 파괴하고 있다. 이것이 우리가 지금 살아가고 있는 교회사의 주 내용이다.180

『교회 투쟁에서의 거대한 전환』(Die grosse Wendung im Kirchenkampf)

제국기독교인과 고백교회 사이의 싸움은 아직 끝나지 않았다. 그러나 이 싸움은 이미 결정이 났다고 본다…. 바르멘에서 모인 노회가 선포한 내용은 경직된 교리를 말하는 것이 아니다. 신학자들은 혹시 그 개념들이 퇴

---

178 Otto Dibelius, Die Germanisierung des Christentums. Eine Tragoedie, (Berlin, 1935), 56~60.

179 O.Dibelius, Die echte Germanisierung der Kirche, (Berlin, 1935), 42~46.

180 O.Dibelius, Der Kampf der Kirche als geschichtliche Tat, (Berlin, 1935), 23.

색된 것은 아닌지 격렬하게 토론했다. 그들은 고백교회가 정말로 제대로 된 결론을 그 뿌리에서 도출한 것인가 논쟁했다. 이 내용이 반드시 필요한 것인가, 제대로 길을 제시하고 있는가, 교회가 다시 기초 위에 서야 한다는 합의 내용은 의심하지 않았다. 그런데 제국기독교인들은 여기에 대해 대답하려고 하지 않았다. 복음주의 교회는 이 기초로부터 교회 역사의 한 장을 새롭게 만들어가야 한다. 싸움은 바르멘에서 이미 결판난 것이다.181

『갈등 상황 속에 살아가는 독일인의 힘』

(Die Kraft der Deutschen in Gegensaetzen zu leben)

오늘날 독일 민족 안에 통합을 향한 강한 의지가 관통하고 있다. 독일인의 영원한 동경이 그 성취를 향하여 분출된 것이다…. 그러나 기독교인은 복음이 민족의 형성이나 민족의 요구를 먼저 논하지 않는다는 것을 알고 있다. 제국기독교인들은 말한다. "태초에 하나님이 민족이었다." 그것은 복음의 진리가 아니다. 그것은 신성모독이다. 기독교인은 복음 안에서 자신의 민족에 대한 뜨거운 사랑을 식힐 수 없다는 것을 알고 있다….182

『그 갈릴리 사람이 결국 승리한다』(Der Galilaer siegt doch)

그리하여 교회는 비록 안팎으로 고난 속에 있지만 위로를 받으며 그 중심을 일으켜 세우고 있다. 교회는 모든 세상 권력 위에 계신 살아계신 그리스도의 영원하신 능력으로 싸우며 인내하고 있다. 땀 흘리며 헌신하므로 교회는 승리의 노래를 부르게 될 것이다. 루터가 그렇게 한 것처럼 우리 교회도 시편 118편에 손을 얹는다. 그것은 나의 찬송이다. "내가 죽지

---

181 O.Dibelius, Die grosse Wendung im Kirchenkampf, (Berlin, 1935), 24~25.
182 O.Dibelius, Die Kraft der Deutschen in Gegensaetzen zu leben, (Berlin, 1935), 77~81.

않고 살아서 여호와의 법을 선포하리로다!" 비록 사탄이 다 일어나 공격할지라도 갈릴리의 주님이 결국 승리하신다![183]

디벨리우스 주교는 1937년 니묄러 목사와 함께 '독일이여, 하나님을 향하라'는 제목의 글로 교인들에게 용기를 주었다. 당시 디벨리우스가 주교였던 데에 비하여 니묄러는 지역교회를 담임한 목사였다. 이 사실은 니묄러 목사가 기독교 저항 운동에서 맡고 있던 역할을 실감하게 한다.

우리가 교회를 구할 수 있는지, 나아가 어떻게 구할 수 있는지 하는 문제가 오늘의 관심사가 아니다. 우리의 신앙이 방해받지 않고 살 수 있는 공간을 확보하는 것도 그렇게 중요하지 않다. 중요한 것은 우리에게 불가능한 것을 행하신 하나님을 믿는 신앙 안에서, 우리 민족 가운데 살아계신 주 예수 그리스도를 말씀대로 고백할 수 있는가 하는 것이다. "내가 믿습니다. 그러므로 내가 선포합니다."[184]

1.3 쉬나이더(P.Schneider)

쉬나이더(Paul Schneider, 1897~1939)는 목회자로서는 나치에 의해 희생된 첫 번째 순교자로 기록되어 있다. 나치에 저항하다 순교한 개신교 목사로서 본회퍼가 먼저 거론되지만, 그보다 앞서 타협하지 않는

---

183 O.Dibelius, Der Galilaer siegt doch, (Berlin, 1935).

184 O.Dibelius, M.Niemoeller, Wir rufen Deutschland zu Gott, (Berlin, 1937), 101~102.

복음주의적 신앙으로 나치에게 온몸으로 저항하다 목숨을 바친 지도자로 쉬나이더를 빠뜨릴 수 없다. 그의 순교는 본회퍼에게 깊은 영향을 끼쳤다. 나치 시대 기독교 저항에 대표적인, 그러나 잘 알려지지 않은 쉬나이더 목사의 연대기를 살펴보고, 그가 복음과 교회, 성도를 지키기 위해 어떤 탄압을 감수했는지 따라가 본다.

쉬나이더 목사 연대기[185]

1897, 8월 29일. 지금의 팔츠 주 바트 크로이츠나흐에서 출생 (목사 가정)

1910, 헤센 주 호헬하임으로 이사

1915, 기센에서 전쟁 중 비상 졸업시험을 치르다

1915~1918, 자원입대하여 러시아, 프랑스 전투에 참여하다

1919~1922, 기센, 마르부르크, 튀빙겐에서 신학공부

1922, 도르트문트-회르데에서 일하다

1922~1923, 쇠스트 시 설교자 세미나에서 공부하다

1923~1924, 베를린 도시 선교회에서 사역하다

1925, 에센-알트쉬타트에서 부설교자로 사역하다

1926, 부친 사망으로 쉬나이더가 후임에 선출되다

1926, 에센 시 근교 로트하우젠에서 부설교자로 사역하다

---

185 Margarete Schneider, Paul Schneider. Der Prediger von Buchenwald, (Holzgerlingen, 2009), 16~17(번역).

1926, M. 디테리히(Margarete Dieterich)와 결혼하다.

1926, 9월 4일. 호헬하임과 도른홀즈하우젠에 목사로 첫 부임하다

1927~1937년 사이에 슬하에 여섯 명의 자녀를 두다

1933, 10월 8일. 나치 신문 기사에 관해 공식 성명을 발표하다(36세)

    쉬나이더 목사에 대한 나치의 첫 번째 고소사건이 발생하다

1934, 4월 25일. 디켄쉬트로 강제 전출당하다. 봄라트에서 목사직 수행

1934, 6월 12일. 히틀러 청소년 단원의 장례식 중 나치당원과 충돌하다

1934, 6월 13일~20일. 이 사건으로 첫 번째 투옥되다(짐머른)

1935, 3월 16일~19일. 두 번째로 투옥되다(키르히베르크)

1937, 5월 31일~7월 24일. 세 번째로 투옥되다. 비밀경찰에 의해 특별

    관리되다(코블렌츠)

1937, 7월 24일. 라인란트 주에서 추방당하다

1937, 7월 25일. 나치 금지령에도 불구하고 자신의 교회로 복귀하여

    예배를 인도하다

1937, 7월 7일~8월 28일. 바덴바덴에서 휴가 기간을 보내다

1937, 8월 28일~10월 1일. 동료 목사 휴가 기간 동안 에센바흐에서

    사역하다

1937, 10월 2일. 자신이 담임하던 교회 장로회의 요청으로 다시

    돌아오다

1937, 10월 3일. 디켄쉬트에서 추수감사예배를 인도하다

    봄라트로 저녁예배 인도하러 가는 길에 체포당하다

    (네 번째 투옥, 코블렌츠 경찰감옥)

1937, 11월 26~27일. 부헨발트 강제수용소로 이송되다.

    특별관리 2491번 죄수로 수감되다

1938, 4월 20일. 히틀러 생일 기념일에 나치 깃발에 대한 경례를 거부하

    다(모자를 벗지 않음). 이 사건으로 독방에 감금되다

1938, 8월 28일. 감옥에서 손으로 적은 설교문이 알려지다(첫 번째)

1939, 7월 18일. 쉬나이더 목사 사망이 확인되다(42세). 사인은 약물과
다로 밝혀짐

1939, 7월 21일. 디켄쉬트 공동묘지에 안장되다

위의 짧은 연대기에서 느낄 수 있듯이, 쉬나이더 목사 또한 동시대의 젊은이들처럼 1차 세계대전에 자원하여 참전했다. 국가가 위기에 처해 있는데 신앙인으로서 가만히 있을 수 없었다. 그에게 있어서 민족은 누구보다도 소중한 존재였다. 나치가 민족을 신화화하면서 복종을 강요했지만, 신앙을 가지고 있던 쉬나이더와 같은 기독교인들은 그것이 얼마나 비신앙적이며 위선적인 이데올로기에 불과한 것인지 알고 있었다. 전쟁의 참상을 몸으로 체험하면서 시대 상황을 신앙으로 바라보는 계기가 되었던 것이다.

1933년부터 쉬나이더는 본격적으로 나치의 감시를 받기 시작했다. 자신의 교구에서 나치의 정책에 항의 의사를 표명한 것이 '죄목'이었다. 나치는 청소년들을 히틀러 청소년단에 가입하도록 지시했다. 이에 대해 1933년 10월 8일 쉬나이더는 교회 광고판에 "복음주의적 입장에서 이 정책의 정신과 내용에 끝까지 반대할 수밖에 없다"는 의견을 제시했다.[186] 이에 나치는 교회 광고판을 강제로 철수하는 만행을 저질렀다.

이 사건은 시작에 불과했다. 그는 나치의 기독교 정책을 비판하

---

186 Rudolk Wentorf, Der Fall des Pfarrers Paul Schneider. Die biographische Dokumentation, (Neukirchen~Vluyn, 1989), 59.

고 전체주의적이며 반기독교적인 세계관에 정면 도전했다. 고백교회에 가입하면서 쉬나이더 목사의 반나치 활동은 더 활발해졌다. 1934년 나치는 쉬나이더를 요주의 인물로 분류하고 다른 교구로 전출시켰다. 그에게서 사역지를 박탈하고 봉급을 받을 수 없게 하여 생활을 압박하려는 전략을 취한 것이다. 이런 방법은 나치가 사용하던 전형적인 탄압 형태였다.

하지만 사명감이 투철한 쉬나이더를 꺾을 수는 없었다. 1935년 10월 17일 나치가 라인지역 교회 행정 부서에 내린 편지는 쉬나이더가 히틀러 인사(하일 히틀러!)를 교회나 학교에서 시행하고 있지 않다고 비판하면서, 이는 제국과 최고 지도자에 대한 반역적 행동으로 엄중히 다스리겠다고 경고하고 있다.[187] 이때는 이미 쉬나이더가 두 번이나 감옥을 다녀온 상태였다.

다음은 1937년 부활절 7주 전 주일(Estomihi)에 선포한 말씀이다. 고백교회의 목사로서 어떻게 신앙을 지키며 유혹의 시대를 견뎌야 하는가 하는 시급한 문제를 다루고 있다. 이 설교는 쉬나이더가 공식적으로 행한 마지막 설교로 전해진다. 나치에 의해 체포되었기 때문이다. 설교를 위한 성경 본문은 누가복음 18장 31~43절이었다.[188]

사랑하는 성도 여러분!
우리는 오늘 새로운 문, 거룩한 고난절로 향하는 문으로 들어갑니다. 사랑이 많으신 우리 주님, 구원의 주님은 우리를 맞기를 원하시며 이렇게

---

187 Ibid., 114~115.
188 M.Schneider, 231~237

말씀하십니다. "이제 예루살렘으로 올라가자." 주님은 우리가 부른 찬양의 내용을 진지하게 받아들일 것을 기대하십니다. "주님과 함께 올라가자, 그를 따르자." 주님이 우리를 고난의 길, 고통의 길, 거룩한 십자가의 길로 부르십니까? 주님이 그의 고난과 죽음에 대해 말씀하실 때 제자 중 많은 자들이 그를 따랐다는 말처럼 우리는 그런 이들에 속합니까? 십자가에 달리신 주님이 우리를 십자가 높은 곳까지, 고난의 깊은 곳까지 데리고 가고 싶어 하신다는 사실은 예수님을 사랑하는 자들에게는 명백합니다.

앞으로 맞이하는 고난절에 그분의 십자가를 향해 모일 수 있다는 것이 정말 큰 은혜입니다. 주님이 우리에게 그 길을 가르쳐주시고 우리에게 힘 주시고 그 길을 주님과 같이 갈 수 있게 하시는 게 우리에게는 위로요 확신입니다. 주님은 첫 번째 복음서에서 고난의 문에 들어서는 이들에게 영광과 위로가 되신다는 진리를 알려주십니다. 거기에는 엄청난 빛과 은혜가 있어서 우리가 고난의 문에서 고난을 지나 영광에 이르기까지, 십자가를 통과하여 면류관에 이르기까지 길잡이가 되어주십니다. 이 길은 믿음 안에서 알게 되고, 믿음 안에서 깨닫게 됩니다.

예수님께서 제자들에게 고난과 죽음을 통해 부활에 이르신다는 메시아의 길을 말씀하실 때, 그 길은 죽으신 후 부활에 이르기까지 치욕과 욕설,

강제수용소에 남겨진 쉬나이더 목사 증거자료.

침 뱉음, 이방인의 포로가 된다는 것이었는데, 제자들은 이를 이해하지 못했습니다. 그들은 그 의미를 생각지 않았고 금식하지도 않았습니다. 하나님께서 예수님을 통해 표식과 기적과 치유 안에서 계시하시는 바로 그 사랑의 인도자인 줄 몰랐습니다. 비록 주님이 성경의 약속대로, 예언자들이 사람의 아들에 관하여 증거한대로 이루어질 것을 가르쳐주셨지만 제자들은 이해하지 못했습니다.

그것은 그들의 이성에 배치되는 것으로 보였습니다. 어떻게 제자들이 그 진실을 깨달을 수 있겠습니까! 이방인들에게 내어주고, 가장 부끄러운 치욕거리로 죽임을 당했는데 어떻게 영광스런 결과를 얻을 수 있겠습니까! 제자들의 이성이 주님의 고난과 십자가를 이해할 수 없었기에 고난을 통해 영광에 이른다는 주님의 이 말씀과 이 길이 그런 말씀을 이해할 수 있는 믿음과 만나게 되는 것입니다. 주님의 길이 곧 제자들의 길이며 교회의 길입니다. 이것은 사도들이 그 뒤에 여러 번 강조하고 체험한 바입니다. 그리고 교회도 고난을 통해 영광으로, 십자가를 통해 면류관으로 갈 수 있습니다.

그래서 예수님은 산상수훈의 문 앞에 복의 약속을 세우신 것입니다. 다른 모든 복은 우리가 이것과 함께 받아들일 때 능력과 의미를 갖게 됩니다. "의를 인하여 핍박을 받는 자는 복이 있을지어다.", "나를 인하여 너희를…", "누구든지 나를 따르려거든 자기를 부인하고 내 십자가를 질 것이니라." 만약 우리가 그와 함께 고난을 받으며 그와 함께 죽는다면 그 모든 약속이 넘치게 될 것입니다. 곧 우리의 신앙은 세상을 이길 능력이 됩니다. 그리스도와 함께 살면 그와 함께 다스리고 승리하게 될 것입니다.

예수님 당시 주님의 말씀이 제자들에게 어려웠던 것처럼, 지금도 우리의 자연스런 감정과 이성에 어긋나 보입니다. 십자가와 십자가의 길에서 인간적 노력의 붕괴를 봅니다. 주님의 길을 가려는 믿음이 준비되어 있지 않으면 그 길의 마지막 종착역과 출구가 없음을 보게 됩니다. 그러므로 신

강제수용소 입구, "노동은 자유롭게 한다."는 구호가 새겨져있다.

앙인은 승리의 영광과 신적인 기적의 능력에 머물러 있어야 합니다.

요즘 사람들이 얼마나 미련하게 교회의 투쟁에 관해 묻는지 모릅니다. 이제 곧 교회 문제가 질서 잡히고 조용해질 것 같지 않습니까? 문제가 거의 해결되지 않았습니까? 그러나 나는 이 문제들이 우리로부터 해결될 것이라 믿습니다. 그것은 교회에 관해 생각하는 사람들의 의견입니다. 그들은 벌써 하나님이 우리 안에서 인도하시는 교회 투쟁의 미약한 시작과 고난에 대해 놀라고 있습니다. 그리고 그렇게 진행되는 게 불가능해 보인다고 생각합니다. 우리들이 이제 그만 고난의 길에서 나오게 될 것이라고 생각합니다. 교회를 대적하는 다른 사람들은 우리들의 일, 예수 그리스도의 일이 끝장났고 패배했다고 봅니다. 결국 몇 명 되지 않는 투쟁하는 목사가 남았을 뿐이라고 봅니다. 교회를 그냥 놔두면 스스로 종말을 고할 것이라고 봅니다.

그러나 교회의 동지들이나 대적들 모두가 사태를 잘못 보고 있습니다. 복음주의 교회가 죽어가는 것 같이 보이는 것이 사실은 주 예수님의 길이요, 십자가의 길이요, 생명의 길입니다. 러시아를 한번 살펴보시면 교훈을 얻을 수 있습니다. 그곳에서 모든 교회들이 파괴되었습니다. 목회자들은 실종되고 교회 건물은 몇 개 남지 않을 정도로 부서졌습니다.

하지만 지금도 거기에는 그리스도의 교회가 예전처럼 존재하고 있습니다. 어쩌면 우리 독일보다 더 강하게 있는지도 모릅니다. 거기에는 핍박받는 거룩한 십자가 밑에서 이집 저집 흩어져 모이며, 평신도 설교자에 의해 복음이 선포되고 있습니다. 그들은 처벌을 받으면 순순히 짐을 집니다.

그렇다면 우리 독일에서 교회의 길이 보다 큰 고난과 죽음, 겉으로 인내할 수 없어 보이는 탄압을 승리와 영광으로 이끌 수 없겠습니까? 여러분 속지 마십시오. 여러분이 예수님 때문에 거룩한 십자가를 지고 고난과 죽음의 길을 갈지라도 예수님의 영광과 승리에 참여하지 못할 수 있습니다. 그렇게 되려면 십자가의 능력과 승리를 받아들이는 믿음이 요구됩니다. 그런 믿음은 보이지 않는 조용한 능력입니다. 그 믿음이 결코 아무 것도 하지 못하는 것이 아닙니다. 오히려 심장에 다가가는 기도 속에서 일하고 있습니다.

눈먼 사람이 여리고로 내려가는 길에 예수님에 관해 들었습니다. 그는 예루살렘으로 가던 길이었습니다. 그는 예수를 믿었습니다. 그리고 그를 기다렸습니다. 예수님이 지나가실 때 그는 소리를 질렀습니다. 그가 하려는 말을 다른 사람이 억제할 수 없었습니다. 구원자는 바로 우리의 고난과 비참함을 위해 있는 것이 아닌가요? 그가 예수님 앞에 섰을 때 그는 믿음에 가득차서 간청했습니다. "주여, 내가 보기를 원합니다." 예수님은 그에게 확증해 주셨습니다. "네 믿음이 너를 구원하였느니라."

세상은 예수님과 제자들의 길을 보지 못합니다. 고난을 통해 영광에 이르는 길을 모릅니다. 우리도 자연적인 상태에서는 역시 보지 못합니다. 우리 눈이 가려져 있습니다. 그래서 고난의 길에 숨겨진 다가오는 영광을 보지 못합니다. 우리도 볼 수 없는 이들과 같습니다. 고난과 위협 속에서 힘 없이 패배감에 절어있고, 의심으로 가득 차 있으며, 십자가의 영광을 보지 못합니다. 예수님에 관해 전혀 몰랐던 이방인들과 같이 우리는 길거리의 걸인처럼 앉아서 예수님이 지나가기만을 기다리고 있습니다. 그렇게 우리는 과거의 기독교 안에 갇혀 있습니다. 십자가의 예수가 가지신 영광과 십자가 길의 영광에 관해 눈 멀어 있습니다. 예수님이 당하신 모욕보다는 기쁨과 환희를 더 선택하려고 합니다.

우리가 마음의 기도로 주님께 더 나아가고, 주님이 십자가의 영광을 위해 우리 믿음의 눈을 열어주시고, 이 신앙의 눈 때문에 더 기쁘고 만족하고 부유하게 되는 것보다 더 필요한 것이 무엇이겠습니까? 세상은 여러분들이 예수님께 가지 못하도록 막습니다. 세상은 여러분을 세상의 기쁨으로 유혹해서 여러분이 고난의 길로 향하는 의지력을 무너뜨립니다. 그것은 고난의 시간이 시작되기 전에 세상과 함께 우스꽝스럽게 만들어버리는 노예 같은 불신앙의 표현입니다. 그것은 결코 십자가의 길을 가는 제자들이 소유한 복음적이고 내적으로 성숙하며 진지하게 걸어가는 선택이 아닙니다.

제자들은 세상적 즐거움 속에서 위협당하지 않으려 합니다. "세상을 사랑하지 말라." 카니발이나 파싱(Fasching)의 오락은 복음적인 토양에서 나온 것이 아닙니다. 정말로 복음적인 교인들은 그런 것과 상관이 없습니다. 오히려 우리들은 조용한 묵상이나 준비된 마음, 주일의 예배를 통해 주님께 나아가며 십자가의 길이 주시는 영광에 관해 눈을 뜨도록 기도해야 합니다. 여러분은 주님과 함께 고난 받는 것을 기뻐하십시오. 앞으로 재림의 시간에 기쁨과 즐거움을 맛보게 될 것을 기뻐하십시오. 주님과 함께 십자가 앞으로 나아가 그의 치욕을 짊어지십시오. 그러면 주님은 길에 있던 앞 못 보던 이와 같이 우리를 만나주실 것이며 이렇게 말씀하실 겁니다. "보게 될지어다. 네 믿음이 너를 구원하였느니라!"

이렇게 하나님은 우리에게 십자가의 제자도 안에서 고난을 통해 영광에 이르도록 길을 허락하셨습니다. 그 길이 이 세상에서 가장 아름답고 훌륭

한 길이 아닐까요? 그 길은 세상의 구걸하는 삶이 아니라 모든 것을 가지신 하나님 아버지의 축복받은 부유한 자녀의 것이 아니겠습니까? 그 길은 상처 입히고, 파멸시키고, 독을 주는 세상의 기쁨으로 이끌지 않고 주님에게서 기쁨을 얻도록 하지 않겠습니까? 주님의 길을 알지 못하게 눈이 가려져 있었던 제자들은 그럼에도 주님을 따랐습니다. 그들의 길은 제자의 순종에서부터 나와 아름다운 성령 강림의 환희로 들어갑니다.

새롭게 빛을 선물 받은 걸인은 예수님의 영광을 바라보게 되었습니다. 그는 예수님을 좇았고 하나님께 영광을 돌렸습니다. "이를 본 사람들은 하나님께 영광을 돌리더라." 이와 달리 우리가 어떻게 고난의 문으로 들어가겠습니까! 우리가 하나님께 영광을 돌리는 것이 아니라면 어떻게 예수님과 함께 동행하겠습니까! 십자가에서 우리보다 앞서가신 주님은 우리를 강하게 하시고 죄악에서 보호하실 것입니다. 우리가 주님과 함께 목숨을 잃으면 주님은 영생에 이르기까지 우리 생명을 보호하실 것입니다. 여기 그리고 저기서 주님은 우리가 그 분의 영광을 보게 하실 것입니다. 왜냐하면 고난을 통해 영광에 이르며 십자가를 통해 면류관에 이르기 때문입니다. 주님의 말씀을 따라 이 진리를 믿어야 하겠습니다. 우리는 주의 약속을 따라 기도할 것이며 주님께 기쁨으로 감사할 것입니다.

1937년에 부헨발트 강제수용소로 이감되어서도 그는 목회 활동을 그치지 않았다. 쉬나이더는 기회가 있을 때마다 복음을 전하고 수감자들을 위로했다. 이런 행동 때문에 친위대로부터 가혹한 체형을 당했지만 수감자들은 그를 '부헨발트의 설교자'로 불렀다. 그러나 1939년에 들어서면서 그의 건강이 악화되기 시작했다. 열악한 수용소 시설, 더구나 요주의 인물로 독방에 갇혀있는 그에게는 의료 혜택이 제대로 주어지지 않았다. 그의 다리가 크게 부어오를 정도로 혈액순환도 좋지 않았다.

쉬나이더가 수용소에 있을 때 가족을 위시하여 수많은 교회 지도자들과 담당 교회 성도들이 정부에 탄원했다. 특히 교회 성도들은 연서로 쉬나이더는 반국가적이지 않으며 오히려 독일 민족의 회복을 위해 애쓰는 목회자이며, 디켄쉬트 교회에 없어서는 안 될 목사라면서 귀가시켜 달라고 호소했다. 그러나 그들은 아무런 답도 얻지 못했다. 그 이유는 두 가지로 압축할 수 있다. 하나는 정치적으로 이 문제를 풀 수 있는 교회 고위 관계자들이 나치 당원이거나 나치와 상당히 깊은 관계를 맺고 있어서 비협조적이었다는 데 있다. 제국교회청의 지시를 받는 주정부 교회청은 친나치 관료들로 구성되어 있었다. 다른 하나는 쉬나이더 목사가 반나치 행동을 반성하는 전향 각서에 사인을 하지 않았기 때문이다. 그는 끝까지 나치의 타협 제안을 받아들이지 않았다.

결국 쉬나이더는 1939년 7월 18일 수용소에서 숨을 거두었다. 사인은 약물 중독이었다. 수용소의 의료 기록에는 담당의사가 그에게 스트로판틴 주사를 놓아주었다고만 되어 있었다. 그 약은 치사량이 두 병이었다. 당시 쓰레기통에 버려진 주사약이 다섯 병이었으니 분명 과다투여로 죽음에 이르게 했다고 증인들은 말한다.[189] 나치가 수십만에 이르는 사람들을 안락사 시키고 생체 실험을 한 것으로 보아 쉬나이더의 경우는 잔인한 독살이었음이 확실하다.

나치는 그의 죽음에 대하여 조금도 예의와 책임을 표시하지 않았

---

189 M.Schneider, 383~386.

다. 나치에 의해 '국가의 적'으로 분류되어 있었기 때문이다. 가족과 교회에 사망 사실을 알리면서 빨리 조치하지 않으면 화장시켜 버리겠다고 통보한 것이 다였다. 쉬나이더의 가족과 교인, 동료들이 나치에 의해 희생된 첫 번째 목사 순교자 쉬나이더를 그가 목회하던 디켄쉬트시 묘지에 안장했다. 그의 장례식에는 6백 명에서 천 명에 이르는 고백교회와 가톨릭교회 성도들, 저항 동지들이 참석하여 순교자의 가는 길을 전송했다. 독일 전역에서 찾아온 참석자들 중 50여 명의 목사는 정복 차림을 했다. 이는 장례에 대한 예의이기도 했지만, 다른 한편으로는 고백교회의 신앙과 동지애를 표출함으로써 나치에 항거한다는 의미도 담겨 있었다.

나치는 장례식이 반나치 운동의 도화선이 되지 않을까 감시했을 뿐 아니라, 그 후에도 쉬나이더의 가정과 고백교회 동료들에 대한 정탐을 쉬지 않았다. 그들은 설교나 공적인 모임에서 쉬나이더 목사의 순교에 관해 언급하지 않도록 금지문을 배포했다. 고백교회는 쉬나이더 재단을 결성하여 쉬나이더 목사의 아내와 여섯 명의 자녀들이 생활할 수 있도록 지원을 마련했다. 나치는 가장을 잃고 타도시로 이사한 가정을 계속 감시하도록 공문을 보내었다.[190] 쉬나이더 목사의 순교는 나치에 의해 점령당한 독일교회의 신앙 전통을 지키고 복음의 순수성을 유지하는 밑거름이 되었다.

---

190 Ibid., 418~426.

2

| 프로테스탄트 저항과 순교 2 : 신학계 |

2.1 바르트(K. Barth)

바르트(Karl Barth, 1886~1968)는 개혁주의 신학자로 스위스의 베른, 독일의 베를린, 튀빙겐, 마부르크 등지에서 신학을 공부했다. 신학 공부를 마치고 목사가 된 그는 1909~1911년 스위스 제네바, 1911~1921년 자펜빌에서 목회사역을 했다. 그리고 1925년 뮌스터 대학의 신학교수로 시작하여 1930년 본 대학에 자리를 잡게 되었다. 그는 1933~34년 나치 정권과 제국기독교인운동이 펼치는 기독교 정책에 저항하여 고백교회를 결성하고, 바르멘 신학선언을 작성하는데 지대한 영향을 주었다. 바르트는 1935년 히틀러에 대하여 충성을 맹세하라는 명령을 따르지 않았다. 그는 고백교회를 인도하는 지도자 중 하나가 되었고, 전통 신학을 고수하며 나치 사상에 저항하는 신학자로 활동했다. 이런 이유로 본 대학에서 해임되고 독일에서 추방당하여 조국 스위스로 돌아갔다.191

1933년 바르트는 「오늘의 신학적 실존」이라는 글을 발표한다.192 바르트는 신학교수요, 교계 지도자로서 여러 곳에서 시대 상황에 대한 발언을 해달라는 요청을 받았다. 그에게는 이런 요청이 한편으로는

---

191 RGG, Bd.1, 1138.
192 Karl Barth, Die theologische Existenz, (Muenchen, 1933).

추궁처럼 받아들여졌고, 다른 한편으로는 소명이자 거부할 수 없는 책임감으로 느껴졌다.

「오늘의 신학적 실존」에서 바르트는 나치가 정권을 잡으면서 실행한 히틀러 우상화, 사회 기관의 강제 합병 정책이 교계까지 밀어닥쳐 교회를 나치 권력에 굴복시키려는 정책을 문제 삼으면서 신학적, 교회사적으로 비판을 전개하고 있다. 또한 같은 기독교인이면서도 다른 사상에 미혹된 제국기독교인들이 펼치는 주장에 대하여 성경에 기초한 신학 입장을 공표한다. 이 글은 고백교회의

칼 바르트 교수의 시대비판적 저술 『오늘의 신학적 실존』 표지.

신학적, 정신적 기초가 되었으며, 교회의 타협, 무기력, 침묵을 깨우는 선지자적 역할을 했다.

이 글에서 바르트는 먼저 신학적 실존의 중요성을 논한다. 이 실존은 교회 안에 존재하고, 교회로부터 나온다고 이론을 전개한다. 교회 안에 존재하는 신학적 실존은 바로 하나님의 말씀에 기원한다고 보는 바르트는 하나님의 말씀이 모든 교회의 설교, 질서, 정치, 개혁의 근본이라고 주장한다. 그렇지 않은 것은 단순히 정치 내지는 교회정치일 뿐이라는 것이다.

…우리의 신학적 실존은 교회 안에 있는 우리들의 실존으로서 소명 받은 설교자와 교회의 지도자를 의미한다. 사람들은 교회 안에서 하나님의 말씀을 선포하고 듣는 것보다 이 세상에서 더 시급한 일은 없다는 데 의

견을 같이 한다…. 이러한 우리들의 신학적 실존은 하나님의 말씀과의 연결성을 의미하는데, 하나님의 말씀을 섬겨야 하는 우리들의 특별한 소명이 오늘날 사라질 위기에 놓여있다. 왜냐하면 그것은 오늘날 모든 가능한 모습으로 등장하고 나타나는 이 시대의 유혹, 아주 강력한 유혹이기 때문이다.193

그가 가장 본질적인 논리를 전개하면서 하나님의 말씀을 중심에 놓는 이유는 당시 진행 중인 또 다른 기독교 운동 때문이었다. 바르트는 쵤르너(Zoellner), 호센펠더(Hossenfelder)를 거론하면서 제국기독교인운동이 하나님의 말씀을 도외시하고 인간적이며 정치적인 활동을 개혁이란 말로 호도하고 있다고 지적했다.

나아가 독일 교계 안에 주교직을 새로 만든 것은 비성경적이라고 진단한다. 비록 영국이나 스칸디나비아에 존재하고, 독일에서는 가톨릭에 주교라는 직책이 있지만, 개신교에 이런 제도를 도입할 필요는 없다고 보았다. 그는 나치가 단순히 기술적으로 교계를 감독, 감시하려는 의도 때문에 설치하는 주교직에 강하게 반대하고 있다. 또한 이 주교직은 히틀러가 주장하는 국가 최고 지도자에 대한 충성 의식과 깊은 연관이 있다고 보았다. 사회 조직에서 충성을 강요하는 나치의 전제적 권력 구조를 교회에 도입하는 것은 개혁이 아니라고 주장했다. 결국 신학적 실존의 관점에서 보자면 이 주교직 도입은 우상 숭배의 또 다른 형태였다. 바르트는 교회에 필요한 이는 영적인 지도자이지 정치적으로 세워지는 관리가 아니라고 또렷이 밝혔다. 교계의 지도자

---

193 Ibid., 4~5.

는 예수 그리스도 안에서 하나님의 말씀을 깊게 소유한 이어야 했다.

신학적 실존이 존재하지 않는 곳에서는, 더구나 그에게 소명으로 부여된 헌신의 자리에서 지도자가 되지 않는다면, 지도자를 따르며 외치는 모든 소리는 바알 숭배자들이 부르짖는 기도처럼 헛될 뿐이다. 마치 "바알이여, 우리의 기도를 들어주소서!"라고 하듯.194

그는 제국기독교와 타협하지 않는 길을 걸어간다. 그들이 주장하는 교회 개혁은 나치 국가를 시민의 차원에서, 정치의 차원에서만 인정하는 것이 아니라 신앙의 차원에서도 인정하는 것이었다. 제국기독교인들은 기존 교회가 그들과 하나가 되어야 한다면서 연합을 주장하는 것은 속임수라고 지적한다. 그들의 주장에 따르면 "복음은 제3제국의 복음이 되어야 하고, 교회는 제국기독교인의 교회, 즉 아리안족의 교회가 되어 물질만능주의, 볼쉐비즘, 비기독교 평화주의와 싸워야 한다"는 것이다.195

내가 이런 주장에 대해 할 수 있는 말은 간단하다. 나는 단호하고 조건 없이 이 논리의 정신과 글자 하나하나에 "아니오!"라고 답한다. 나는 이런 주장이 어느 교회에서도 자리 잡을 권한이 없다고 본다. 만약 이 논리가 제국기독교인들이 주장하듯 지배하게 된다면 우리 교회는 종말을 고하게 될지도 모른다. 만약 그들이 그 논리로 평화를 가져올 수 있다면 우리 교회는 아주 작은 집으로 변모하게 될 것이고 카타콤베로 들어갈지도 모르

---

194 Ibid., 21.
195 Ibid., 22~23.

겠다. 이 논리를 주장하는 사람들은 미혹자이거나 미혹당한 이라고 볼 수밖에 없다. 또한 제국기독교인들의 교회를 로마 교황이 주장하는 것 같은 종류로 생각할 수밖에 없다.[196]

바르트는 자신이 시대적 상황에 대해 거부할 수밖에 없는 이유를 다음과 같이 기록했다.[197]

1. 독일 민족이 교회로 돌아가는 길을 발견했다는 것으로 교회가 모든 것을 다 해야 하는 것은 아니다. 교회는 교회 안에 하나님의 자유롭고 순전한 말씀의 계명과 약속을 발견하기 때문에 그래야 하는 것이다.

2. 독일 민족은 성경에 따라 선포해야 하는 하나님의 말씀을 통해서 그리스도로부터, 그리스도를 향하여 소명을 받는다. 이를 선포하는 일이 교회의 과제이다. 독일 민족을 그리스도로부터, 그리스도를 향한 여러 가지 상이한 소명으로 이끌고 성취하는 것이 교회의 과제가 아니다.

3. 교회는 결코 사람과 독일 민족을 섬겨야 하는 것이 아니다. 독일교회는 독일인으로서 믿는 자를 위한 교회이다. 독일교회는 오로지 하나님의 말씀만을 섬긴다. 하나님의 말씀을 통해 사람과 독일 민족이 섬김을 받는 경우라도 그것이 하나님의 뜻이고 역사일 때만 가능하다.

4. 교회는 민족 안에 있는 공적인 법질서를 대표하고 유지하는 기관으로서 국가의 신적 위임을 신봉하지 않는다. 교회는 어떤 특정한, 즉 독일 민족의, 국가사회주의의 국가 체제를 신봉하지 않는다. 교회는 세계의 모든 나라에서 복음을 전한다. 교회는 제3제국에서도 복음을

---

196 Ibid., 23.
197 Ibid., 24~25.

전하지만 제3제국이라는 국가의 정신과 체제에 복종하지 않는다.

5. 교회의 신앙 고백이 보완되어야 한다면 성경을 따라 되어야 한다. 어떤 경우에도 특정한 시대의 위상과 부정의 차원을 따라서, 정치적이거나 다른 어떤 것에 의해서도, 국가사회주의 세계관에 따라서 그렇게 되어서는 안 된다. 신앙 고백은 우리에게나 다른 어떤 이들에게 무기를 제공해서는 안 된다.

6. 교회에 속한 공동체는 혈통과 인종이 아니라 성령과 세례에 의해 구별된다. 독일교회가 유대인 기독교인을 제외시키거나 소위 제2계층으로 취급하는 일은 기독교회임을 스스로 포기하는 일이다.

7. 독일교회 안에 제국주교직이 반드시 있어야 한다면 모든 교계의 직책은 정치적 기준과 방법이 아니라, 교계의 직책을 맡은 대리자들을 통해 이루어져야 한다.

8. 목회자의 교육과 안내에 관한 것은 '생활과 지역성에 맞춘다'는 기준이 아니라 성경의 기준에 따라 하나님의 말씀을 충실히 수행할 수 있도록 하는 규칙에 따라야 한다.

바르트는 제국기독교인운동뿐 아니라, 청년개혁주의운동에 대해서도 우려를 표명했다. 이 운동이 간접적으로 제국기독교인운동을 인정하고, 정치적으로 활용될 위험이 있다는 것이다. 비록 청년개혁주의운동이 제국기독교인운동에 대하여 제동을 걸고, 아리안법에 반대하기는 했지만 바르트의 시각에서는 시국에 타협하는 면이 많다고 보았다. 바르트는 시대의 위기에서 교회가 하나님의 말씀을 중심으로 다시 태어나야 한다고 주장했다. 그는 제국기독교인운동을 영적 강간, 사탄의 작품, 이단 등의 용어를 써가며 강하게 비판하면서 영적인 저항본부가 세워져야 한다고 주장했다. 그는 교회사에 격언처럼 인용되는 말들을 남겼다.

> 기도하라 그리고 일하라!
> 하나님의 도움만이 실제로 단 하나의 도움이며, 이는 곧 실제로 교회 정
> 치적인 도움이다.
> 교회가 교회인 곳에서 교회는 이미 구원을 받은 것이다.
> 성령은 세상적인 운동을 필요로 하지 않는다.
> 사람들이 말하는 운동은 분명히 사탄이 만들어낸 것이다.198

그는 교회와 신학이 겨울잠을 자서는 안 된다고 역설했다. 전제주
의 국가 안에서 독일 민족은 하나님의 말씀을 먹고 생존해야 한다면
서 교회와 신학이 이 섬김을 통해 민족을 살려야 한다고 주장했다.

2.2 틸리히(P. Tillich)

틸리히(Paul Tillich, 1886~1965/시카고)는 목사의 집안에서 태어나 일찍
신학과 철학을 공부하기로 결심했다. 그는 베를린, 튀빙겐, 할레 등지
에서 신학을 공부하고 베를린에서 목회를 하던 중 1차 세계대전을 맞
는다. 1914~1918년 서부전선에 투입되어 군목으로 활동하였고, 1916
년 할레 대학에서 대학교수 자격 논문 심사를 성공리에 마치고 조직
신학자로서의 길을 걸었다. 1924년 마르부르크 대학에서 조직신학 교
수, 1925~1929년 드레스덴 공대에서 종교학 교수, 1929~1933년 프랑

---

198 Ibid., 36~37.

크푸르트 대학에서 철학·사회학교수를 역임하면서 종교사회주의 단체에 가입하고, 유대인 학생들을 위해 적극적인 활동을 벌였다. 그러다가 1933년 나치에 의해 강제 해임을 당한다.[199] 독일인으로서 공직에서 강제 해임을 당한 사례는 틸리히 교수가 초기 그룹에 속한다.

틸리히는 나치의 발흥에 혐오를 느껴 1933년 미국으로 망명의 길을 떠난다. R. 니버(Reinhold Niebuhr) 교수의 주선으로 뉴욕 유니온 신학대학에서 강의를 맡는 것을 시작으로 미국에 유럽의 신학 전통을 이식하는 역할을 한다. 시카고 대학에서 강의하던 중 미국의 학계가 부여하는 가장 권위 있는 상을 받았으며 미국 최고 석학의 자리에 이름을 올리는 영광을 얻기도 했다. 그의 망명은 미국 학계를 고양시켰고, 개인적으로는 '철학적 신학'을 정립하는 열매를 거두게 되었다.

틸리히가 나치와 갈등을 빚은 것은 기독교 관점에서 본 사회주의 해석 때문이었다. 종교적 사회주의(Religioeser Sozialismus)를 주장한 그의 신학은 유대적-예언적 전통을 사회주의 안에서 발견하려고 했다. 그는 '계급투쟁과 종교적 사회주의'라는 글에서 이렇게 설명하면서 사회주의는 새로운 존재양식을 기다리는 단계라고 주장했다.[200]

종교적 사회주의는 사회주의를 종교적으로 이해하려는 노력이다. 그런 기반으로부터 사회주의를 이루어가며, 사회적 현실에 종교적 원리를 적용하고, 그 속에서 사회주의의 모습을 찾아가는 것이다…. 종교적 사회주의는 종교와 사회주의가 하나로 통합되는 현실을 의미하며 그렇게 함으로

---

199 RGG, Bd.8, 410.
200 Ibid..

써 하나의 새롭고도 구체적인 형태가 이루어지길 기대하는 것이다.201

2.3 본회퍼(D. Bonhoeffer)

본회퍼(1906~1945)는 나치 시대를 온몸으로 저항한 목사요, 신학자요, 신앙인으로 기록된다. 수많은 기독교인들이 걸어간 고난의 길을 본회퍼 역시 묵묵히 걸어갔다. 그는 나치에 의해 수감될 위협을 받는 가운데 외국의 동료들이 만류하였지만 1939년 6월, 조국 독일로 돌아갔다. 고향에 그가 섬겨야할 양떼가 있다는 것이 이유였다. 그는 얼마든지 망명할 수 있는 기회가 있었고, 국내에서도 나치의 위협에서 떨어져 살 수도 있었지만 그런 길을 택하지 않았다. 오히려 더 위험한 길을 담대하게 걸어가다 순교하게 되었다.

본회퍼 목사는 1906년 전통적 루터 신앙의 고장 브레슬라우에서 태어났다. 그의 집안은 부유했고 교수였던 부친의 영향을 받아 일찍 신학 공부에 뛰어들었다. 튀빙겐, 베를린에서 공부했고 21세가 되던 해인 1927년 박사학위를 받았다. 그리고 3년 뒤 베를린 대학에서 그의 대학교수 자격 논문이 통과되었다. 1928~1929년 스페인 바르셀로나에 있는 독일인 교회에서 목회 활동을 하고, 1930~1931년 뉴욕 유

---

201 Paul Tillich, Religioese Verwirklichung, (Berlin: Furche Verlag, 1930), 190~191.

니온 신학교에서 신학 교류와 연구를 했다. 1933~1935년 런던에 있는 독일인 교회에서 사역하다 귀국하여 고백교회 활동에 동참했다. 본회퍼는 나치의 강제 폐쇄로 신학생들이 제대로 공부할 수 없게 되자 설교자세미나 과정을 개설하여 목회자 양성에 힘을 기울이게 되는데, 나치는 이를 불법이라 하여 거듭 폐쇄했다. 하지만 그는 다른 지역에서 설교자 양성 과정을 개설하는 열의를 보였다.[202]

본회퍼는 이때부터 본격적으로 나치 저항 운동에 참여하게 된다. 그의 매형인 도나니(Hans von Dohnanyi)는 국방부 소속 관리로 근무하고 있었는데 군부 저항단체에서 맹활약 중이었다. 이들은 히틀러 암살까지 계획하는 등 구체적인 작전을 짰다. 본회퍼는 처음에는 목사가 암살 작전에 참여하는 것은 비윤리적이라며 고사하였으나 도나니가 나치의 참상을 알려주자 히틀러 제거에 참여하기로 결심했다.

본회퍼가 맡은 임무는 외국 교계 지도자들에게 독일 저항단체의 존재를 알리고 나치 하에서도 독일의 정통성이 훼손되지 않았음을 확인하는 것과 협력을 다짐받는 것이었다. 나아가 전쟁이 끝난 후 독일 내 저항단체들이 연합군과 당당히 대화할 수 있도록 준비하는 작업이었다. 그러나 이 작전은 사전에 발각되고 만다. 1943년 4월 5일 본회퍼와 그의 동지들이 체포되었고, 2년 동안 수감되어 있으면서 결국 국가반역죄로 사형을 언도받았다. 그는 플로센뷔르크 강제수용소에 이감되어 있던 중 전쟁의 패배를 인식한 나치에 의해 급작스럽게 순교하게 되었다.[203] 그 때가 전쟁이 거의 끝나가던 1945년 4월 9일이었다.

---

202 RGG, Bd.1, 1683~1684.
203 Ibid..

강제수용소에 갇혀있는 동안 본회퍼는 다양한 글쓰기를 시도하였다. 독서 외에도 글쓰기는 그에게 말로 설명할 수 없는 자유를 느끼게 해주었다. 수많은 편지와 글을 통하여 가족, 지인들과 소식을 나누었으며, 시와 수필 같은 자유로운 형태로 깊은 고뇌와 내면의 세계를 표출했으며, 신학적 사유를 통하여 시대에 대한 책임과 해결책을 제시하기도 하였다.

다음은 본회퍼 목사가 1943년 4월 25일 부활주일을 맞아 부모님께 쓴 편지이다.[204]

사랑하는 어머니, 아버지께

오늘은 제가 두 분께 편지를 쓸 수 있게 된 지 10일째 되는 날입니다. 제가 여기서 은혜로운 부활절을 축하하게 된 것을 두 분이 아셨으면 하고 바라고 바랍니다. 오늘은 성금요일로부터 해방된 날입니다. 부활절은 개인적인 한계를 넘어서 모든 생명과 고통, 사건의 최종적인 의미로 향하는 생각을 갖게 하며, 사람들로 하여금 위대한 소망을 갖게 합니다. 어제부터 여기 수용소는 완연한 고요가 흐르고 있습니다. "즐거운 부활절을!"이라고 서로 외쳐 부르는 것을 들을 수 있습니다. 여기에서 참담한 일을 해야 하는 사람들에서 소망이 완성되는 것을 보게 됩니다.

지금 저는 두 분에게 저에게 보내주신 모든 것에 대해 감사하지 않을 수 없습니다. 이렇게 누가 말한다면, 그게 무엇을 뜻하는지 두 분은 상상도 하지 못할 것입니다. "당신의 어머니, 당신의 누이, 당신의 형제가 저기에 있었고, 이제 당신을 위해 무엇인가 희생했다." 두 분이 항상 내 곁에

---

204 D.Bonhoeffer, Widerstand und Ergebung. Briefe und Aufzeichnungen aus der Haft, Guetersloh 1983, 27-28.

있었고 나를 위해 생각하고 있었다는 사실, 그것은 손에 잡힐듯한 사인이었고, 곁에 있다는 사실이었습니다. - 내가 언제나 알고 있었지만 - 내가 그 생각을 하루 종일 할 수 있다는 것이 얼마나 행복한 일인지요. 이 모든 것을 인하여 정말 정말 감사드립니다!

앞으로도 잘 지내게 될 것 같습니다. 건강은 좋습니다. 매일 한 시간 반 정도 밖으로 산책할 수 있고 혹 담배라도 한 모금 피게 되면 종종 짧은 순간이지만 제가 어디에 있는지 잊곤한답니다! 저는 아마도 학대는 받지 않을 것같구요, 신문이나 소설도 제법 읽고 있지만 무엇보다도 성경을 많이 읽고 있습니다. 신학적 사유를 위해서 제대로 집중할 수는 없지만 이번 고난주간에 - 두 분이 짐작하시겠지만 - 예수 그리스도의 고난 관련 부분과 대제사장적 간구205를 깊이 있게 공부하였습니다. 또한 제 자신을 위하여 바울의 윤리적 가르침에 관한 부분을 해석할 수 있었습니다. 저에게 아주 중요한 작업이었지요. 저는 정말이지 항상 감사할 수밖에 없습니다.

여기서는 시간이 빠르게 지나간다는 사실이 희안하게 느껴집니다. 제가 여기에 있은지 벌써 3주가 된다는 것도 믿을 수 없을 정도입니다. 잠자리는 저녁 8시에 듭니다. 저녁 밥은 오후 4시에 있구요. 저는 꿈을 꿀 수 있기에 즐겨 잠을 청합니다. 잠을 잔다는 것이 얼마나 행복한 일인지 전에는 알지 못했습니다. 저는 매일 꿈을 꿉니다. 그 꿈들은 항상 아름답습니다. 잠에 빠져들 때까지 하루동안 공부한 성경 구절을 떠올립니다. 아침 6시에 저는 기쁘게 일어납니다. 왜냐하면 시편과 찬송을 부를 수 있고, 두 분을 생각할 수 있고, 두 분이 불효하는 저를 생각한다는 사실 때문이지요. - 이 편지를 쓰는 동안 하루가 지고 있습니다. 제 안에서 두 분이 평화롭게 보이시는 것처럼 저도 두 분 안에서 그렇게 보이길 기대합니다. 정말 좋은 구절들을 읽고, 정말 아름다운 것을 생각하고 희망할 수 있기에 그런 것같습니다…

---

205 요한복음 17장으로 '대제사장적 기도'라고 명명하기도 한다.

본회퍼 목사가 사형당한 플로센뷔르크 강제수용소 정문.

　다음은 옥중에서 쓴 본회퍼의 시로서 후배 신앙인들에게 각별한 사랑을 받고 있는 글이다.[206]

　나는 누구인가?

　나는 누구인가?
　그들은 종종 내게 이렇게 말한다.
　내가 마치 출옥한 것처럼
　여유 있고, 기분 좋고 든든해 보인다고
　자신의 성채에 앉아있는 성주처럼

　나는 누구인가?
　그들은 종종 내게 이렇게 말한다.
　내가 간수들과 담소 나누는 것처럼
　자유롭고 평화롭고 밝아보인다고

---

206 Ibid., 179.

내가 그렇게 요구하기나 한 듯이

나는 누구인가?
그들은 내게 역시 이렇게 말한다.
불행의 시간들을 다보내고
웃는 얼굴로, 평온하고 당당해 보인다고
마치 승리를 얻은 이처럼

다른 사람들이 나에 대해 말하는 나는 정녕 누구인가?
아니면 내가 나 스스로에 대해 아는 정도의 그런 사람일 뿐인가?
마치 새장에 갇힌 새처럼 불안하고, 그리움에 사무치고, 병약한,
누군가 내 목을 짓눌러 생명의 호흡을 요구하는,
자연의 색깔과 꽃들, 새들의 울부짖음에 갈망하는,
위로의 말과 인간의 따스함에 목말라하는,
오만한 권력, 아주 작은 폭력에 분노하며 떠는,
거대한 무언가를 기다림에 사무치는,
끝없는 지평선 너머 친구를 기다리는 무기력한 허무,
기도하기에도 피곤하고 공허하며, 생각하고 잠자는 데도 그러한
허약하게 이 땅을 하직하기에 준비된 자처럼?

나는 누구인가? 이런 사람인가, 저런 사람인가?
오늘은 이런 사람, 내일은 저런 사람인가?
아니면 두 사람 모두인가? 사람들 앞에서 위선자,
내 자신 앞에서는 고통에 아파하는 경멸당해도 싼 비겁자?
아니면 내 안에 있는 것은 아직도
주어진 승리를 비켜간 무질서 속에 팽개쳐진 무리인가?

나는 누구인가? 이 외로운 의문이 나에게 경멸의 침을 뱉는다.
하지만 내가 누구이든지간에, 당신은 나를 알고 있습니다.
오, 하나님, 나는 당신의 것입니다!

본회퍼는 신학 중에서도 기독교윤리를 전공한 듯 보인다. 윤리학을 정립하는 많은 글을 남겼기 때문이다. 하지만 그가 학위논문으로 쓴 글은 「성도의 교제」였고 부제는 「교회사회학에 대한 교의학적 연구」였다. 그렇다면 본회퍼로 하여금 윤리학자인 듯 보이게 하는 이유는 무엇일까? 절대적으로 사회적 환경에 의해서였다. 총체적으로 혼란한 시기에 신앙은 무엇을 해야하는가. 그것이 본회퍼로 하여금 행동의 신앙, 즉 윤리적인 면을 강조하게 된 요인이었다.

아랫글은 그의 시대적 책임의식이 극명하게 반영된 저술이다. 나치시대에 불어닥친 양심과 책임의 몰락을 지적하는 가운데 시대를 붙들고 고뇌하지 않을 수 없는 한 신학자의 몸부림이 느껴진다. 본회퍼가 목사로서, 신앙인으로서 얼마나 독일의 영적 현실을 애통해 했는지 가늠하게 한다.[207]

누가 중심을 잡을 것인가?

이 당당한 악의 행진은 모든 윤리적 개념을 산산조각 내버렸다. 악은 빛의 모습으로, 선의 모습으로, 역사적 필연성의 모습으로, 사회적 정의의 모습으로 등장하였다. 이 사실은 전통적 윤리개념의 세계 속에 있는 자들을 혼란시키기에 충분하다. 더구나 성경말씀으로 살아가는 크리스천들에

---

207 Ibid., 10-12.

게 이것은 지옥에나 있을법한 악의 폭행이 실재하고 있다는 것을 증명하고 있다.

이것은 현실을 아무리 의도적으로 무심하게 대하더라도 원형에서 이탈한 서까래를 이성으로 다시 꿰맞출 수 있다고 믿는 이성적인 것을 거부하게 하는 현상이다. 정상적이지 못한 시력을 가지고 그들은 모든 방면에서 역주행을 하고 있으며, 서로 상충하는 권력을 통해 살을 찢어내고 있다. 그렇게 하므로 아주 작은 것도 제대로 세우지 못하고 있는 것이다. 세계의 비이성적인 상황에 실망하여 그들은 스스로 성과없는 상태에 떨어져 있으며, 그들은 포기하여 주변으로 밀려나 있거나 강한 자들에게 타협하고 있다.

모든 윤리적 열광주의가 몰락하고 있는 게 당혹스럽다. 열광주의자들은 윤리적 원리의 순수성을 가지고 악의 권력과 맞설 수 있다고 믿었다. 그러나 그는 한 마리 투우처럼 붉은 천을 들이받고 이제는 피곤하여 쓰러져있다. 그는 스스로 비본질적인 것에 함몰되어서 세상의 똑똑한 이들에게로 사로잡혀갔다.

양심의 사람들은 결정권을 휘두르고, 강제상황을 조작하는 거대한 권력에 외롭게 맞서고 있다. 그러나 그가 선택할 수 있는 갈등의 범위는 그들을 갈갈이 찢어놓고 있다. 그것은 어떤 것으로도 설명되지 않고, 스스로의 양심에 의해 인정될 뿐이다. 악은 수많은 형태의 유혹적인 옷으로 갈아입고 그들에게 다가가면서 사람들의 양심을 윽박지르고 불안하게 만든다. 그리하여 선한 양심대신 타협하는 양심에 익숙하게 만든다. 또한 스스로 의심하지 않도록 자신의 양심을 속이게 만든다. 왜냐하면 악한 양심은 속은 양심보다 치유할 수 있고 더 강하기 때문이다. 양심이 자아의 중심에 있는 사람은 이 사실을 전혀 눈치채지 못한다.

사람이 할 수 있는 확실한 의무는 이런 결정이 내려지는 혼란된 상황으로부터 끌어내는 것이다. 여기서 명령은 가장 확실한 것으로 여겨진다. 명령에 대한 책임을 지는 것은 명령자이지 명령을 받은 사람이 아니다. 의무

범위를 한정함에 있어서 악이 중심에 서 있다거나 극복될 수 있다고 믿으므로 자기 자신에게 책임을 돌리는 행위는 결코 일어나지 않는다. 의무감을 느끼는 사람은 사탄에 마주서서 자신의 의무를 성취해야만 한다.

세상에서 자신에게 주어진 자유 안에서 자기 자신이기를 원하는 사람, 자기 양심과 부르짖음이 때묻지 않는 상태보다 필연적 행동을 높게 사는 사람, 이타적인 원리를 이기적인 타협에 희생하려 하거나 중립적인 이타적인 지혜를 이기적인 욕망의 행동에 희생하려는 사람은 자신의 자유가 몰락되지 않게 할 수 있다. 그는 악한 상황을 막기 위하여 악한 상황으로 돌진하려한다. 그는 자신이 제거해야할 악한 상황이 보다 나은 상황일 수 있다는 사실을 알지 못할 수 있다.(왜냐하면 악한 상황을 놔두면 한층 더 악한 상황이 발생할 수 있기 때문이라는 의미이다 - 필자 주). 여기에 비극의 본질이 숨어있다.

이 주제에 대해 공개적으로 논쟁하기를 회피하는 자는 누구든지 개인적인 관용의 성소로 도피하는 격이 된다. 그는 그를 둘러싸고 있는 불공정에 눈과 입을 막아야 한다. 그는 자신을 속이는 대가를 치루게 된다. 하지만 그는 책임있는 행동을 통하여 더러움에서 깨끗하게 할 수 있다. 그가 행하는 모든 것에서 그는 자신이 방기하였던 것에 의해 스스로 평안에 이르지 못한다. 그는 이러한 불안감 속에서 몰락하거나 아니면 바리새적 위선에 떨어지게 될 것이다.

누가 중심을 잡을 것인가? 자신의 이성, 원리, 양심, 자유, 덕목이 최종 기준이 되는 자가 아니라, 모든 것을 희생할 준비가 되어있는 자가 바로 그 사람이다. 그는 믿음과 하나님을 향한 모든 관계 안에서 순종과 책임의 행동으로 부르심을 받은 자이다. 그런 사람이야말로 자신의 생명이 하나님의 질문과 부르심에 대한 응답이라고 믿는 사람이다. 이런 책임있는 사람은 과연 누구인가?

결핍되어 보이는 시민의 용기를 한탄하는 그 마음 배후에 숨어있는 것은 과연 무엇일까? 최근 몇 년 동안 우리는 용감한 행동이나 희생을 보여왔다. 그럼에도 진정한 시민의 용기는 우리 자신에게서 조차 발견하지 못했다. 만약 그 원인을 개인적인 성격의 비겁함으로 생각한다면 너무 순진한 심리학적 결론이라 하겠다. 그 원인의 배경은 정말 다른데 있다.

우리 독일인들은 오랜 역사에서 순종의 필연성과 능력에 관해 훈련해야만 했었다. 우리에게 부여된 과제에 직면하여 우리 자신들의 바람과 생각을 우선시하지 않는 것이 독일적 삶에서의 위대한 가치와 의미라고 여겨왔다. 우리의 시각은 하늘을 향하지 결코 노예의 공포에 휩싸여있지 않다. 우리는 자유로운 신뢰 안에서 직업의식을 가지고 있으며, 그 직업에서 또한 소명을 갖고 있다.

이것이 바로 자신의 생각을 따르기보다 하늘의 명령을 따라야 한다는 충성심이 스며나오는 자기 자신의 마음인데, 그 요구를 거부하는 불신의 한 부분이 된 것이다. 이 상태는 관습으로 굳어져왔다. 어느 누가 독일인들에게 순종, 과업, 직업에 있어서 용감성과 실천에 최선을 다했냐고 논쟁을 벌일 것인가? 독일인들은 그들의 자유를 잘 보전하여 왔다 - 세계 어느 나라가 루터에서 관념주의에 이르기까지 자유에 관하여 더 진지하게 고민해왔다고 말할 수 있을까? - 그들은 전체를 위한 희생에서 자신의 해방을 맛본다고 주장했다. 직업과 자유는 독일인에게 동전의 양면과 같게 여겨졌다.

하지만 그런 사고방식 때문에 세계를 오해하는 위험에 처하게 되었다. 복종심, 과업을 위한 희생심은 악을 위해 악용될 수 있다는 사실을 예견하지 못한 것이다. 이 일이 발생했을 때는 직장활동을 행한다는 일도 의문

시되었다.(이 말은 열심히 일할수록 악한 권력을 위해 희생하는 일이 된다는 고뇌를 담고 있다 - 필자 주). 독일인들의 윤리적 기본 개념은 혼란에 떨어질 수밖에 없었다. 여기에서 독일인들에게 중요한 기본 개념이 결핍되어 있다는 사실을 인정해야만 한다. 직업과 과업에 대항하는 자유로우며 책임있는 행위도 필요불가결하다는 점이다. 그 자리에 한쪽에서는 책임감 없는 방만이 등장할 수 있고, 다른 한쪽에서는 어떤 유익한 행위도 만들지 못하는 자학적인 방만이 나타날 수도 있다. 시민의 용기는 자유인의 자유로운 책임의식으로부터 자라난다. 독일인들은 오늘에서야 처음으로 자유로운 책임의식이 무엇인지 발견하기 시작했다. 책임의식은 책임있는 행동을 불러오는 자유로운 신앙의 용기와 죄인이 된 이들에게 용서와 위로를 약속하시는 하나님으로부터 기인한다.

2.4 틸리케(H. Thielicke)

틸리케(Helmut Thielicke, 1908~1986)는 고백교회 회원들이 바르멘 선언을 하였던 바로 그 도시에서 태어났다. 그는 공부를 위해 여러 도시를 방문했다. 그라이프스발트, 마르부르크, 에어랑겐, 본 등에서 수학하고 1931년 철학박사 논문, 1934년 신학박사 논문으로 두 개의 학위를 취득했고, 1936년에는 에어랑겐 대학에서 조직신학으로 교수 자격 논문을 통과했다.

고백교회와 깊은 연관을 맺고 있던 그는 나치와 갈등을 겪었다. 당시 제국 내 모든 대학과 많은 학과들이 친나치 교수로 교체되어가고 있었다. 결국 1939년 틸리케는 교수직에서 해임되어 강의를 할 수 없게 되었다. 1941년부터 그는 라벤스부르크에서 목회를 하였고, 1942

년 뷔르템베르크 주 교회협의회 신학 분과의 책임을 맡았다.[209]

　1935년 틸리케는 27세의 젊은 나이에『그리스도 혹은 적그리스도?』라는 작은 책자를 발간했다.[210] 내용은 틸리케 목사가 1935년 2월 부퍼탈-바르멘에 있는 게마르커 교회에서 강연한 내용이었다. 그는 헌사에서 '독일 신앙을 갖고 있는 동지에게' 책을 바친다고 쓰고 있다. 익명의 동지는 틸리케와 어느 훈련에 나가서 기쁨과 고난을 함께 했던 친구였으며, 많은 대화를 나눴지만 둘 사이의 간격은 더 깊어졌다고 술회했다. 그는 독일 신앙에 빠져있는 동료에게 인간적, 신앙적으로 깊은 연민을 느끼며 이 책을 통해 진정한 복음으로 돌아오길 기대한다고 밝혔다. 그런 의미에서 이 책은 잘못된 신앙관에 빠져있는 동시대 교인들에게 보내는 기독교 변론서요, 변질된 세계관을 주장하는 이들에 대한 비판서요, 그리스도를 왜곡하고 있는 현대 사상과 사이비 신학에 대한 공격서요, 그들의 신앙 회복을 촉구하는 애정 어린 공개 서신이라 하겠다.

　나치가 정권을 잡고 한창 그 권력을 자랑하던 1930년대 중반 한 시대의 시민이며 젊은 신학자인 틸리케가 바라본 영적 기상도는 어떠했을까? 그는 왜『그리스도 혹은 적그리스도?』라는 극단적인 제목을 선택했을까? 그 이유는 무엇이었을까?

　틸리케는 이 저서에 '우리 시대의 신화와 교회의 선포'라는 부제를 붙였다. 나치가 세상을 지배하는 현실, 제국기독교가 득세하여 기독교

---

209 RGG, Bd.8, 363~364.
210 Helmut Thielicke, Christus oder Antichristus? Der Mythus unseres Jahrhunderts und die Verkuendigung der Kirche, (Wuppertal~Barmen, 1935).

와 신앙을 왜곡하는 상황 속에서 그는 이 모든 시대적 현상이 인간의 신화에서 기인한 것으로 보고 있다. 자연 상태에서의 인간은 스스로를 구원할 능력이 없는 데도 불구하고 하나님의 역할을 행하려한 결과였다. 인간이 하나님의 역할을 할 수 있다고 믿는 행위는 스스로 선악을 판단하며 모든 결정을 자신에게 귀결시키려는 충동에 있다. 이 젊은 신앙인은 자기의 시대를 진단하기 위해 로마서 1장 17~23절을 주해하면서 시대를 관찰하고 있다.

자연 상태의 인간은 하나님을 떠나 있으며 자신이 하나님의 형상인 줄 알지 못하고 내적 충동과 동경에 의해 움직인다.[211] 그는 피조 세계를 바라볼 때 창조주이신 하나님을 영화롭게 하며 감사해야 하는데 그렇지 못하다(롬 1: 21)고 판단한다. 그렇다면 인간은 하나님과 피조물 사이에서 중립을 지키고 있는가? 그렇지 못하다. 인간은 경배의 대상이신 하나님을 경배하지 않고 오히려 피조물에게 절하고, 피조물 안에서 자신의 모습을 찾으려고 애쓴다. 그 결과는 피조물의 우상화로 나타났다(롬 1: 23). 이 현상은 역사 안에서 외적 모습은 바뀌었지만 본질은 똑같았다. 예를 들면 계몽주의 시대에 이성을 신격화한 것이라든지, 19세기의 공산주의가 유물론을 신성화한 것이 그런 사례에 속했다.[212] 더 충격적인 표현은 바로 피조물의 우상화가 자신의 시대에 인종과 민족을 우상화한 나치 권력과 연관된다는 것이었다. 이런 표현은 심각한 민족 반역, 국가 범죄로 분류되어 당시 누구도 감히 공공연히 발언하지 못했던 내용이었다.

---

211 Ibid., 9.
212 Ibid., 11.

그렇습니다. 피조물의 우상화는 계속 진행되고 있습니다. 그것은 신이 되어 마르크스주의에서와 같이 유사하게 인종의 이데올로기적인 상부 구조에 속하게 됩니다. 그것은 그 인종(게르만)의 표현이며 형상이 되어 마지막 결정권과 절대적 권위를 소유하고자 합니다. 이것이야말로 우상화의 정점이며 모든 가치의 전도(顚倒) 현상입니다. 신은 더 이상 인류의 창조자가 아닙니다. 인류가 신을 창조합니다. 인류가 자신의 형상을 따라 신을 창조하게 됩니다. 이 점진적 과정은 종교는 인류로부터 나온다는 이론을 강조합니다.[213]

인간은 하나님의 형상이지만, 그 사실을 깨닫지 못하는 인간은 스스로 한계를 뛰어넘으려고 안간힘을 쓴다. 피조물의 우상화에 굴복한 인간, 그래서 인간의 노력은 자신의 진정한 모습을 찾기보다는 그릇된 방향으로 나아가게 된다. 인간은 그리스 신화에 나오는 프로메테우스의 모습에서 자신을 찾거나 아니면 니체가 문화 회생의 한 모델로 추켜세운 디오니소스에게서 자신을 찾거나, 그도 아니면 괴테의 파우스트와 같은 모습에서 자신을 찾으려고 방랑하게 된다. 결국 하나님을 떠나 방황하는 인간은 악령적 인격으로 변질된다.[214]

틸리케는 여기서 제국기독교인운동을 거론한다. 하우어, 베르크만 등이 주장하는 이론이 얼마나 무서운 영적 파괴를 가져오는지 밝히고 있다. 그들의 이론에 의하면 신을 찾기 위해 신을 떠난 인간이 진정한 신앙인이라는 것이다. 그들은 신을 떠난 상태에서 만나게 되는 운명,

213 Ibid., 11~12. 여기에서 언급된 '가치의 전도'현상이란 니체의 용어로서 그는 자신의 철학이 '모든 가치의 전도(Umwertung aller Werte)'에 있다고 주장했다. 기존의 가치를 뒤집고 새로운 가치를 창출해야 한다는 니체 사상의 근간을 가리킨다.

214 Ibid., 11~15.

혹은 비극에 맞서기 위해서 담대하고 용맹스럽지 않을 수 없다. 베르크만은 이런 인간이야말로 '신적 계시의 최고점'에 도달해 있으며, '영원하고 무한한 신적 생명의 표현 방식'이라고 주장한다.[215]

하지만 인간은 어느새 자신이 신이라고 생각하고 스스로 우상의 자리에 올라앉게 된다. 이 주장에서 보다 더 위험한 요소는 바로 악(惡)의 상대화이다. 스스로 우상의 자리에 올라간 인간이 자신의 행동을 정당화하려는 방법을 찾는다는 것이다. 틸리케는 독일 정신사의 한 맥락을 짚으며 악을 상대화하려 했던 오류를 지적한다. 예를 들면 관념주의, 고전주의, 니체 철학, 그리고 독일신앙운동파들이 그들이었다.[216]

쉴러는 죄로 인한 타락이야말로 인간에게 행복을 가져다 준 사건이라고 해석했다. 왜냐하면 인간은 타락 후 선과 악을 판단할 수 있는 자유를 가졌기 때문이고, 악 때문에 강함과 약함의 경계가 드러나기 때문이라는 것이다. 즉 악에 대항하여 선으로 싸우는 경우 약한 인간은 악에게 패배하여 몰락하지만, 강한 인간은 그 투쟁을 통해 더 강해진다는 것이다. 악은 강한 것은 더욱 강하게 하고, 약한 것은 사라지게 만드는 기능을 하기에 악은 선과 같이 중요하다는 것이다. 니체의 생각도 유사했다. "독약은 약한 것은 사라지게 하지만 강한 것은 더욱 강하게 만든다." 이들의 사상 속에 악은 신적인 변화 과정에서 나타나는 거룩한 현상이다.[217]

---

215 Ibid., 14~15.
216 Ibid., 16~17.
217 Ibid.,

틸리케는 바로 이런 왜곡된 사상들이 나치와 독일신앙운동파, 제국 기독교인운동 등에 도사리고 있다고 분석했다. 이것은 구체적으로 '로 젠베르크에서 하우어에 이르는' 나치 이데올로기 속에 숨어있는 적그 리스도라고 지적한다. 독일 신화에 나오는 투쟁의 신 로키, 『파우스 트』의 악령 메피스토펠레스는 나치가 추구하는 영웅적 인간, 우등 인 간의 모형이기도 했다. 신을 떠나 스스로 신이 된 인간은 자신의 모든 행동을 정당화하려 했다. 틸리케는 나치의 만행이 악을 상대화하고, 정당화하고, 우상화하고, 인격화하려는 이런 사상에 있다고 지적한다. 성경적 관점에서 보자면 나치 제국 안에는 적그리스도의 영이 활개치 고 있는 것이다.

여기에 우리 시대의 깊고 깊은 전선이 놓여 있다. 여기에서 현대판 적그 리스도의 목소리를 들을 수 있다. 여기서 우리는 그들의 심장의 밀실을 볼 수 있다. 여기에서부터 원죄, 죄와 은혜, 인격적이신 하나님에 대한 신앙에 저항하는 전투 구호가 울린다.[218]

그러나 이런 적그리스도 현상이 활개치는 데는 기독교 외부에만 원 인이 있는 것이 아니다. 틸리케는 기독교 안에서도 적그리스도 현상이 일어나게 동조한 요인이 있다고 비판한다. 단적으로 표현하자면 기독 교가 그리스도를 부인한 결과라는 것이다.[219] 이 부분은 본회퍼가 지 적한 '기독교의 값싼 은혜'와 의미가 유사하다. 기독교가 복음의 진리

---

218 Ibid., 22.
219 Ibid., 28.

를 다방식 대화 수준으로, 안락한 문화 장식으로 만들어버릴 때 이런 현상이 일어났다고 보았다. 틸리케는 이렇게 쓰고 있다. "오늘날 그리스도를 못 박는 그 못들은 우리 작업실에서 만들어진 것이다."[220]

더 구체적으로 이 현상을 파악하자면 기독교 도덕주의, 톨스토이식 기독교 휴머니즘, 자유주의 신학, 친나치의 실용적 기독교 등이 여기에 합세한 것이다. 틸리케는 이런 경향들이 교회의 담장을 격리의 장벽이 되게 했다고 지적한다.[221] 그는 나치의 사상뿐 아니라 독일신앙운동파, 제국기독교인운동 속에 들어있는 적그리스도 현상을 성경에 비추어 논리적으로 분석, 비판하면서 "하나님의 진노"(롬 1: 18)가 임한 시대에 바른 신앙으로 회복되길 촉구한다.

2.5 골비처(H. Gollwitzer)

골비처(Helmut Gollwitzer, 1908~1993)는 뮌헨, 에어랑겐, 예나, 본 등에서 신학을 공부하고 1937년 스위스 바젤에서 신학박사 학위를 받았다. 그의 목회 경력은 니묄러와 깊은 연관을 맺고 있다. 니묄러 목사가 나치에 의해 사역을 못하게 되자 베를린 달렘에 있는 교회를 맡으면서 고백교회운동을 지속적으로 이끌었다. 1940년에 펴낸 그의 작은 설교집 머리말에 "달렘의 기도하는 교회에 바칩니다"는 헌사가 기록되

---

220 Ibid., 29.
221 Ibid., 31.

어 있다.222

이 설교집은 골비처 목사가 나치로부터 고난 받는 교회를 위해 선포한 말씀으로 당시 상황에서 교인들이 어떻게 하나님의 말씀으로 고난을 이기고 시대를 극복할 수 있었는지 엿보게 한다. 본문은 누가복음, 요한

베를린 달렘 교회 공동묘지에 안장된 골비처 부부 묘비.

복음, 고린도전서, 이사야서에서 채택하고 있다.(누가복음 6장 27~35절, 7장 36~50절, 10장 23~37절, 11장 1~4절, 11장 5~13절, 22장 61~62, 요한복음 16장 5~15절, 고린도전서 1장 21~31, 이사야 9장 1~6절)

골비처의 설교는 당시 나치의 검열을 피하기 위해 알레고리적 방법을 사용, 수사학적으로 깊은 의미망을 구성하고 있다. 알레고리는 나치의 검열을 피하면서 진실을 그려내는 힘이 있었다. 비유적 언어 안에 설교 텍스트와 시대 상황의 컨텍스트가 그물처럼 대비되어 있는 것이다. 당시 설교의 배경과 영적 분위기를 이해하기 위해 골비처 목사의 이사야서 설교를 요약하여 다시 한 번 들어본다.223

---

222 Helmut Gollwitzer, "Wir duerfen hoeren⋯." Predigten, (Muenchen, 1940). 베를린 달렘에 있는 이 교회에 니뮐러와 골비처 목사가 목회한 흔적이 남아 있다. 당시 목사관은 현재 니뮐러 목사 기념관과 기독교평화운동회관으로 사용되고 있으며, 교회 공동묘지에 골비처 목사 부부가 안장되어 있다.
223 Ibid., 3~12. 설교 인용문 중 밑줄은 설교 본문과 당시 상황 비유를 대조하기 위해 필자가 첨부한 것임.

이사야 9장 1~6절

(설교는 먼저 본문을 읽은 후 9장 6절로 시작한다.) "이는 한 아기가 우리에게 났고." '이는'과 '우리'라는 단어에 주의해야 합니다. 우리는 누구입니까? 이 아이는 어떤 아이입니까? 아리안족입니까 아니면 유대인 아이입니까? 만약 그 아이가 아리안족의 아이가 되어야 한다면 그는 스스로 기뻐해야 할 것입니다. 그러나 이 아이는 다른 민족의 아이였습니다. 모든 민족이 이 아이로 인해 기뻐하게 되었습니다.

이 아이로 인해 우리 삶에 빛이 보내졌습니다. 이사야 9장은 민족의 상황에 대해 말해주고 있습니다. 어둠 가운데 있는 백성이 빛을 보게 될 것입니다. 우리가 어둠 속에 있는 동안 우리가 정말로 어둠에 있는 것인지 확인하기 위해 다투게 될 것입니다. 중요한 것은 우리가 그 아이의 구유로 다가가는 순간 우리에게 빛이 비춘다는 것입니다. 어떻게 여러분은 웃을 수 있습니까? 어떻게 여러분은 기뻐할 수 있습니까? 어떻게 여러분은 잔치를 벌이고 선물을 주며 노래 부를 수 있습니까?

미래를 위한 믿음의 확신은 어디서 옵니까? 1939년의 미래는 또 어떻습니까? 어떻게 하나님은 '무겁게 멘 멍에와 그 어깨의 채찍과 그 압제자의 막대기를 꺾으'신다고 말씀하실 수 있습니까? 바로 한 아이가 우리에게 나신 바 되었기 때문입니다.

우리에게 압제자들은 많습니다. 그러나 본문을 보면 '그 어깨에 정사를'이라고 되어 있습니다. 우리는 세상의 권세가 아니라 구원자의 권세 아래 있습니다. 질병이나 죽음이나 사탄이라도 그분의 권세 아래 있습니다. 성탄절의 복음은 이사야 시대나 베들레헴에서나 지금 우리 상황과 다르지 않습니다. 우리도 아기에게 달려가 경배해야 합니다. 그분은 우리의 구원자이십니다.

우리는 엄청난 당혹감 속에 살고 있습니다. 우리는 아이에게서 현실을 이겨낼 방안을 찾고자 합니다. 아이는 말합니다. "너희들의 압제자는 너희들의 힘이 필요하다. 너희들에게서 힘을 빨아먹는다. 그래서 그가 강해질수록 너희들은 약해진다. 하지만 나는 너희들의 힘이 필요하지 않다. 너희들의 신은 강한 데서 강하지만 나의 하나님은 약한 데서 강하시다. 그것을 너희들이 이제 보게 될 것이다."

아이는 계속해서 말합니다. "너희들이 찾는 영웅은 어떤 모습인가? 나는 모욕당하고 채찍에 맞으며 십자가에 달렸다. 모든 죄악과 그 쓰라림이 나에게 던져졌다." 우리는 묻습니다. "당신의 방안은 무엇입니까?" 아이는 말합니다. "하나님의 빛이 어둠 가운데서 비추었다. 너희들을 파멸시키는 증오와 악행은 구원으로 바뀌었다. 그것은 놀라우신 하나님의 기적이다. 나의 죽음은 부활로 이끈다."

우리는 아기에게 무릎을 꿇고 말합니다. "우리 주변은 너무 어둡습니다. 왜 모든 날이 성탄절이지 않을까요? 왜 모든 날이 빛이 아닐까요? 왜 불안과 어둠이 항상 있는 것일까요?"

아이는 말합니다. "겁내지 말고 가라! 내가 있는 곳에 평화가 있다. 나는 평강의 왕이다."

우리는 그래서 이렇게 찬송을 부릅니다.

우리는 너희의 횡포를 두려워하지 않네
너희 힘은 무너졌네
그 아이가 대적을 파하셨네
이제 의혹은 사라졌네

3
| 그 외 신앙 지도자들 |

위에 언급한 인물 외에도 지역 교회협의회에서 고백교회를 이끈 인물들이 있다. 이들 역시 루터 전통에 뿌리를 두고 있지만 튀링겐 지역의 경우와 달리 나치에 저항했다. 이들은 대부분 전후에 독일교회를 재건하는데 중요한 역할을 담당했다. 루터교인으로 독일 신앙 전통을 유지하는데 큰 기여를 한 지도자들로 알려져 있다. 그들이 나치 시대와 관련하여 어떠한 사상과 활동을 폈는지 대표적인 사례를 알아본다.

뷔르템베르크 주 교회 대표를 지낸 부름(Theophil Wurm, 1868~1953) 주교는 나치가 정권을 잡을 즈음 이미 고령이었다. 부름 주교는 전통적 보수 성향을 갖고 있어서 민족주의, 반유대주의에 어느 정도 물들어 있었다. 그는 초기에 나치와 제국기독교인운동에 호감을 보였다. 하지만 곧 나치의 교회 정책에 반기를 들었다. 그는 제국기독교인이 추구하는 국가교회적 체제에 반기를 들고 뷔르템베르크 주 교회의 독립을 주장하기도 했다. 부름 주교는 나치 이데올로기에 반대하여 고백교회를 위한 선언문을 작성하여 배포하였고, 특히 유대인 적대 정책과 안락사 문제에 더욱 강경한 자세로 저항했다.[224]

---

224 RGG, Bd.8, 1739~1740.

아스무쎈(Hans C. Asmussen, 1898~1968) 목사는 당대 청년들처럼 1차 세계대전에 참전하였고, 1932년 북부 독일 알토나 시에서 목회를 시작했다. 나치와 갈등을 겪던 그는 1934년 나치로부터 목사직에서 해임되었다. 고백교회가 추구하는 신앙을 신학적으로 정립하는데 기여한 그는 1934년 제국교회협의회 회원으로 활동하였고, 1935년 베를린에 교회 직영 신학교를 고백교회 회원들과 세우면서 교장으로 취임했다. 1936년부터 1938년까지 나치로부터 설교 금지령을 받았고 여러 번 투옥되는 어려움을 겪었다.

하지만 그는 고백교회가 너무 정치화 되어 간다는 입장을 유지한데다 개인적으로 가톨릭에 기우는 성향 때문에 스스로 고립된 활동을 하게 되었다.225

마이저(Hans Meiser, 1881~1956) 주교는 바이에른에서 활동하며 고백교회를 이끌었다. 그는 1920년 뮌헨에서 목회를 시작하여 1922년 뉘른베르크에 세워진 설교자 세미나 책임을 맡았고, 1928년에는 다시 뮌헨에서 주정부 교회청장을 맡았다. 나치 시대에 마이저 목사는 바이에른 주 교회협의회 주교를 맡으면서 제국기독교가 추진하는 교회 정책에 반대하는 저항운동 벌였다. 그는 독일 남부 지방에서 결성된 고백교회의 루터파 그룹을 이끌었다.226 1934년 10월 11일 행해진 설교에서 그는 이렇게 말했다.

---

225 RGG, Bd.1, 843.
226 RGG, Bd.5, 996.

양심에 가해지는 폭력을 피해가려 한다면 우리 복음주의 교회는 더 이상 존재하지 않게 될 것입니다. 루터는 말했습니다. "기독교에 있어서 폭력이나 강요는 안 됩니다. 양심의 문제가 외적인 강요나 규범에 얽매이게 된다면 신앙과 기독교 본질은 타락하게 될 것입니다." 지금 우리 복음주의 교회는 위기에 처해 있습니다. 우리에게 부과된 책임은 어느 때보다 큽니다. 그래서 나는 이 어려운 시대에 여러분들에게 영혼을 위한 책임의 무게를 강조하고자 합니다."227

릴리에(Hans Lilje, 1899~1977) 목사는 다양한 경력의 소유자다. 교회 정책가, 교회 정치가, 루터 연구가, 집필가, 교계 신문 편집인, 방송 설교자 등으로 여러 분야에서 활약했다. 그는 1927년 독일기독대학생협회 총무를 맡으면서 독일 기독교와 세계 기독교를 연결하는 역할을 몸에 익히게 되었다. 루터의 역사관으로 1932년 박사학위를 받고 난 뒤 릴리에는 고백교회 활동에 참여하며 저항운동에 가담했다. 그 결과 1944~1945년 게슈타포에게 체포되어 구금되기도 했다.228

1933년 릴리에는 『독일적 운명 속의 그리스도』라는 작은 책자를 저술했다. 그는 여기에서 독일의 역사는 신을 찾는 투쟁의 역사(Der deutsche Kampf um Gott)라고 규정하면서 이렇게 글을 맺고 있다.229

다시 말하자면 우리는 그리스도와 만나게 됨으로써 민족이 되었다. 그런 이유로 우리는 기독교 민족이 되었다. 우리가 느끼거나 느끼지 못하거

---

227 Fritz & Gertrude Meiser(ed), Hans Meiser, Kirche, Kampf und Christusglaube: Anfechtungen und Antworten eines Lutheraners, (Muenchen: Claudius Verlag, 1982), 69.
228 RGG, Bd.4, 374.
229 Hanns Lilje, Christus im deutschen Schicksal, (Berlin: Furche Verlag, 1933), 51.

나, 신앙인이거나 비신앙인이거나, 이는 확실한 사실이다. 우리는 역사의 주인께 무가치해지지 않기를 기도해야 한다.

고백교회를 이끌어갔던 그룹 중에서 제3인자로 불리는 인물이 이반트(Hans J. Iwand, 1899~1965)이다. 1917~1922년 브레슬라우와 할레 대학에서 신학을 공부했다. 그의 중심 주제는 루터 신학이었다. 특히 이반트가 속한 학문 분야는 루터 르네상스를 일으킨 홀(K. Holl) 교수의 영향권 아래 있어서 루터 전문가로서 신학을 깊이 있게 준비할 수 있었다.

나치 치하에서 기독교 저항을 독려하던 그는 1933년 4월 다음과 같은 편지를 스승에게 보냈다. "지금 등장하고 있는 이 위험들을 저는 몇 년 전부터 감지하고 있었습니다. 하나님께서 저희가 패배하지 않도록 도와주시기를 바랍니다."[230] 그러나 그의 우려는 현실로 다가왔다. 그해 성탄절 즈음에 이런 글을 보내지 않을 수 없었다. "지난 6개월 동안 교회 안에 일어난 모든 이단적 요소들은 이미 십수년 전부터 비밀리에 교회와 교인들 안에 뿌려졌던 것이다…. 그것은 구약 성경에 대한 투쟁이며 기독교를 게르만화 하고, 예수를 영웅으로 우상시 하고, 아리안법으로 시온주의와 유대주의를 민족에서 제거하려는, 예수의 지체에서 교회를 분리하려는 것이다. 이것이야말로 질병 증세라 아니할 수 없다."[231]

---

230 Hartmut Ludwig, Kritik und Erbschaft der Bekennenden Kirche. H.J.Iwands Verarbeitung des Kirchenkampfes, Juergen Seim & Martin Stoehr(hg), Beitraege zur Theologie Hans Joachim Iwands, (Fft/M, 1988), 97.

231 Ibid., 98.

제국기독교인들이 주장하는 이론들이 모두 과거 신학과 종교학에서 거론되어오던 것을 현실화하려는 것임을 간파한 이반트는 나치에 대한 투쟁은 다름 아닌 신학적 투쟁이요 신앙 전쟁이라는 것을 알아차렸다. 성경과 종교개혁적 전통에 뿌리내린 신학이 나치화된 사이비기독교에 대항할 최상의 무기라는 판단에서였다. 그를 목회 사역보다 신학자로 성장하게 한 것은 바로 이러한 깨달음 때문이었다.

이반트의 역할이 중요했던 것은 신학적 정립 외에도 고백교회가 내적인 분열 위기에 싸여있을 때였다. 고백교회는 나치의 방해공작과 교회 정책에 의하여 동서로 분열될 위기를 맞았다. 베를린을 중심으로 한 고백교회는 루터파가 주류를 이루었고, 바르멘을 중심으로 한 고백교회는 개혁주의파가 많았다. 이반트는 루터 신학자로서 바르멘 신학 성명을 받아들여야 한다고 주장하여 베를린-달렘 고백교회를 설득하려했다. 그는 고백교회야말로 이 시대의 예수 그리스도의 교회라고 주장하면서, 학파적 신학 논쟁으로 핵심을 놓치지 않아야 한다고 설득했다.232

그의 수고로 인해 고백교회 회원들은 1938년 3월 에센에서 '바르멘 신학 선언의 의미에 관한 심의'로 모일 수 있었다. 비록 루터파 교회들이 바르멘 신학 선언에 기초한 독일교회연합회에 가입하지 않음으로써 끝내 고백교회 단일화를 이루지 못했지만, 이반트의 노력은 나치의 탄압 가운데 교회를 연합시켰다는 중요한 의미를 갖는다.

---

232 Ibid., 101.

XI. 가톨릭의 양심과 저항

1
| 바티칸의 대응 |

1.1 바티칸과 나치

나치는 독일 가톨릭교회에 대해 비판적 자세를 가졌다. 그 이유는 첫째, 가톨릭교회가 나치가 추구하는 독일 연합에 협조하지 않는다는 것이었다. 둘째는 정권의 이념보다 바티칸을 더 신뢰한다는 것이었다. 히틀러 자신도 정치인으로서 가톨릭교회를 염두에 두지 않을 수 없었으나 그 자신이 가톨릭교회를 두려워하고 있었다. 가톨릭 교인들은 독일 전역에서 다양한 활동을 하고 있었다. 가장 두드러진 것이 가톨릭 정당이었다. 중앙당(Zentrum)으로 불리는 정당과 바이에른 주의 민족당(Volkspartei)은 가톨릭 교인들이 주축이었다. 또한 가톨릭교회는 전국에 교구를 갖고 있었고, 이를 중

심으로 사제와 평신도의 견고한 신뢰관계가 형성되어 있었다. 나치는 이들을 해체하고 신앙 체계를 붕괴하여 나치 이데올로기를 이식하려 했다.

가톨릭의 사제들은 신앙적으로 확고해서 개신교처럼 제국기독교, 고백교회로 분산되지 않았다. 가톨릭 교인들은 특히 교회와 사제를 신뢰하여 사상적으로 쉽게 동화되지 않았고, 가톨릭교회에 소속된 청소년들도 나치의 전략대로 움직일 수 없었다.

가톨릭교회가 나치에 비협조적이라는 사실은 선거에서 그대로 드러났다. 1933년 3월 5일에 시행된 제국 국회의원 선거에서 나치는 평균 43.9퍼센트의 지지를 얻었다. 하지만 가톨릭이 우세한 지역에서는 30퍼센트 내외였다. 제국기독교인들이 많이 분포된 지역에서 60퍼센트 이상 지지를 얻은 것과는 상반된 결과였다. 히틀러는 지지율을 높이는데 가톨릭이 방해 세력이라고 분석했다.

가톨릭 사제들이 나치에 대해 어떠한 태도를 갖고 있었는지는 1932년 8월 독일 중부 도시 풀다에서 열린 주교회의의 내용을 보면 알 수 있다.[233] 여기에 모인 주교단이 나치당에 대하여 공식 태도를 천명했다.[234]

(가톨릭교회의) 모든 신부들에게 나치당의 가입을 허락하지 아니한다. 이유는 다음과 같다.

---

233 풀다(Fulda)는 독일 선교사 보니파치우스(Bonofatius)가 세운 베네딕트 수도원이 있는 곳으로 최초의 독일 선교지이다. 주교회의는 이 도시에서 1920년부터 개최되었다.
234 Klaus Gotto & Konrad Repgen(hg), Kirche, Katholiken und NS, (Mainz, 1980), 126.

1. 그 내용을 다르게 해석하지 않는 한, 나치당의 이론은 사이비 주장을 포함하고 있기 때문이다.
2. 이 당의 수많은 지도자들과 저술가들이 주장하는 바가 반신앙적인 성격을 갖고 있기 때문이다. 즉, 가톨릭교회의 기본적인 교리와 요구에 적대적 입장을 표명하고 있으며, 이 주장들이 당 고위급 지도자에게서 전혀 거부감이나 이론(異論)에 부딪치지 않기 때문이다. 나아가 기독교 학교나 기독교 가정 등에서 제기하는 문제에 대해서도 마찬가지이다.
3. 이것이 가톨릭 사제단과 공적 생활에서 교회의 가르침을 위해 투쟁하는 가톨릭 교사들의 의견이다. 이 정당은 독일 안에서 일당 독재를 요구하고, 가톨릭교회에 어두운 전망을 가져오고 있다.
4. 이 정당의 목표가 정당 안에서 언급되고 있는 것처럼 경제적 관심과 세계 정치 영역에서의 목표를 지원하려 한다면 이는 용서받을 수 없다. 왜냐하면 사람들이 원하던 원하지 않던 정당의 지원 정책이 전체 목표를 포함하고 있기 때문이다. 또한 이 정당의 공약은 결코 이루어질 수 없다….

히틀러는 가톨릭을 회유하지 않으면 정권 쟁취에 지장이 있다고 보았다. 그는 가톨릭교회와 어떤 조약을 맺어서라도 나치당의 지지율을 끌어올리려 혈안이 되어 있었다. 1933년 7월 20일 히틀러는 여러 주교들의 경고에도 불구하고 바티칸과 제국협약(Reichskonkordat)을 체결하는데 성공한다. 히틀러는 나치 정당이 가톨릭교회를 보호, 지원할 것과 공산주의로부터 교회와 교인을 보호할 것을 약속했다. 소련 사회주의 혁명으로 사제들과 교회, 수도원이 핍박당하고, 종교 재산이 국가에 환수되는 것을 보면서 바티칸은 사회주의 혁명으로부터 교회를 보호해줄 힘이 필요하다고 느꼈다. 나치 측에서는 바이마르 공화국 시절 수상을 지낸 파펜과 부트만(Buttmann)이 특사로 배석했고, 교황청 대사로 파첼리 추기경이 참석했다. 그는 이후 피우스 11세가 서거하자 피우스 12세로 교황에 선출되었다.

이 조약으로 인하여 바티칸은 나치 정권을 공식적으로 인정하게 되었다. 이 조약은 국내뿐 아니라 국외에서도 나치가 반기독교적인 정권이 아니라는 것을 인정하는 결과를 가져왔다. 파첼리 추기경은 조약이 끝난 뒤 조약 체결로 인하여 바티칸이 고수하던 태도를 포기하는 결과가 되었다고 공언했다. 히틀러는 이 조약을 체결함으로써 몇 가지 이득을 보았다.

첫째, 나치당이 반기독교적이며 반교회적이라는 인상을 전환시키는 계기가 되었다. 둘째, 독일 가톨릭교회를 섬기고 있는 주교단이 국가에 대하여 어떤 의무를 지도록 했다는 것이다. 셋째, 그 결과 교회를 단체나 정당의 영향력에서 배제할 수 있는 근거를 제공했다. 즉 기독교 노동조합, 기독교 정당 등이 해체될 수 있는 변명을 만들어 주었다.235 실제로 바이에른 민족당과 독일 중앙당이 7월 자진 해산하는 일이 벌어졌다. 이와 더불어 가톨릭 신문, 잡지, 출판 등 인쇄물에 대한 대대적인 해체 작업을 시작하였고, 가톨릭계 학교에 대한 탄압을 계속했다.

사태의 심각성을 파악한 주교단은 1935년 히틀러에게 공식 서한을 보내 국가와 교회의 관계를 지적하면서 항의하였지만 나치는 변

---

235 Walter Adolph, Die katholische Kirche im Deutschland Adolf Hitlers, Berlin, 16~17.

화의 기미를 보이지 않았다. 1935년까지 정권 확립을 다진 나치는 아리안법을 통해 유대인을 위시한 다른 민족을 본격적으로 탄압하기 시작했다. 주교단에서, 특히 뮌헨-프라이징 교구 주교를 맡은 화울하버(Faulhaber) 주교는 나치 정책이 비기독교적, 비인간적임을 역설했다. 로마 교황청은 독일 내 가톨릭교회 상황이 점점 악화되고 있음을 확인하면서 교황이 교회 보호에 나서겠다는 의지를 나타냈다. 1937년 1월 교황은 파첼리 추기경을 통해 3명의 추기경과 베를린 및 뮌스터 주교를 로마로 소집했다. 이들은 교황에게 공식 성명을 통해 독일 가톨릭 교인들에게 신앙적 신뢰를 확인해줄 것을 제안했다. 교황은 즉각이 제안을 받아들여 공개 성명을 준비케 했다.

1937년 3월 14일 고난주일 피우스(Pius) 11세는 준비된 공식 성명에 서명했다. 교황의 이 교서는 3월 21일 종려주일 독일의 모든 가톨릭교회 예배 시간에 낭독되었다. 공식 성명은 '불타는 근심으로(Mit brennenden Sorge)'라는 제목으로 선언되었다. 내용은 모두 10개 항목으로 나뉘어졌다.[236] 다음은 그 가운데서 발췌한 내용이다.[237]

우리는 일정 기간 동안 불타는 근심과 점증되는 의아심으로 교회가 당하고 있는 고난의 길과 가중되는 탄압을 바라보고 있습니다. 이는 성 보니파치우스께서 예수 그리스도의 빛과 복음을, 그리고 하느님 나라를 가져

---

[236] 1. 하느님에 대한 순수한 신앙, 2. 그리스도에 대한 순수한 신앙, 3. 교회에 대한 순수한 신앙, 4. 사제에 대한 순수한 신앙, 5. 거룩한 말씀과 개념에 대한 비왜곡, 6. 윤리와 윤리적 질서, 7. 자연법 인정, 8. 청소년들에게, 9. 사제와 수도원에게, 10. 평신도 직위에 있는 일꾼들에게.

[237] Ibid., 134~136.

다주신 이 민족과 나라의 한 가운데 살고 있는 신앙의 형제자매들에게 벌어지고 있습니다. 그들은 사상과 행동에서 신실하게 보전되어야 합니다.

…존경하는 형제들이여, 우리는 1933년 여름, 몇 해 전부터 기안해오던 교회 협약을 제국 정부와 체결했습니다. 여러분의 신앙에 만족할만한 협약을 기쁘게 체결한 것입니다. 그것은 우리로 하여금 독일에서 선교에 관한 자유와 교회에 맡겨져야 하는 영혼들의 구원을 책임 있게 수행할 수 있게 하였습니다. 동시에 독일 민족의 평화적 발전과 복지에 근본적인 헌신이 될 수 있다는 소망을 가졌습니다.

여러 가지 어려운 생각이 있었음에도 불구하고 우리는 당시 협약을 체결하면서 우리의 의견을 관철했다고 봅니다. 우리는 독일에 거주하는 우리의 사랑하는 믿음의 자녀들이 시민에게 보장된 영역 안에서 갈등과 고난을 겪지 않도록 노력하였습니다. 우리는 그렇게 함으로서 모교회의 평화적 손길이 어느 누구에게도 그리스도의 것을 거부하지 않도록 하였습니다.

만약 독일 땅에 심겨진 평화의 나무가 열매를 나타내지 못한다면-우리가 여러분 민족의 염원 안에서 얼마나 기대한 것입니까-볼 수 있는 눈이 있고, 들을 수 있는 귀가 있는 사람은 누구도 오늘날 이 책임은 교회와 그 지도자들에게 있다고 말할 수 없을 것입니다. 과거에 있었던 세계관적 교육은 책임의 소재를 말해줍니다. 그것은 처음부터 파괴투쟁 이 외의 다른 목표가 없다고 증거하고 있습니다. 우리가 평화를 심기 위해 애썼던 쟁기 안에는 성경(마 13: 25)에 나와 있는 것처럼 불신, 비평화, 증오, 모욕, 그리스도와 교회를 기본적으로 반대하며 셀 수도 없는 출처에서 생겨진 온갖 수단들이 도사리고 있습니다. 그것도 비밀스럽고 공개적으로 말입니다. 확실해진 것은 잠잠하지만 눈에 뜨일 정도의 이정표에 책임이 부가되어졌다는 것입니다. 독일의 지평선에는 이제 평화의 무지개 대신 파괴하려는 종교 투쟁의 먹구름이 보이고 있습니다.

존경하는 형제들이여, 우리는 여러분 나라의 위엄에 책임을 지고 있는 이들에게 그 결과를 제시하는 일에 결코 지치지 않습니다. 비록 그들이 강제적으로 그런 움직임 속에서 포기하는 경우가 생길지라도 말입니다. 우리는 모든 신뢰를 파괴하고 앞으로 주어질 말씀을 은근히 무시하는 이론과 행동들에 대하여 스스로 책임지게 하고, 말씀의 거룩성을 지키도록 최선을 다했습니다.

이제 세상의 눈앞에 우리의 헌신을 펴보이게 될 날이 온다면 바른 생각을 하는 모든 이들이 어디에서 평화의 수호자와 평화의 파괴자를 구분할 수 있을지 알게 될 것입니다. 진리를 알아보는 정신과 정의를 느끼는 마음을 가진 사람은 누구든지 교회 협약 후 어려움과 사건이 많았던 시절에 우리의 말과 행동이 협약에 신실했다는 것을 인정할 것입니다. 이제 어디서부터 협약이 왜곡되고, 그리하여 공공연한 협약 위반이 어디에서도 찾아볼 수 없는 행위의 규칙으로 내몰렸는지 확증하게 될 것입니다.

존경하는 신실한 형제들이여, 우리 종교의 처음이자 대체할 수 없는 하느님에 대한 믿음이 순수하고 왜곡되지 않도록 주의해야 합니다. 하느님의 말씀을 말로만 떠드는 것은 하느님을 믿는다고 할 수 없습니다. 그것을 진실되고 경외로우신 하느님과 연관 짓는 이들이 하느님을 믿는 사람들입니다.

범신론적인 망상 가운데서 하느님을 우주적인 그 어떤 것으로 대체하거나, 이 세상 안에서 자연화 시키거나, 이 세상을 신격화하는 이들은 참 신앙인에 속할 수 없습니다. 게르만적이고 그리스도 전 시대의 상상으로 불확실하고 비인격적인 운명을 인격적이신 하느님의 자리에 놓는 이는 하나님의 지혜와 섭리를 부정하는 것입니다. 그런 이들은 하느님을 믿는다고 할 수 없습니다.

누구든지 인종, 민족, 국가, 또는 국가적 형태, 국가 권력의 도구, 인간 공동체의 어떤 기본 가치들을 최고의 규범이나 종교적 가치로 전환시키거나 우상숭배로 신격화하는 이들은 하느님이 창조하시고 하느님이 명령하신 자연의 질서를 전도시키고 위조하는 것입니다. 그런 이들은 진실된 믿음에서 멀리 있으며 올바른 신앙관에서 격리된 자들입니다.

이 성명이 발표되자 히틀러는 3월 23일 교회청 장관에게 어떤 형태로든 교황의 공식 성명이 독일 내에서 배포되지 못하도록 명령한다. 그는 나치 정권, 경찰력, 외교 채널 등 모든 방법을 동원해 이 성명으로 인해 부정적인 인상이 확산되지 않도록 통제, 감시를 강화했다. 히틀러는 가톨릭교회에 타격을 주기 위해 1936년부터 이미 사제와 수도사들에 대한 탄압을 시작했다. 일명 '윤리 재판'으로 비화시킨 것이 그것인데, 성직자들 중 사생활에 의심이 가는 사례들을 폭로하여 비판과 조롱거리가 되게 한 것이다. 1936년 베를린 올림픽 기간 동안 히틀러는 외국인들에게 자국의 인상을 좋게 해야 한다는 이유로 윤리 재판을 중지시켰다.

교황의 공식 성명이 발표되자 히틀러는 보복 작전을 감행했는데, 윤리 재판을 다시 재개하도록 한 것이다. 1937년까지 나치가 재판에 회부한 건수가 250건에 이르렀다.[238] 나치는 이 과정을 친나치 계열의 모든 신문, 잡지 등에 게재하여 가톨릭교회에 대한 신뢰를 떨어뜨리게 했다. 베를린에 주재한 소련 대사는 이 상황에 대해 이렇게 의견을 피력했다. "우리는 종교와 투쟁하고 있습니다. 그러나 어떤 이유로 모든 신문이 포르노 같은 기사를 게재하는지 이해가 되지 않습니다."[239]

---

238 Walter Adolph, ibid., 78~79.
239 Ibid., 81. 재인용.

나치의 이 작전은 그러나 가톨릭교회와 교인들, 그리고 그들을 신뢰하는 독일인들의 믿음을 훼손하는데 성공하지 못하고 오히려 사제단과 교인들의 통합을 더 결속시키는 결과를 가져왔다. 1937년 5월 드디어 베를린의 프라이징 주교가 선전부 장관 괴벨스와 법무부 장관 귀르트너(Guertner)에게 공식 서한을 보내 항의했다. 풀다 주교회의 대표 베르트람 추기경은 갈렌 주교와 프라이징 주교가 추진하는 노선을 강경 노선으로 파악하고 허락하지 않았다. 이 갈등은 주교단 안에 보이지 않는 분열을 예고했다. 갈렌과 프라이징 주교, 그리고 이들과 뜻을 같이 하는 주교들은 나치와 추호도 협상하지 않는다는 태도를 분명히 할 수 밖에 없었다.

1938년 4월 나치가 오스트리아를 병합하고, 1939년 9월 1일 폴란드를 침공하면서 2차 세계대전으로 확전되자 가톨릭교회에 대한 탄압이 가중되었다. 전쟁 발발과 더불어 히틀러는 자신의 정권을 전쟁 수행에 적합하도록 전환하고, 온건파 인물들을 축출하였으며, 자신의 최측근들을 장관에 임명했다. 그들은 모두 반기독교 성향으로 무장한 이들이었는데, 예들 들면 제국경찰 총수 힘믈러, 그 수하의 하이드리히, 보어만, 로젠베르크 등이 그들이었다. 힘믈러와 하이드리히는 이교도적 비밀 종교 의식을 친위대 안에서 수행하였고, 히틀러 비서실장인 보어만은 반기독교적 행동으로 악명을 떨친 이였다.

이들은 자신의 영역을 뛰어넘어 가톨릭교회를 비난하고 탄압하는 일에 앞장섰다. 이들 주장의 공통점은 가톨릭 사제들이 독일인이면서도 독일 제국의 연합을 방해하고 국가 반역죄를 범하고 있다는 것이었다. 프라이징 주교는 언제나 근엄한 얼굴을 하고 있다고 하여 사람들이 '대리석 주교'라는 별명을 붙였다. 그는 강직한 자세로 나치에 대항하여 가톨릭교회의 대변인 역할을 하였다. 1938년 12월 나치 정부의 모든 고위 관리들에게 공식 서한을 발송하였는데, 이 행동은 나치에 대한 일종의 항전이요 나아가 선전포고인 셈이었다.

기독교에 대한 투쟁은 나치당 내의 영향력 있는 세력 안에서는 기본적인 사항처럼 보입니다. 여러분들의 고유한 판단에 의한다면, 민족 통합을 이루는 일이 국민의 최고 의무로 보이는 시대에 여러분들이야말로 민족 통합을 해체하는 투쟁을 쉬지 않고 행하고 있습니다. 우리 주교단이 그런 공격에 대하여 독일 민족의 주요한 부분인 거룩한 대상을 의무감을 가지고 방어해야 한다면 주교단은 정당방위의 권한을 가지게 됩니다. 독일 주교들이 (민족의) 반역자라거나 방해자라는 비판은 맞지 않습니다.240

'불타는 근심으로'라는 교서를 공포함으로써 나치에 대한 로마 가톨릭의 공식 태도를 표명한 교황 피우스 11세는 1939년 2월 10일 돌연 서거한다. 1939년 3월 2일 피우스 11세를 보좌하며 나치와 조약을 체결하는 일을 위임받았던 파첼리 추기경 비서실장이 차기 교황 피우스 12세에 선출되었다. 그는 교황청 대사의 임무를 띠고 정치 활동을 수행한 경력이 풍부하고 정치적 식견도 탁월했다. 바이에른 조약(1924), 프로이센 조약(1929), 바덴 조약(1932), 오스트리아 조약(1933), 나치제국 조약(1933) 등이 그가 위임받아 체결한 결실이었다. 그는 3월 9일 교황에 선출되자마자 독일 문제를 염두에 두고 4명의 독일 추

---

240 Ibid., 100

기경을 로마로 모이게 했다. 피우스 12세는 히틀러에게 서한을 보내 독일에서 교회와 국가의 관계가 정상화되기를 바란다고 전했다. 그러나 히틀러는 이 서한에 아무런 대답도 하지 않았다.

1940년 9월 괴벨스는 가톨릭과 개신교 교회 지도자들을 제국 선전부로 초대했다. 이 자리에서 교회에 대한 정책의 변화는 전혀 언급하지 않은 채 종교계 신문들이 반국가적이며 반민족적이라는 비난을 늘어놓았다. 특히 가톨릭교회에 대한 반감은 극심했다. 1942년 2월 19일에 기록된 괴벨스 일기는 이런 내용을 보여주고 있다.[241]

생각할수록 가톨릭교회는 불만스럽게 행동하고 있다. 나에게 전달된 사제 편지들은 너무 세상을 모르고 반국가적이다. 거기에 대해 더 이상 말도 하기 싫다. 하지만 당장 어떤 제재를 가하지는 않을 것이다. 혐오감이 서서히 끓어오르고 있다. 전쟁이 끝나면 확실히 계산해줄 계획이다.

교황 피우스 12세는 나치 제국을 둘러싸고 비등해지는 전쟁 분위기를 감지했다. 그는 나치에 의해 핍박당하는 가톨릭교회뿐만 아니라 전쟁 발발에 대해서도 염려해야 했다. 1939년 8월 그는 독일, 프랑스, 영국, 이태리, 폴란드 등 유럽 여러 국가에 평화를 먼저 생각할 것을 요청했다. 하지만 히틀러는 듣지 않았다. 나치의 폴란드 침공은 9월 1일 개시되었다. 교황은 즉각 전쟁을 멈출 것을 요청하였지만 역시 히틀러는 멈추지 않았다. 전쟁이 계속되는 가운데 피우스 12세는 저항 세력을 후원하는 태도를 취했다. 교황의 자격으로 저항을 지지하

---

241 Ibid., 113.

는 일은 정치적 활동으로 보여 조심스러웠지만 그것은 평화를 염원하는 지도자의 결정이었다.

1941년 전쟁이 깊어지고 나치가 전과를 올리고 있을 때였다. 히틀러 측근들이 교회 탄압을 강화해가는 가운데 나치 당원과 비밀경찰이 교회와 수도원을 급습, 강탈하는 사건이 발생했다. 이때 피해를 입은 곳은 100여 곳이 넘는다. 그들은 교회 재산을 압수하고 저항 운동을 벌이지 못하게 탄압했다. 하지만 이 만행은 피해를 입은 교회, 수도원 근교에 살고 있던 교인들의 저항 정신을 북돋는 결과를 가져왔다. 히틀러의 최측근인 보어만은 1940년 국내 및 전쟁 지역에서 지켜야할 몇 가지 목회 수칙을 만들었는데 다음은 그 중 일부이다.[242]

1. 목회자들은 전선에 나가 있는 교구 교인인 군인에게 종교적 인쇄물을 보낼 수 없다.
2. 병원에서 환자들에 대한 상담에 제한을 둔다. 환자가 요구할 경우에만 가능하며, 이 경우도 의사를 경유해야 한다. 의사의 허락이 있어야 하고, 의사는 면담 시간을 정한다. 간호사들은 환자와 종교적 대화를 할 수 없다. 이 규칙은 모든 병원에서 제한 없이 시행되어야 한다.
3. 모든 학교에서 십자가를 제거한다.
4. 전선에서 열리는 군인 예배는 러시아 교회 안에서 드릴 수 없다. 필요한 경우 야외에서 집회를 갖는다. 점령지 주민들은 이 예배에 참여할 수 없다.
5. 소련 정권이나 전쟁으로 인해 파괴된 소련 내 교회는 독일 군대가 재건에 도움을 주어서는 안 된다. 그것은 소련 국민들의 몫이다.

---

242 Ibid., 128~129.

전쟁이 계속되는 가운데 나치는 대량 학살과 안락사 등 반인륜적 만행을 감행했다. 이에 대하여 교계는 양심의 목소리를 내는 동시에 저항했다. 가톨릭교회의 목소리는 사제들의 설교와 '목자의 편지(Hirtenbrief)'라는 유인물에 실려 전달되었다. 양심의 소리는 독일 전역에 울려 퍼졌다. 전쟁 기간 동안 울려 퍼진 양심의 소리 '목자의 편지' 일부를 소개하면 다음과 같다.243

…누구도 우리에게서 뺏을 수 없고, 우리가 성취해야만 하는 거룩한 양심의 의무가 분명히 있습니다. 그것은 우리의 생명을 요구할 수 있습니다. 어떤 경우에도 하느님을 모욕해서는 안 됩니다. 어떤 경우에도 이웃을 미워해서는 안 됩니다. 전쟁이나 정당방위가 아닐지라도 무죄한 사람을 살인해서는 안 됩니다.(1941년 6월 26일)

모든 사람은 생명과 생명을 영위하기 위한 물질에 대한 자연적 권리가 있습니다. 살아계신 하느님, 모든 생명을 만드신 창조주는 삶과 죽음의 주인이십니다. 어떤 경우에도 사람은 스스로 목숨을 끊어서는 안 되며 죄 없는 사람을 살인해서도 안 됩니다. 그것은 전쟁이나 정당방위에서도 마찬가지입니다. 우리 주교들은 이런 만행에 대하여 좌시하지 않을 것입니다.(1942년 12월 12일)

교회에 대한 탄압은 사제들까지도 직분에 관계없이 전선으로 소집했다. 이들은 주로 위생부대에 배속되어 작전에 참여했는데, 전사한 이들도 상당수에 이르는 것으로 집계되었다. 가톨릭교회는 전쟁이 끝

---

243 Ibid., 145~150.

날 때까지 나치 권력에 굴하지 않고 저항하였고, 특히 전쟁 중 안락사, 대량학살 등 첨예한 인권 문제에 대해 비판 의견을 제시했다. 이런 행동이 나치의 만행을 직접 중단시키지는 못했지만 시민 의식을 깨우는 데 크게 기여했다.

2
| 사제들 : 저항과 순교 |

2.1 마이어(Rupert Mayer)

1980년 10월 19일 교황 요한 바오로 2세가 뮌헨을 방문했다. 그는 연설을 하면서 한 신부를 언급했다. "그는 1차 세계대전에서 부상을 입었음에도 불구하고 어려운 시대에 또 앞장서지 않으면 안 되었습니다. 그는 교회와 자유가 누려야할 권리를 위해 전혀 굴하지 않고 일했으며 그 결과 강제수용소에서 탄압을 당하고 추방의 아픔을 겪어야 했습니다."244 교황이 언급한 사람은 마이어 신부였다. 교황은 마이어 신부를 교회와 자유의 권리를 위해 싸운 수호자라며 그의 신앙적 행동을 기념했다.

1876년 슈투트가르트에서 태어난 마이어는 철학, 신학 공부를 마치고 1899년 사제 서품을 받았다. 그는 예수회에 가입하여 신부가 되었다. 1912년 뮌헨에서 사회목회 사역을 하던 중 1차 세계대전이 발발하여 군목으로 참전하였다가 1917년 부상당하여 자신의 교회가 있는 뮌헨으로 돌아왔다. 이웃을 위해 활발하게 봉사하던 마이어 신부에게

---

244 Irene Grassl, Pater Rupert Mayer, (Muenchen, 1984), 9. 마이어 신부는 1982년 6월 15일 복자(福者) 칭호를 받았다.

붙여진 별명은 '가톨릭 교인의 목소리'였다.

그가 히틀러를 처음 만나게 된 것은 1919년 뮌헨에서 열린 어느 연설회장에서였다. 그의 기억에 남아있는 히틀러는 '대단한 민중 연설가'라는 인상이었다. 특히 내용 중에서 마이어를 놀라게 한 대목이 두 개 있었다. 조국에 봉사하는 것은 좋은 것이며, 그렇지 못한 것은 악한 것이라는 윤리적 명제와 구약 성경은 유대인의 책이므로 학교에서 추방할 시기가 되었다는 주장이었다.245

그는 나치가 정권을 잡기 전에 개최한 '가톨릭 교인은 나치가 될 수 있는가?'라는 제목의 세미나에 토론자로 초대된 적이 있었다. 마이어 신부는 주저하지 않고 말했다. "가톨릭 교인은 나치가 될 수 없다." 마이어가 청중에게서 들은 것은 야유였고 사회자는 그에게 발언권을 더 이상 주지 않았다.246 그는 이후 더 이상 나치와 관계된 집회에 참석치 않았다. 하지만 나치는 점점 더 세력을 키우더니 정권을 잡기에 이르렀다.

마이어는 게슈타포에 체포되기 전까지 나치와 몇 번 부딪쳤다. 1937년 나치는 그를 나치가 금지하는 행동을 하고 나치 이데올로기를 비판했다는 이유로 연설 금지를 선고하고 기습적으로 체포했다. 그의 설교가 반국가적이라는 것이다. 하지만 그는 교회와 사제를 모욕하고 교회 사역을 방해하는 나치 행동을 보고만 있을 수 없었다. 더구나 신앙 교리를 왜곡하는 무례함을 참을 수 없었다.

마이어가 사역을 계속하는 동안 교인들이 점점 늘어났다. 그는 뮌

---

245 Ibid., 15~17.
246 Ibid., 17~18.

강제수용소 감옥 내부.

헨에서만 설교한 것이 아니라 교외의 여러 교회에서도 설교했다. 많게
는 6천 명 정도의 교인들이 몰려들었다. 나치는 그에게 정치적인 내용
을 언급하지 말라고 경고했는데 마이어 신부는 그들의 만행을 고발하
지 않을 수 없었다. 1937년 6월 마이어는 다시 체포되었다. 이번 수용
소에서는 예배를 드릴 수 있었는데, 그곳에서 그는 깊은 기도와 묵상
을 실천했다. 수감생활을 마치고는 뮌헨으로 돌아와 계속 설교했다.

어느 날 비밀경찰이 또 찾아왔다. 마이어 신부가 설교 금지 선고를
지키지 않았다는 것이다. 그는 설교 금지는 경찰이 아니라 주교단이

결정할 수 있는 사안이라고 응대했다. 하지만 그 행동이 국가 공권력에 대한 반항이라며 마이어를 다시 체포하여 6개월 구금형을 살게 했다.247 이번에는 전과 달리 사제복을 벗어주고 죄수복으로 갈아입어야 했다.

1938년 나치가 오스트리아를 합병하는 사건이 발생했다. 그와 함께 있던 수감자들이 혹 특별사면이 있지 않을까 기대했다. 마이어 신부는 석방되어 그가 시무했던 뮌헨의 성 미하엘 성당으로 돌아왔다. 하지만 그것도 잠시였다. 게슈타포가 다시 찾아와 그에게 고해성사를 한 교인 명단을 적어내라고 요청했다. 그는 신부로서 교인들을 밝힐 수 없다고 하자 그를 체포하였고, 강단 남용의 죄목으로 6개월 수감형을 강행했다.

1939년 12월 23일 마이어 신부는 베를린 근교 작센하우젠 강제수용소로 이송되었다. 뮌헨에서 베를린은 600킬로미터 이상 떨어진 거리에 있었다. 그는 1940년 8월까지 이곳에 수감되었다. 1940년 그는 자신이 총살당하는 꿈을 꾸었다. 꿈에서 깨어나자 혹 자신이 신앙을 지키다 순교를 당하는 것은 아닐까 생각했다. 얼마 후 호출 신호가 나자 마이어 신부는 죽음의 순간이 다가오는 것으로 생각했다. 하지만 베를린 역의 어느 기차로 이송되었는데 기차에는 베를린-뮌헨이라는 표지판이 달려 있었다. 그를 태운 승용차는 알프스 산중으로 달려갔다. 그제서야 마이어 신부는 에탈(Ettal) 수도원에 감금되리라는 것을 짐작했다. 그는 여기서 몇 가지 준수사항을 전달 받았다.

---

247 Ibid., 32~34.

첫째, 결코 수도원을 떠나서는 안 된다. 둘째, 어떤 사람과도 만나서는 안 된다. 단 가족 차원의 개인적인 만남은 허용된다. 교회 차원의 서신 교환은 절대 금지한다. 셋째, 위에 거론한 면회의 경우 친척 차원의 개인 면회만 허용한다. 마이어 신부가 왕진을 필요로 할 때 의사의 출입은 허용한다. 넷째, 마이어 신부의 예배 활동은 금지한다. 단 제3자로 참석하는 경우는 허용

뮌헨 시내 성당에 걸린 마이어 신부 기념전시회.

한다. 마이어 신부에게 고해성사는 금지한다.[248]

마이어 신부는 그가 남긴 기록을 통해 나치가 얼마나 철저하게 자신을 탄압했는지, 살아있으나 죽은 자처럼 만들어 놓았는지를 폭로한다.[249] 그는 1945년 5월 11일 전쟁이 끝나면서 그리웠던 자신의 교회로 돌아올 수 있었다. 하지만 건강 상태는 사제직을 행하기에는 너무 악화되어 있었다. 마이어 신부는 11월 1일 미사 도중 심장마비를 일으켜 지상에서의 불꽃 같은 삶을 마쳤다.

마이어 신부가 편지로 남긴 글을 통해 나치에 굴하지 않은 그의 신앙, 세계관, 사상이 어떠했는지 알아본다.[250]

독일 민족은 어찌하여 강제수용소에서 일어난 만행을 바라만 보고 있

---

248 Ibid., 44~45.
249 Ibid.,
250 Ibid., 53~63.

는가? 무슨 이유로 거기에 저항하지 않는가? 단순한 민족은 거기에 대해 아무 것도 할 수 없었을 것이다. 단순한 사람들은 어떤 작은 것도 회복시켜 보려하지 않고 소리도 없이 사라졌을 것이다. 단순한 민족은 책임감을 물을 수조차 없다!

그리스도의 나라는 끝난 것이 아니다. 그리스도의 나라는 지금 다시 일어나려 한다. 그 나라는 남녀 동역자들을 필요로 한다. 그러니 즐거워하자! 나와 관계없는 일이라고 생각지 말자! 우리는 이 역사를 누구에게도 강요하려 하지 않으련다.

우리는 우리가 속한 교구와 우리가 사랑하는 도시 뮌헨에서 그리스도의 개척자가 되어야 합니다. 이웃에 대하여 우리는 좋은 모델이 되어야 합니다. 오늘날 누구도 그런 일은 사제들이 할 일이라고 말할 수 없습니다. 아닙니다. 만인제사장설이 있습니다. 모든 기독교인들은 형제자매의 영혼에 대하여 책임을 느껴야 합니다.

철학이 우리 사유와 실존의 세계에서 수정처럼 맑은 투명성을 지녀야 한다는 사실은 오늘날 무엇보다 중요하다. 이런 이상을 향해 성장해 갔다면 나치주의로 왜곡되지 않았을 것이다. 인간이 사상이나 행동에서 유효한 척도를 가지고 있지 않고 마치 바람에 나부끼는 깃발처럼 변질되어 버렸기 때문에 이런 대실수가 호기를 부릴 수 있었던 것이다.

유럽의 민족들은 하느님으로부터 점점 더 자신을 분리시켜왔다. 지금 인간들이 어떤 막다른 골목에 들어섰는지 사람들은 명백히 알고 있다! 사람들은 어디로 들어가야 하고 어디로 나와야 할지 더 이상 알지 못한다. 눈이 있는 자들은 하느님 없이 되지 않는다는 사실을 확실히 볼 것이다. …오늘의 시대는 지구상의 모든 민족에 대하여 "하느님에게로 돌아오라"

는 진지한 경고를 보내고 있다. 큰 시각으로 보자면 이런 이론과 실제를 수십 년 전부터 망각하여 왔다. 하느님 없이는 되지 않는다. 이 사실은 경악의 시대와 이름 없는 고통을 산 사람들에게 반드시 인식되어야 한다.

나는 하느님의 것을 하느님께 드릴 수 있는 한에서 국가에 속한 것을 국가에 줄 수 있다. 주되신 하느님은 우리를 향하여 첫 번째 권한을 갖고 계시다. 우리는 그분의 전적인 소유이다. 우리의 몸과 영혼이 그분의 것이다. 만약 하느님의 뜻에 어긋난다면 비록 국가가 원할지라도 나는 그것을 행할 수 없다. 하느님의 법은 깊고 본질적이며 거룩하다. 하느님의 규범으로 인해 할 수 없는 것은 비록 국가가 요구하더라도 인정할 수 없다.

2.2 콜베(M. Kolbe)

남을 위해 목숨을 바치는 행동이 과연 환상가들의 행동일까? 콜베 신부는 2차 세계대전으로 그 이름이 알려진 신앙인이다. 하지만 그가 명예를 구하기 위해 그런 행동을 했다면 아마 세상도, 자신도 그렇게 명예롭게 생각하지 못했을 것이다. 그는 단지 신앙 때문에, 그리스도를 향한 믿음 때문에 조용히, 그러나 담대히 십자가의 길을 걸었다. 결과는 죽음이었다. 하지만 그 죽음은 종말을 의미하는 것이 아니었다. 그의 죽음은 자신은 죽지만 그 대신 남을 살리는 의로운 죽음이었다. 역사는 그의 죽음을 순교라고 기록한다.

콜베는 나치가 폴란드를 침공했을 때 체포되었다. 아우슈비츠 강제 수용소에 수감되어 있던 중 수감자가 탈출하는 사건이 발생했다. 수용소의 규칙은 비인간적이었다. 누군가가 탈출을 하면 그 대신 동료 수감자들이 아사(餓死)형을 받게 되어 있었다. 나치는 동료 10명을 골라 아사형에 처했다. 탈출에 대한 보복으로 동료들을 굶겨 죽이는 것이다. 그 중에 가장(家長)이 한 명 있었다. 콜베는 그를 대신했다. 그는 어린 아이들의 아버지인 동료를 살리고자 자신이 자원했다.

콜베(Maximilian Kolbe)는 1894년 폴란드 로즈 근교 한 작은 마을에서 태어났다. 부모는 아시시에 본부를 두고 있는 프란체스코 수도원의 회원으로 가정을 경건하게 이끌었다. 크게 부유하지는 않았으나 중산층의 삶을 사는 가정이었다. 콜베는 학습능력이 뛰어나서 형이 공부할 때 많은 것을 어깨너머로 배웠는데, 1907년 기숙사 학교에 입학할 실력이 되었다. 그는 자연과학에 깊이 심취했다. 이 때문에 하마터면 신부의 길을 접을 뻔했다. 하지만 그의 형이 수도원에 들어간 것이 계기가 되어 콜베도 그 길을 따랐다.251 형은 그러나 그 뒤 수도원을 떠나고 콜베만 남아 공부했다.

1차 세계대전이 일어나던 1914년 아버지가 전사하는 불행이 닥쳐왔다. 폴란드 군에 자원입대하여 소련군과 싸우던 아버지가 포로로 잡힌 것이다. 콜베의 아버지는 그 후 장교라는 이유로 소련군에게 교수형을 당했다. 어머니는 이 불행을 신앙으로 극복하고자 수도원으로 떠나고 콜베는 신학 공부에 전념했다. 공부에 심취한 결과 1915년 로마에서 신학과 철학 분야에서 박사학위를 받았다. 콜베는 마리아 신학(Mariologie)에 깊이 빠져 들어갔다.

1917년 그는 성모 마리아의 은혜로 선교하는 단체를 세우고 싶다

---

251 M.,Kolbe, Briefe von 1915~1941. hg.Franziskaner~Minoriten, (Wuerzburg,, 1981), 11.

는 청원을 했다. 청원은 받아들여지지 않았지만 '성모 마리아의 군사'라는 단체를 결성하게 되었다. 이 단체는 콜베가 신앙의 동지들과 죄수, 이단, 분리주의자, 프리메이슨들의 회심을 목표로 하고 있었다. 콜베가 마리아신학에 경도된 것은 어머니의 증언이 결정적이었다. 어린 나이의 콜베가 환상 중에 마리아를 만났다는 것이다.[252] 그 자신은 고등학교 시절 설교를 듣다가 마리아를 증거해야 한다는 소명을 받았다고 했다. 성령의 잉태로 은혜를 입은 동정녀 마리아에 대한 신앙이 콜베를 이끌었다. 1918년에 로마의 산 안드레아 교회에서 사제 서품을 받았다. 이 교회의 벽화는 알폰소 라티스본이라는 유대인이 마리아의 환상을 보고 가톨릭으로 회심한 사건을 표현하고 있다.[253]

1919년 콜베는 폴란드 크라카우로 돌아왔다. 그는 여러 사제들과 함께 불신앙과 반교회세력에 대하여 영적 무장을 훈련하는 모임을 이끌었다. 크라카우에서 교육 활동을 하면서 라디오, 잡지 등으로 가톨릭 세계관을 전하는 등 활발한 활동을 벌였다. 1927년 바르샤바 근교에 수도원을 건립하고 가톨릭 신문 센터, 선교 세미나, 휴양 시설 등을 열었다.

1930년 그는 인도 내륙지방과 중국에서 선교 사역을 펼치고자 했다. 하지만 정작 그가 아시아에서 사역을 시작한 곳은 일본이었다. 그는 나가사키 근교에서 그동안 해오던 사역을 접맥했다. 즉 철학, 신학을 가르치고 잡지도 발간했다. 일본인들은 콜베와 동료 사제들이 검소하게 살면서 열심히 일하는 모습에 감동을 받았다. 콜베는 기독교

---

252 Ibid., 12.
253 Ibid., 13.

다른 교단 선교단체들이 하는 성경 번역을 돕는 가운데 동료들과 갈등을 체험하기도 했다. 1936년 고국으로 돌아온 그는 같은 사역을 계속 확장하는 등 활발히 일했다.

1939년 나치가 폴란드를 침공하면서 콜베 신부가 체포되는 사건이 발생했다. 아우슈비츠 강제수용소에서 콜베 신부는 포로와 전쟁 희생자, 특히 유대인들을 위해 봉사하였는데 그런 이유로 엄청난 폭력에 시달렸다. 그는 막사를 짓는 노역에 배치되는 등 사제의 대우를 받지 못하였는데, 콜베 자신도 신부에 대한 특혜를 거절하고 다른 수감자들과 똑같이 지냈다. 나아가 그는 수감자들을 위로하고 설교하기를 쉬지 않았다. 주로 삼위일체, 성모 마리아에 대한 주제를 다뤘다.[254] 그렇게 수감생활을 하던 중 아사형(餓死刑)을 선고받은 한 형제를 대신하여 아사 감옥으로 자진해 들어갔다.

한 순간 한 순간 다가오는 배고픔과 죽음의 고통에 괴로워하는 동료들을 위로하고, 말씀을 들려주고, 그들과 멍에를 같이 메었다. 1941년 8월 14일 나치 친위대는 아직 살아있는 콜베 신부와 세 명의 생존자를 약물 주사로 숨지게 했다. 나치는 그의 시신을 화장하여 흔적마저 지우려했다. 콜베 신부는 그렇게 예수 그리스도께서 가르치신 이웃사랑을 온몸으로 실행하면서 순교의 길을 걸었다. 그의 편지를 통해 나치의 핍박과 죽음을 이긴 신앙의 흔적을 따라가 본다.[255]

---

254 Ibid., 16.
255 Ibid., 179~181.

프라일리체 형제에게, 1941년 1월 9일

만약 이 땅에 십자가와 고통이 없다면 우리는 하늘나라에 들어가지 못할 것이네. 내면과 외면의 십자가는 반드시 필요하다네. 서로 반대되는 사랑의 존재는 어느 누구도 우리에게 대항하지 않는다는 것에 있지 않다네. 그것은 사람들 사이에서는 불가능하지. 오히려 우리가 서로 가능하면 빨리, 그리고 온전히 용서하는 것을 배우는 데 있다네. 그럴 때 우리는 주기도문의 일곱 번째 기도를 드릴 수 있다고 보네. "저희에게 잘못한 이를 저희가 용서하오니 저희 죄를 용서하시고."

우리가 다른 사람을 용서할 수 없다는 것은 참으로 고통스러운 일이네. 하느님의 섭리를 신뢰하게. 그리고 성모 마리아의 뜻을 의지하게. 하느님은 우리에게 가장 좋은 것을 주신다는 것을 확신하게. 우리 안에 초자연적 순종이 자라기를 바라네. 그리하여 평화와 행복감이 우리 안에서 깊어지기를 바라네. 복과 평화의 근원은 우리 밖에 있는 것이 아니라 우리 안에 있네. 우리 영혼이 겸손과 순종, 가난과 신앙의 덕 안에서 잘 훈련되기 위해 최선을 다하세. 그리한다면 고난이 그렇게 견디기 어렵지 않을 걸세. 또 한 가지 성모 마리아를 통해 모든 것이 가능해지길 바라네. 그것을 행동으로 보이세. 우리는 열심히 믿고, 기도하고, 삶 속에서 조용히, 그리고 평화롭게 앞으로 걸어가세.

보로드치에이 형제에게, 1941년 1월 31일

…평화의 샘이 정신의 균형에서만 오는 것이 아님은 확실하네. 내면의 평화는 정신의 균형에 그리 적게 작용하는 것은 아닐세. 의사들은 그동안 내 신경통을 덜어주기 위해 여러 가지 약을 처방해 주었네. 그러나 그것들은 기억을 없앴을 뿐 크게 나를 도와주지 않았네. 이게 더 좋은 처방이네. 슬픔과 자책에서 해방되도록 하게. 슬퍼할 이유가 뭐가 있겠는가. 하느님

의 섭리가 이 세상을 움직이지 않겠는가. 주 하느님이 모르시고 허락하지 않는 게 일어날 수 있단 말인가? 만약 허락하셨다면 우리의 유익을 위해서라고 믿네. 그것이 고통이라 할지라도 평화를 빼앗아갈 수도, 고통을 줄 수도 없네.

악은 오로지 우리의 의지 속에 들어 있네. 의지에 반해서 무슨 일이 일어난다고 해도 그 의지가 책임을 질 수는 없네. 자책하는 행동이 벌써 염려를 만들고 내면의 더 큰 혼란과 폭풍을 일으키네. 그러므로 무엇보다도 내적 평화를 누리게. 아주 많이 내적 평화를 누리고 하느님의 의지, 성모 마리아의 의지에 전적으로 헌신하게. 우리가 시간을 더 갖거나 다른 데로 가려고 하거나 다른 일을 하고 싶은 의지가 없겠는가? 하지만 하느님의 예정이 우리를 다스릴 때 우리는 인내할 수 있네.

2.3 델프(A. Delp)

1941년 2월 델프 신부는 제국문화부가 요청한 아리안족 신분 확인서를 보내면서 자신의 이력을 이렇게 첨부했다.[256]

1907년 9월 15일 만하임 출생. 라인의 람페르트하임에서 초등학교 졸업. 디부르크에서 헤센 고등학교 졸업. 1926년 고등학교 졸업자격시험. 같은 해 뮌헨에서 철학, 신학 공부, 이후 네덜란드 발켄부르크, 프랑크푸르트에서 수학. 1938년 뮌헨에서 독학으로 작가 수업. 「시대의 목소리」에 여러 편의 글을 기고하고, 1935년 『비극적 실존』(M. 하이데거 철학에 관한)이란 소책자 발간. 여러 책의 발간을 앞두고 있어서 제국문화부 작가협회

---

256 Alfred Delp, Gesammelte Schriften, hg.v. Roman Bleistein, Bd.V., (Fft/M, 1988), 117~118.

에 입회를 원함.

　1941년은 나치가 전쟁을 한창 수행할 때였다. 델프는 비판적 사상을 가진 신앙 지도자로서 유대인 문제에 침묵하지 않았다. 그는 서서히 게슈타포의 감시 대상이 되었다. 그렇다면 그가 어떻게 저항의 일선에서 활동하다 체포되게 되었는지 그의 이력을 다시 한 번 추적해 본다. 그의 짧은 생애는 대체로 이렇게 구분할 수 있다.257

　　1907~1926, 성장기, 청소년기
　　1926~1939, 예수교단에서 신학 수업
　　1939~1943, 교단 잡지 편집인, 성인 사역
　　1941~1944, 상트 게오르그 교회 주임신부, 뮌헨 보겐하우젠 주임신부
　　1942~1944, 저항 참여, 순교

델프 신부가 시무했던 뮌헨 보겐하우젠에 소재한 상트 게오르그 교회, 비문에 성구가 새겨져있다. 디모데 후서 2:9, "복음으로 말미암아 내가 죄인과 같이 매이는 데까지 고난을 받았으나 하나님의 말씀은 매이지 아니하니라."

---

257 Ibid., Bd.I, 1982, 11~42.

프로테스탄트 신앙을 가진 아버지와 가톨릭 집안에서 자란 어머니를 둔 델프는 여섯 형제 중 첫째였다. 1차 세계대전이 발발하자 이사하게 된 곳이 람페르트하임이었다. 그곳의 종교적 전통은 가톨릭보다는 개신교 쪽이었다. 아버지는 장남이 개신교 신앙으로 자라길 바랐는데 집 바로 옆에 가톨릭교회가 있었다. 그는 이 교회의 웅거 신부로부터 신앙적으로 영향을 받았고 서서히 가톨릭으로 기울었다. 그러는 사이 입교를 준비할 나이가 된 델프는 가톨릭교회에서 입교 절차를 밟고 1921년 마침내 가톨릭 교인이 되었다.[258]

가톨릭 신앙을 가졌던 어머니의 가정교육은 델프로 하여금 신학 공부를 위한 라틴어, 그리스어 등을 배우게 만들었다. 고등학교를 다니는 동안에는 기독청소년단에 가입하여 예수 그리스도를 중심으로 하는 삶을 공동체로부터 배웠다. 그는 그곳에서 조국, 자연, 동료애 등을 훈련하면서 이웃을 돌아보는 삶에 큰 영향을 받았다. 그는 최고 성적으로 고등학교를 졸업했다.

웅거 신부는 델프가 로마에서 공부할 수 있도록 준비해 주었는데, 델프의 계획은 달랐다. 예수회에 가입하기로 한 것이다. 그가 이 교단에 가입할 때 특이하게 보였던 점은 델프의 가정이 프로테스탄트라는 것이었고, 또 하나는 면접에서 델프가 대답하는 근거가 가톨릭적이라기 보다는 프로테스탄트적이었다는 것이다. 하지만 그는 예수회에 가입하기로 마음을 먹었다.

1928년 델프는 사제 서품을 받고 신학 공부를 마치기 위해 뮌헨으

---

258 Ibid.,

로 거처를 옮겼다. 그는 1927년 발간된 하이데거의 작품 『존재와 시간』에 심취했는데, 그동안 그가 만났던 스콜라주의 철학에서는 시대에 맞는 해석을 찾기 어려웠던 탓이다. 1931년 박사학위 과정을 마치고 1939년 박사학위를 받았다. 전쟁이 발발하자 그는 "예수회의 신부로서 내 민족의 어려움에 의무감을 느낀다"며 전선으로 나가려 했다. 하지만 그를 붙잡은 것은 가톨릭 잡지 「시대의 목소리」(Die Stimmen der Zeit)의 편집장 자리였다. 그는 부르심을 거역하지 못했다. 맡은 분야는 경제, 정치에서의 사회적 문제에 관한 것이었다.

델프의 사상은 나치의 선전 공세에 혼란을 겪고 있던 사람들에게 길잡이가 되었다. 델프는 세 가지 영역에서 글을 썼다. 첫째 현대 인간이 처한 상황, 둘째 국가사회주의 세계관의 문제점, 셋째 자연과 초자연의 관계. 그의 글은 나치의 사상을 교묘한 방법으로 지적하고 신앙적으로 극복할 수 있게 제시했다. 다음의 인용문은 현대를 거론하면서 실제로는 나치가 지배하는 시대를 의미하고 있다. 나치 시대를 어떻게 자신의 언어로 표현하고 있는지 살펴보는 것은 의미 있는 작업이다. 생생한 체험의 증언이기 때문이다.

…이 저울은 비어있다. 왜냐하면 우리 시대는 생명의 시대가 아니라 죽음의 시대이기 때문이다. 의혹, 협착한 삶의 공간, 최고조에 다다른 고통, 증폭되어 가는 생존투쟁의 혹독함 등이 이런 어두운 현상들을 더욱 어둡게 하고 있다. 이와 똑같은 법칙이 영적 존재 안에서도 여전히 활동하고 있다. 오늘날처럼 순수한 영적 삶이 위협받던 시절은 없었다. 정신의 가치있는 창조성이 넓은 영역에 걸쳐 매일 무자비하게 파괴되고 변질되고 있

다. 현존과 가치는 창조와 생명의 정신에 연결되어 있지 않다. 그것은 단지 액세서리에 불과하다. 어제는 경제와 기술의 결과물로 인정받았지만 오늘은 피와 생물학적 생명에 이르는 척박하고 원치 않는 부산물일 뿐이다. 사람들은 명증한 인식과 투명한 결정을 요구하지도 않는다. 마술과 신화가 지금 시대를 지배하고 있다.259

　　나치 이데올로기는 독일 민족이 영웅적 인간으로 변화되어야 한다고 주장했다. 이 영웅적 인간에 관해 델프는 어떤 생각을 하고 있었는가? 그는 '영웅적 인간에 관하여'란 글에서 기독교적 인간관과 나치의 영웅관은 서로 일치할 수 없음을 지적한다. 델프는 나치가 주장하는 영웅은 전쟁의 영웅, 기술의 영웅, 과학의 영웅, 노동의 영웅, 나아가 사랑의 영웅처럼 각 분야에서 초인적 업적을 이룬 성공인을 의미하며 그렇지 못한 사람들은 간과하고 있다고 비판했다. 그는 챔버린과 독일신앙운동을 이끌던 하우어를 인용한다. "자연은 엄청나게 위대한 인간의 능력 외에 다른 것은 인정하지 않는다.", "거창한 행동을 하는 인간은 인간의 전체에 의해서 살며 자신의 생명을 투쟁과 변화를 위해 투신한다."260

　　영웅은 명예와 법칙에 자신을 투신함으로써 투쟁으로 인한 자기 확신과 자기실현을 이루어간다. 영웅은 본질적으로 전투적이다. 이 영웅의 모델은 북구 신화에 그 기원을 두고 있는데, 이는 자신을 우상화하는 영웅일 뿐이다. 그리고 이 영웅은 자기구원을 이루고자 혼신을 기

---

259 Ibid., 72~73.
260 Ibid., 175.

울인다.

여기서 델프는 나치 종교를 근간으로 하는 국가교회를 주장하던 베르그만을 인용한다. "진정한 남자는 자기 가슴에서 나오는 법칙 외에는 그 누구에게도 무릎을 꿇지 않는다."[261] 델프는 나치가 주장하는 영웅적 인간의 마지막은 자기파괴라고 결론 내린다. 영웅은 투쟁하고 무작정 시도한다. 하지만 왜 그래야하는지 묻지 않는다. 영웅이 다다르는 종말은 비극일 뿐이다. 델프는 나치가 선동하는 인간관을 논리적으로 규명하면서 날카로운 비판을 가한다. 그렇다면 그가 대안으로 제시한, 아니 본래적 인간관은 어떤 것인가?

델프는 이 주제에 관하여 '영웅적 기독교인'이라는 제목을 붙이고 있다.[262]

a) 능력의 영웅성에 관하여. 기독교인은 인간의 삶을 최고로 가동시키려는 시민적 분위기 안에서 무기력하고 무능력하지 않다. 기독교인은 위대하고 깨끗한 능력이라는 것을 인정하고 수용할 자세가 되어 있다. 그는 삶의 출처와 방향이 하느님이라는 것을 알고 있다. 하느님이 모든 업적과 능력의 주인이시다. 인간이 이런 것을 실현할 수 있다면 그것은 인간이 하느님의 형상이기에 가능한 것이다. 창조적 인간은 창조주 하느님의 믿을 수 있는 형상이다.

b) 사상의 영웅성에 관하여. 기독교인에게 능력은 그 능력이 하느님의 창조적인 순종에서 나올 때 의미가 있다. 만약 기독교인이 윤리적 질서에 위배되는 행동을 하는 경우, 그의 자랑스런 업적이 자기비판 앞에서 무가

---

262 Ibid., 174~182.

사제들 : 저항과 순교 299

치하게 된다면, 그는 내적 통일성과 행동의 균형에 책임을 져야 한다. 그런 이유로 한 인간의 통일된 삶은 창조주 하느님의 창조적 형상으로 완수해야 하는 과제와 연관되어 있다.

c) 투쟁적 영웅성에 관하여. 기독교인은 매일 일해야 하는 과제를 성취하기 위해 보냄을 받은 것이다. 그는 자신이 설정한 명예의 법칙에 의거, 완수해야 할 목표보다 더 많은 것을 이룰 수 있다. 그에게 부여된 질서와 합일하므로 기독교인은 끝까지 해낼 수 있다.

d) 영웅성의 평가에 관하여. 우리 시대의 인간에게 요구하는 영웅성과 기독교인이 생각하는 영웅성은 엄청난 차이가 있다. 모든 능력을 창조적으로, 투쟁적으로 이루라는 주장에 대해 기독교인도 진지하게 생각하고 있다. 그러나 기독교인에게는 전혀 다르게 이해된다. 그들에게는 그것이 어떤 기능을 완수해내는 쾌감과는 관계가 없다. 오히려 내적 세계에서 일어나는 능력과 사실에 대한 깊은 체험과 관계가 있다. 기독교인이 추구하는 행동은 세상 안에 있으면서, 그럼에도 불구하고 세상 밖으로 향한다. 명예와 공명을 향하여 스스로 노력하고 자부심을 갖는 삶은 충분하지 않다. 하느님의 섭리를 이루어야 하는 것이다. 하느님의 지구를 다스려야 하며, 하느님의 형상을 이루어야 한다.

e) 영웅적 무기력에 관하여. 우리는 순수한 세상적 영웅성이 제대로 돌아가지 않는 시점에 서 있다. 인간은 자신의 투쟁 안에서 완성되지 않는다. 그는 자신의 밖과 위에 놓여있는 또 다른 현실에 책임을 지고 있다. 가장 영웅적 인간은 이 관계성과 책임에 대해 가장 무기력하다. 그는 자신의 목표를 버릴 수 없다. 그는 자신의 목표를 스스로 세울 수도 없다. 그의 영웅성은 단지 이런 인생의 의미를 향할 때 가치와 의미가 있다. 어떤 인생이라도 완성되지 못하며 구원받지 못한다. 그 의미는 그가 추구하는 모든 시도에 의해 자신의 목표와 설정에 도달해야 한다는 뜻이다. 하지만 어떤 용감한 시도라 할지라도 그것이 하느님의 도우시는 능력에 의해 받쳐지지

않는다면 결국 아무런 결과도 얻지 못하고 산산조각 나게 될 것이다.

f) 비극의 극복에 관하여. 자아중심적인 영웅성에 의해 행동하는 인간에게는 비극 외에 남는 것이 없다. 그는 결국 다음과 같은 질문에 수긍할 수밖에 없다. 왜, 무슨 이유로 그런 행동을 하는가? 그러나 답을 알지 못한다. 그리하여 영웅은 목표도 의미도 없이 투쟁을 선언하였고, 방향도 모른 채 전진하기만 한다. 생명이 있고 진지한 인간이라면 이 가장 추악한 거짓말에 대하여 방어해야 한다. 기독교인은 비록 어려움과 수고스러움, 상처와 죽음이 눈앞에 보이더라도 하느님 앞에서 의미 있고 선한 행동에 책임을 지고 있다는 사실을 확신해야 한다.

g) 기독교 영웅성의 의미에 관하여. 기독교인은 세상이 오늘날 이해하는 것으로도 영웅이 될 수 있다. 그는 세상적 업적을 이룰 수 있으며 먼저 하느님 앞과 이웃 앞에서 책임을 지고 있는 것이다. 그는 하느님이 다스리는 법칙과 하느님이 부여하신 사실을 바로 인식하는 가운데 그런 인간이 될 수 있다. 그가 세상 위에 존재하고 세상을 향해 행동할 때 가능해진다. 이런 사실에서 벗어난다면 그것은 자신의 통일성과 균형에서 분리되는 것을 의미한다. 진정한 영웅은 바로 거기서 나타나는 것이다.

1941년 4월 나치는 수도원에 대한 대대적인 감찰을 시행한다. 그와 동시에 그가 사역하고 있던 잡지사도 문을 닫게 되었다. 델프 신부는 뮌헨 보겐하우젠에 소재한 교회의 담임신부가 되었다. 여기서 그는 '인간과 역사', '자신 앞에 선 인간' 등의 글을 썼고, 강연과 세미나 등 많은 사역을 통해 동시대인들에게 기독교적 삶을 독려했다.

1942년 델프는 지인의 소개로 저항단체 '크라이스아우어 크라이스 (Kreisauer Kreis)'의 몰트케(Moltke) 백작과 협력하는 기회를 갖게 되었다. 몰트케는 전후에 독일 노동자들이 어떻게 기독교 신앙으로 회복할 수 있는지, 그 방안과 적임자를 물색하고 있었다. 델프는 즉각 긍정적 회신을 보냈다. 이들은 머리를 맞대고 전후 다양한 분야에서 독일의 재건을 연구하고 대안을 수립했다. 델프는 무엇보다도 가톨릭 교리에 따른 국가, 사회 재건 계획을 조언했다. 그 밖에도 나치 정권을 붕괴시키기 위해 가톨릭 교인으로 구성된 저항 단체를 연결하고, 또한 남부 독일 저항 단체를 결성하는 일을 진행했다.

그의 작업은 많은 진전을 보였다. 예를 들면 1942년 여름에 크라이스아우어와 가톨릭 노동자 운동을 연결하였으며, 남부 독일에 슈페어-크라이스라는 저항 단체를 일으켰고, 1943년 몰트케가 뮌헨에 와서 파울하버 추기경을 만날 수 있게 주선하기도 했다.263 델프는 활발한 활동을 벌이는 가운데 자신이 담임한 보겐하우젠의 교회에서, 뮌헨 시내의 교회에서 저항 단체 회원들과 계속적인 모임을 가졌다. 그러나 1944년 7월 저항 단체가 발각되고, 몰트케와 중심인물들이 체포되는 사건이 발생했다.

프로테스탄트 평신도로서 이 저항 단체의 중심이었던 몰트케 백작과 델프 신부가 나눈 편지는 그들의 깊은 연대감이 어떻게 형성되었는지 보여준다.264

델프가 몰트케에게

새해를 맞이하여 하느님의 은총의 보호와 멋진 소망을 기원합니다. 그렇게 될 줄 믿습니다. 비참한 상황과 육체적 고통 속에도 불구하고 불굴의

---

263 Ibid., 29~31.
264 Ibid., Bd.V, 178~179.

인내를 보여주셔서 감사 드립니다. 주 하느님께서는 모든 이성적이며 논리적인 연결망들을 끊으실 수 있습니다. 그분은 역시 측량할 수 없는 아주 자그마한 것들을 통해 모든 논리적인 과정에 전혀 다른 방향을 제시하실 수 있습니다.

저는 유형적으로 보자면 현실주의자입니다. 주 하느님께서 제가 체포되기 전에 이미 모든 관계들을 끊어놓으셨습니다. 지금 저는 확실하고 생동감 있게 느끼고 있습니다. 여러 가지 일이 이루어지는 것이 우리가 하느님을 기대하는 열정과 믿음에 달려 있습니다. 그것은 분명하고 확실한 신약성경의 가르침입니다. 하느님께서 믿음을 주실 겁니다.

나치는 전세가 기울자 더욱 극렬하게 저항 단체들을 탄압했다. 1944년 7월 28일 델프의 지인들이 일단 지하로 잠적할 것을 권유했다. 하지만 델프는 교회를 담임한 사제로서 교인들을 두고 그렇게 할 수 없다고 사양했다. 게슈타포가 들이닥쳐 신부를 연행하였고, 다음 날인 29일 베를린으로 압송되었다. 게슈타포 감옥에서 그는 말할 수 없는 고문과 비인간적인 체형을 당했다. 9월 8일 베를린 테겔 감옥으로 이송되어 상황이 조금 나아졌다. 게슈타포의 권력 아래서 인간적인 대접이란 예외였기 때문이었다. 10월 1일에서야 비밀리에 미사를 드릴 수 있었다.[265]

1945년 1월 9일과 10일에 델프의 공판이 열렸다. 판사는 악명 높은 프라이슬러였다. 그는 판사의 지위에 걸맞지 않게 악을 써 가면서 모욕적인 언사를 퍼부었다.[266]

---

265 Ibid., 35.
266 Ibid., 36.

프라이슬러 판사

당신, 불평분자. 비쩍 마른 소시지 같은 놈! 우리의 존경하는 지도자의 목숨을 어떻게 한다고…. 쥐새끼 같으니라고. 그런 놈들은 없애거나 밟아 버려야 해.

그래 당신, 신부로서 행한 일을 한번 말해보시지. 강대상도 버려두고, 몰트케 백작 같은 반역자하고, 프로테스탄트라고 자부하는 게르스텐마이어, 그 불평불만 종자하고 독일 정치에 무슨 간섭을 했어. 말해 봐!

델프

나는 내가 원하는 한 설교할 수 있습니다. 그리고 내가 원하는 한 사람들을 어떤 방법으로든지 대할 수 있고 힘을 줄 수 있습니다. 사람이 사람답지 않게 비인간적으로 살아간다면, 보통 사람들이 기도도 할 수 없고 생각도 할 수 없는 관계에서 신음한다면 말입니다. 삶의 상황이 기본적으로 변해야 하는 이유가 여기 있습니다.

프라이슬러 판사는 재심할 여지도 주지 않고 1945년 1월 델프 신부와 저항 단체의 지도자급 인사들에게 사형을 선고했다. 델프는 판결에 앞서 자신에게 스스로 사형 판결을 내렸다.

"나의 죄라면 내가 고난과 어둠의 시간이 지나도록 독일을 신뢰했다는 것이다. 또한 내가 자부심과 권력의 아주 단순하고도 적절한 융합을 믿지 않았다는 것이다. 그리고 가톨릭 교인으로서, 예수회 신부로서 이런 행동을 했다는 것이다. 이것이 내가 가장 변두리에 지금 서 있고 나를 떨어뜨리려는 것을 기다릴 수밖에 없는 이유이다. 독일은 오늘을 지나 영원히 새롭게 이루어져야 하는 현실이다. 비밀스런 동경의 대상으로서, 이 나라와 민족을 강하게 하고 구원하게 하는 능력으로서 기독교와 교회가 있다. 우리 교단은 신앙심 깊은 교인들의 고향으로 존재한다."[267]

나치는 종전을 앞두고 급작스럽게 형을 집행했다. 1945년 1월 23일 몰트케 백작이 처형되었고, 2월 2일 델프 신부가 그 뒤를 따랐다. 히틀러는 이 사건을 빨리 종결해 버리라고 특별 명령을 내렸다. 시신을 내어주지 말라는 것이다. 그는 끝까지 제국 최고 지도자의 미움을 샀다. 그 미움은 주 예수 그리스도와 조국에 대한 사랑 때문에 얻은 것이다. 그는 화장되어 베를린의 어느 숲속에 뿌려졌다.

2.4 메츠거(M. Metzger)

가톨릭 저항에서 잊을 수 없는 또 한 명의 순교자가 있다면 메츠거(Max J. Metzger, 1887~1944) 신부이다. 그의 아버지는 교육자였는데 과거 독일 제국의 전통에 사로잡혀 있었다. 즉 그는 민족주의를 열렬히 지지했고 반유대적이었다. 그의 아들 메츠거는 신앙심 깊은 어머니를 닮아서인지 기독교적 덕성을 지니고 있었다. 프라이부르크에서 신학을 공부하고 23세 되던 해에 박사 학위를 받았지만 신학의 길을 가려 하지 않았다. 그는 이렇게 쓰기도 했다. "나는 경건한 신부, 열심히 일하는 사제가 되고자 한다. 그래서 하느님께 영광을 돌리는 모든 능력

---

267 Ibid., 38.

을 더 넓혀가고 싶다."268

그를 평생 동안 이끌어간 신앙 주제는 평화였다. 기독교인 간의 평화, 기독교인과 사회주의자, 공산주의자 간의 평화, 그리고 모든 민족 간의 평화가 그가 추구하던 평화의 실체였다.

그는 전쟁에 대하여 극도의 혐오감을 표현하였는데, 그런 그가 왜 1차 세계대전이 발발하자 군목을 지원하여 갔는지 알 수 없다. 건강상의 이유로 전선에서 귀가 조치 받은 메츠거에게 남은 것은 한 가지 투쟁만 의미 있다는 사실이었다. 전쟁을 막기 위한 투쟁, 평화를 이루기 위한 투쟁이 그것이다.

1917년 그는 실제로 국제평화를 위해 투신하기 시작했다. 그는 '땅 위에 평화! 민족 간의 화해를 위한 호소'라는 팸플릿을 발간하여 평화를 공론화 시켰다. 그가 교회와 세상 안에서 벌어지는 사건들을 바라볼 때 무엇보다도 사회 정의가 중요하다는 것을 알게 되었다. 계급투쟁, 인권 침해, 교단 간 갈등, 사회 불의 등이 바로 폭력과 불법, 전쟁을 일으키는 요소라는 것을 뼈저리게 인식했다.269

메츠거 신부가 비판하는 내용 가운데는 자본주의도 들어 있다. 그는 자본주의의 폐단을 극복하기 위해 기독교 사회주의를 강조했다. 이런 이유로 교회 내에서 뿐 아니라 나치 집권자들에게서도 위험 인물로 비판의 대상이 되었다.

---

268 Georg Denzler & Volker Fabricius, Christen und Nationalsozilaisten, (Fft/M. 1993), 201.

269 Ibid., 202.

나의 평화주의는 유약한 감성주의에서 나온 것이 아니다. 뭔가를 얻어내려고 평화를 이용하는 비겁한 정치도 아니다. 권력 사용을 기본적으로 거부하는 것도 아니며, 민족의 권리를 내던지고 무시하는 그런 제국주의도 아니다. 그것은 민족 간의 갈등을 일으키는 현대의 유혹과 세계적 권력 경쟁에서 전쟁이 그 어떤 가능성도 갖지 못하게 해야 한다는 것을 알고 확신하는 데서 출발한다. 각 민족에게 손해보다는 이익이 돌아가게 해야 할 것이다.270

그의 수감 경력은 나치 정권의 출발과 거의 같다. 1934년 1월에 그에 대한 탄압이 시작되었다. 그때는 며칠 동안 구금되었던 정도여서 강도 높은 탄압에 비하자면 비교적 가볍게 사건이 처리되었다. 하지만 1939년에 있었던 구금은 상황이 달랐다. 먼저 그는 4주간을 비밀경찰의 감옥에서 지내다가 석방되었다. 1940년 체포되어서는 바로 베를린으로 이송되었다. 메츠거는 나치 제국이 전쟁에서 승리할 수 없다고 했다. 나치가 볼 때 제국의 통일을 방해하는 극렬한 평화주의자였던 것이다.

메츠거의 활동은 유대인 문제에서도 나치의 눈에 거슬렸다. 그는 유대인 탄압이 합법적이지도 않고 인간적이지도 않은 처사라고 비판했다. 당시 베를린 교구의 프라이징 추기경도 메츠거의 활동을 알고 있었다. 프라이징 추기경은 나치의 유대인 학살을 공식적으로 항의하고 있었다.

메츠거는 1943년 '새로운 독일을 위한 선언문'을 작성했다. 그 내용

---

270 Ibid.,

은 나치 제국 안에 또 다른 독일이 존재하고 있으며 그 독일은 기독교적이고, 민주적이고, 사회적이며, 반군국주의적이라는 주장이었다. 그는 이 선언문을 스웨덴의 주교에게 보낼 계획이었다. 메츠거가 설립한 단체를 통해 편지가 전달될 예정이었다. 그런데 연락을 맡았던 회원이 게슈타포에게 비밀을 누설하고 말았다. 1943년 1월 메츠거 신부는 비밀경찰에게 체포되었고, 10월 악명 높은 나치판사 프라이슬러에게 사형 선고를 받았다. 선고 판결문은 다음과 같았다.

가톨릭 주임신부인 막스 J. 메츠거는 제국의 몰락을 확신하고 있을 뿐 아니라, 전쟁 4년 차인 지금 스웨덴으로 한 선언문을 작성, 발송하려 했다. 이로서 국가사회주의자들을 인격적으로 모독하는 가운데 이적(利敵) 행위에 해당하는 평화적, 민주적, 협동적 정부 건설을 위한 기초를 마련하려 했다. 영원히 명예를 회복할 수 없는 민족 반역자인 메츠거를 사형에 처한다.271

이즈음 메츠거 신부가 소속된 교구의 대주교 그뢰버 신부가 프라이슬러에게 공문을 보냈다. 하지만 이 편지는 대주교로서 자신의 교구 신부가 이런 사건을 일으켜서 유감스럽게 여기며, 메츠거의 '범죄 사실'에 관하여 자신은 전혀 알고 있지 못했다고 변명하는 내용이었다.272

1944년 4월 17일, 종전을 일 년 여 남긴 시기에 형이 집행되었다. 그

---

271 Ibid., 206.
272 Ibid.,

는 감옥을 기도실로 만들 정도로 기도에 열중하였고, 묶인 손으로 '감옥에서의 편지'를 써서 시대의 증거를 남겨놓았다. 다음은 편지 속에 들어 있는 메츠거 신부의 시이다.273 그가 어떻게 나치의 탄압 속에서도 주변의 오해와 질시를 무릅쓰고 저항의 길을 걸어갔는지 엿보게 해준다.

나는 고백해야만 한다. 지금까지 나는 그 예술을 배우지 못했다
굽은 것, 굽게 하는 것!
내가 살아오는 동안 이해할 수 없었던 것은
어떤 고통의 순간에 예의바르게 도망치는 행동이다
겁나는 것은 양심이 무너져 내리지 않을까
그에게 나의 모든 신뢰를 다 보내야했는데
그렇게 행동하지 않는다면 남자라고 할 수 없지!
그대들의 길을 그냥 가세요, 그대들을 부러워하지 않아요
그대들 모두의 지혜로운 자기 염려, 그대들의 방법이지요!
나는 내 길을 가겠어요, 그대들이 나를 바보라고 할지라도
나를 위로하는 이는 내 영혼이 입은 은총이지요

---

273 Ibid., 207.

3

| 교계 |

3.1 교계 지도자들

가톨릭 교계 지도자들의 활동은 나치의 정권 유지에 큰 걸림돌이 되었다. 나치는 처음부터 가톨릭을 반민족적 종교라고 비판하였는데, 그 이유는 가톨릭 신자들이 나치 정권보다 로마 가톨릭의 수장인 교황을 신뢰하고 민족 단합에 협조하지 않는다는 이유에서였다. 이는 가톨릭 교계 지도자의 대부분이 나치에 동조하지 않았다는 것을 의미한다. 여기서는 대표적인 교계 지도자만 소개한다.

파울하버(Michael Faulhaber, 1869~1952) 추기경은 1892년 신부 서품을 받았고, 1917년 뮌헨-프라이징 교구 대주교로 위임을 받았다. 1921년 추기경으로 추대되었을 때 나치 운동이 본격화되자 나치의 본질을 간파하고 반대 의사를 분명히 했다. 1933년 바티칸과 나치 정권이 협약(Konkordat)을 맺자 이에 강력히 반대했다. 그는 이 협약이 나치의 활동을 묵인하게 할 우려가 있다며 거부하였지만 역부족이었다.

나치 이데올로기에 저항하였던 파울하버 추기경은 앞에서 살펴본 대로 구약의 가치를 널리 공언하였고, 게르만족의 존재는 기독교를 전제하지 않으면 생각할 수 없다고 주장했다. "게르만족이 기독교로 개종한 것은 결코 전도(顚倒)된 일이 아니며 인종에 합당한 발전을 방해한 것도 아니다. 전도된 것은 오히려 고대의 이교도적인 게르만 종교로 회귀하는 일이다. 독일 민족은 기독교적으로 존재하거나 그렇지 않으면 존재할 수 없다. 기독교로부터의 분리는 이교도로 돌아간다는 것이고 이는 독일 민족의 멸망의 시작이다."[274]

나치 시대에 '뮌스터의 사자'라는 별명을 얻은 교계 지도자가 있었다. 그는 나치 이데올로기의 본질이 반기독교적이라는 데 실망했다. 그는 국내외에서 크게 신망을 얻고 있었기 때문에 나치가 함부로 다룰 수 없는 인물이었다. 뮌스터에서 주교를 역임하던 시절 그는 핍박을 무릅쓰고 나치 정책을 강하게 비판했다. 그 결과 사람들이 그를 뮌스터의 사자라고 부르게 되었다. 이 사람이 바로 갈렌(Clemens August Graf von Galen, 1878~1946) 주교였다. 1904년 신부 서품을 받고 1906~1929년 사이에 베를린에서 사역하던 중 뮌스터로 직임지를 옮기게 되었고, 그곳에서 1933년 주교로 임명받았다.

1934년 갈렌 주교는 로젠베르크의 『20세기의 신화』에 대하여 분석, 비판한 책을 여러 동료들과 함께 출간하여 그의 나치 저항성을 공언했다. 이런 행동은 나치 감시의 표적이 되게 했다. 1934년 4월 6일 나치당 뮌스터 지역 담당자는 베를린 히틀러 비서실에 보고서를 보냈다. "… (갈렌이 쓴) 모든 문장은 나치에 반대하는 증오로 적혀 있습니다. 국가사회주의의 모든 기본 규범에 반대하고, 나치주의가 종교의 기본을 몰락시키고, 인종이 윤리 위에 존재한다는 것을 거부하고, 혈통이

---

274 Faulhaber, 103.

법보다 우선한다는 것을 거부하였습니다. 국가사회주의를 새로운 이교도주의와 동일시하였습니다."[275]

1935년 7월 로젠베르크가 뮌스터에서 열리는 나치당 행사에 온다는 소식을 접하고 갈렌은 그의 출현을 강하게 거부하는 목소리를 내었다. 그의 진보적 사상은 이미 1919년에 나타났는데, 예를 들면 그는 프로이센의 전제주의적 정치철학을 그 원인으로 보고 있다. '국가는 모든 것이며, 개인은 아무 것도 아니다', '국가가 개인보다 우선한다' 등과 같은 주장은 나치가 적극 수용한 과거의 유산이었다. 나치는 그가 뮌스터에 오는 것을 상당히 반겼다. 그가 귀족 가문 출신이며 보수적이며, 바이마르 공화국의 정치적 혼란을 부정적으로 생각하고 있다는 데 그 이유가 있었다.

하지만 갈렌은 뮌스터에 부임하면서 처음부터 반나치 인사에 속했다. 그는 나치가 청소년들을 이데올로기로 교육시키려 하자 이에 강하게 반대하였고, 기독교 학교 등에서 시행하는 종교 교육을 원칙도 없이 나치화하자 역시 부당성을 제기했다. 히틀러 청소년단에서 진행되는 윤리 교육에 크나큰 걱정을 하지 않을 수 없다고 고백했다.[276]

전쟁이 발발하면서 나치는 히틀러의 뜻에 따라 안락사를 추진했다. 갈렌 주교는 이 역시 강렬히 비판했다. 나치의 이러한 범죄 행위를 두고 1941년 행한 설교는 널리 알려졌다. 그의 글은 전쟁 중 연합군의 삐라에 인쇄되어 나치군과 독일인들에게 뿌려지는 등 인권과 안락사

---

275 Joachim Kuropka, C.A.Graf von Galen. Sein Leben und Wirken in Bildern und Dokumenten, (Cloppenburg, 1992), 112~113.

276 Ibid.., 168.

에 대한 기독교적 사상을 확립시켰다. 다음은 그가 행한 설교 중에서 나치의 악행을 고발하는 내용의 일부분이다.[277]

성 람베르티 교회의 사랑하는 가톨릭 교우 여러분! 아직도 뮌스터 시는 외부의 적과 전쟁의 적이 이 주간에 우리에게 쏟아 붓는 가공할만한 공격 아래 있습니다.

어제, 이 주간이 끝나는 바로 어제, 1941년 7월 12일에 게슈타포가 예수회의 가옥들, 센트마링의 집, 이그나티우스 센터를 압수했습니다. 그리고 주민들에게 이 도시뿐 아니라 라인지방에서 떠날 것을 강요했습니다. 그와 같은 심각한 사태가 어제 수녀들에게도 일어났습니다. 수도원 공격은 이미 오스트마크 지역, 남부 독일 지역 등에서 시작되어 제국의 다른 지역에까지 확산되어 여기 베스트팔렌까지 번져오고 있습니다.

다음은 갈렌 주교가 설교를 통해 교인들을 위로하고 격려한 내용이다.[278]

우리는 그렇게 우리 구원자의 명령을 따라 우리를 핍박하고 험담하는 이들을 위해 기도할 것입니다. 비록 그들이 변화되지 않는다 하더라도, 비록 그들이 계속 죄 없는 이들에게서 도적질하고 고향에서 추방하더라도 말입니다. 나는 나치 사회를 거부할 것입니다.

분명히 말하지만 우리 기독교인들은 혁명을 일으키지 않을 것입니다. 우리는 하느님께 순종을 다하므로 우리의 의무를 다시 신실히 이행할 것입니다. 그것은 우리 민족과 조국을 향한 사랑입니다. 우리는 외부의 적과 싸울 것입니다. 내부에 있는 적은 우리를 고통스럽게 하고 때리지만 우리

---

277 Ibid., 222.
278 Ibid., 225~227.

교계 313

는 무기로 싸우지는 않을 것입니다.

이제 우리에게 투쟁의 도구가 있습니다. 강하고 질기며 단단한 인내심입니다. 강해져야 합니다. 든든해져야 합니다.

하느님의 전능하신 손 아래서 겸손하십시오. 그러면 그분은 정확한 시간에 우리를 들어주실 겁니다. 여러분의 염려를 다 맡기십시오. 그러면 하느님은 여러분을 받아주실 것입니다. 우리의 대적이, 사탄이 우는 사자처럼 다닐지라도 근신하며 깨어있으십시오.

갈렌의 이런 설교는 나치의 강한 반발에 부딪쳤다. 그들은 갈렌의 글이 인쇄된 삐라가 전선에서 싸우고 있는 독일군의 사기를 떨어뜨리고 동족의 등에 칼을 꽂았다고 비난했다. 그의 설교는 창조적으로 투쟁하고 있는 동족을 불안하게 했고, 전선에 나간 아들을 둔 어머니들을 불안에 떨게 했다고 비난했다. 결국 1941년 9월 갈렌은 '국가와 민족 반역자'라는 죄명으로 기소되었다.[279] 그는 전쟁이 끝난 뒤인 1946년 추기경에 추대되었다.

프라이징(Konrad Graf von Preysing, 1880~1950) 주교는 1908년 신부 서품을 받았다. 그는 신학과 함께 법학을 공부하며 교계를 위해 다양한 활약을 했다. 가톨릭 도시로 알려진 바이에른 주 아이히슈테트에서 주교로 일하다 1935년 베를린으로 부름을 받았다. 프라이징 주교 역시 나치의 정책에 저항하였는데, 특히 풀다 주교회의의 수장인 베르트람(Bertram) 주교가 정략적으로 친나치 발언을 한 데 대해 강하게 비판

---

279 Ibid., 229.

했다. 베르트람 주교는 1933년 7월 22일 히틀러에게 이렇게 공개서한을 보냈다.[280]

풀다 주교회의에 모인 교계 최고 지도자들의 이름으로 제국협약이 체결된 데 감사와 인정의 말씀을 전하는 것이 이 글의 목적입니다.

공식 성명이 증명하는 것처럼 독일 내 모든 교구의 주교단은 교황의 성명으로 정치 관계의 새로운 변화에 따라 현 통치하고 있는 정부와 모든 가능성을 동원하여 협력할 것입니다. 귀 정부는 기독교 민족교육을 후원하고, 비신앙과 비윤리에 저항하며, 공동의 복지와 교회의 권리를 보호할 것을 정책의 중심으로 세웠습니다. 이로서 교회와 국가가 조화롭게 협력하는 일이 교회 협약에서 그 축하할 만한 표현과 확실하고 굳건한 기초를 갖게 된다는 사실은 교황의 지혜와 제국 정부의 국가 지도자다운 시각과 과감성에 감사하지 않을 수 없습니다.

3.2 신앙인들

가톨릭계의 저항은 몇 가지로 분류해 볼 수 있다. 먼저 위에서 언급한 사제들의 적극적인 저항이다. 목숨을 바쳐가면서 나치에 저항한 사례들을 많이 찾아볼 수 있고, 주교단과 같이 교계 지도자들이 나치 정책에 대항하여 설교와 성명 등으로 저항한 예를 찾아볼 수 있다. 그 외에도 가톨릭 청소년들, 가톨릭 노동자들의 저항은 간과할 수 없다. 먼저 청소년들의 저항을 살펴보자.

나치가 가톨릭 청소년들에게 눈독을 들인 것은 가톨릭 산하에 7백만 명의 청소년들이 있었고, 그 중 140만 명이 총 28개 단체에 소속되

---

280 Klaus Gotto & Konrad Repgen(hg.), 129~130.

어 있다는 사실 때문이었다. 가톨릭 청년단은 40만 명을 거느리고 있어서 1933년 히틀러 청소년단에 가입된 5만 명에 비하면 비교가 안 될 정도였다.[281] 가톨릭 청소년들과 나치 추종 청소년들 사이의 갈등은 1933년부터 시작되었다. 나치는 가톨릭 청소년단을 히틀러 청소년단으로 강제 가입시키려고 했다. 그러나 이데올로기적으로 수용할 수 없는데다 나치 정권이 교육과 직업의 기회를 박탈하자 갈등은 증폭되었다. 게다가 청소

뮌헨대학교 본관에 마련된 '백장미단' 기념동판.

년들은 두 군데에 이중으로 가입할 수 없었다.

1934년 10월 쾰른 대성당에 모인 가톨릭 청소년은 3만 명 정도였는데, 이들은 나치 구호가 아닌 기독교 구호를 외쳤다. 1937년도에는 뷔르츠부르크 시에서 2천 명의 가톨릭 청소년들이 교황 피우스 11세의 '불타는 근심으로'와 갈렌 주교의 '목자의 편지'를 복사하여 거리에서 배포하면서 저항 운동을 벌였다. 청소년 담당 사제인 로쌍(J. Rossaint)

---

281 Marc Steinhoff, Widerstand gegen das Dritte Reich im Raum der katholischen Kirche, (Fft/M. 1997), 136.

신부는 가톨릭 청소년과 공산주의 계열의 청소년을 함께 연합하여 저항 운동을 벌이려고 했다. 하지만 죄목이 확실히 입증되지 않은 상태에서 11년 수감형을 선고받았다.282

가톨릭 학생 중에서 가장 뚜렷한 저항을 시도한 이들은 뮌헨 대학교 학생들로 구성된 백장미단(Die Weisse Rose)이었다. 이 단체의 주동 인물은 다섯 명이었다. 숄(Scholl) 남매(Hans, 1918~1943: Schophie, 1921~1943), W.그라프(Willi Graf, 1918~1943), C. 프로프스트(Christof Probst), A. 슈모렐(Alexander Schmorell, 1917~1943), 그리고 이 학생들을 지도한 철학교수 K. 후버(Kurt Huber, 1893~1943)였다. 이들은 나치가 반인권적인 사악한 정권이며 그들이 일으킨 전쟁은 독일을 파멸에 몰아넣을 뿐이라는 내용의 전단을 만들어 뮌헨 대학교 안에 뿌렸다. 이들이 체포된 것은 1943년이었는데 민족재판소에서 사형 선고를 받고, 6개월 뒤 형 집행을 당했다.

가톨릭 노동자 운동은 나치와 처음부터 갈등을 겪었다. 신앙 노선도 달랐고, 나치의 반기독교 정책, 반인종주의, 극우 민족주의, 이교도적 신앙 운동 등은 가톨릭과 타협할 수 없는 요소였다. 나치는 여타 노동자 운동을 탄압하고자 독일노동전선(DAF)을 결성하고 모든 노동자들이 의무적으로 가입하게 했다. 나아가 1935년 이중 가입을 불허함으로써 나치 이외의 모든 노동조합을 해산하려고 했다. 가톨릭 노동자들이 저항한 것은 당연한 결과였다.

---

282 Ibid., 137~139.

2차 세계대전을 일으킨 히틀러와 나치 추종자들은 독일을 폐허로 만들었다. 교회도 예외는 아니었다(사진 01: 당시 공습에 무너진 베를린 빌헬름기념교회의 모습, 지금은 역사박물관으로 공개되고 있다).

독일은 동서로 분단되는 비극을 겪었고, 동독에 사회주의 정권이 들어선 다음 교회는 엄청난 핍박을 받게된다(사진 02: 교회를 파괴하는 모습).

1961년부터 베를린 장벽이 설치되어 통금이 실시되고(사진 03: 기념으로 남아있는 장벽), 수많은 동독시민들이 서베를린으로 탈출을 시도하다 사살되었다(사진 04: 베를린 시내에 있는 추모공원).

그러나 동독 교회는 1970년대 말부터 월요기도회를 시작했다. 이 기도회는 평화촛불기도회로 발전하면서 결국 베를린 장벽을 무너뜨렸다. 사회주의 정권은 몰락하고, 통일의 기초를 닦게 되었다.

01

02

04

03

05: 베를린 장벽을 통과할 수 있는 일종의 국경검문소. 일명 체크포인트 찰리, 지금은 관광명소 중 하나가 되었다.

06: 월요기도회의 본산이 된 라이프치히 니콜라이 교회.

07: 베를린 브란덴부르크 문 앞에선 관광객을 위한 사진모델.

08: 통일 독일의 수도 베를린에 소재한 국회의사당.

제6부

종교계에 내한 태도는 연합군들의 해결 방식은 서로 달랐다. 프랑스는 점령군 안에 이슬람 계통의 군인들이 많았다. 이들은 나치의 지배를 받으며 받은 핍박과 인명, 재물 피해 등에 대한 보복 감정을 버리지 못했다. 독일 부녀자들이 이들에 의해 성적 피해를 입는 사례가 발생하자 뷔르템베르크 부름 주교가 프랑스 군정에 공식 항의하는 사태가 벌어졌다.

XII. 전후의 교회 재건

1

| 연합군의 대 교회 정책 |

　연합군이 교계에 대해 취한 행동은 정계와 군, 관료 분야에 대한 것보다 소극적이었다. 그 이유는 독일 기독교의 구조를 잘 몰랐고, 내부에서 벌어진 사건들에 대해 일일이 조사할 여력이 없었기 때문이다. 교계 정책은 연합군 점령 지역에서 독일 교계 관계자들에게 일임하는 방식을 택했다. 그것은 독일교회가 나치 시대에 보여준 저항적 행동에 대한 신뢰와 교회 문제를 군정이 깊

게 관여할 수 없었기 때문이다.

서방 연합 군정은 미국의 모

델을 따랐고, 소련 군정도

처음에는 독일교회에 크

게 간섭하지 않았다. 1945

년 4월 21일 아이젠하워 장

군은 독일 점령 지역에서의 종

교 문제와 관련하여 다음과 같은

공식 성명을 발표했다.[283]

자유로운 종교 활동에 관하여

첫째, 독일 민족은 10년 이상 기본법이 존재함에도 불구하고 무죄한 사람들을 탄압하는 체제 속에서 살아왔다. 그런 체제는 정의의 개념을 무시한 결과를 가져왔다. 그와 같은 것은 연합 군정에 의해 제거되어야 한다.

둘째, 군정은 신앙, 인종, 국적, 언어, 또는 정치적 신념 때문에 사람과 단체를 차별하고 손해를 끼친 국가사회주의의 모든 법을 제거한다.

셋째, 군정은 독일의 법이 독일 민족의 종교 활동을 방해하지 않아야 한다고 본다. 예배에 사용되었던 장소는 다시 개방되고 누구에게나 열려 있어야 한다. 독일 민족에게 예배의 거룩성이 인정되고, 인간의 기본권이 훼손되지 않게 해야 한다. 만약 종교 집회가 정치적 목적으로 사용된다면 독일 민족은 이 법을 오용하는 것이다.

넷째, 군정은 종교 기관이 합법적으로 요청하는 모든 종류의 소유권을 인정한다. 이들이 국가사회주의 기관에 의해서나 법적 요구를 가진 사람들에 의해서나 기타 종교 단체의 어떤 경우에 오용되었다 하더라도 유효하다.

다섯째, 종교 기관에 근무한 국가사회주의자들은 그 직무에서 퇴출되어야 하며, 교회는 국가사회주의자들의 영향으로부터 정화되어야 한다. 독일 민족은 자유로운 종교 활동에 관한 법을 보장받는다. 이는 어떤 종류의 강압적 테러나 영향력에도 지장을 받지 않는다.

여섯째, 국가사회주의자들이 만든 모든 법뿐 아니라 그들의 기관, 다양한 방법 또한 제거되어야 한다. 이들은 인종과 종교, 혹은 국적과 정치적

---

283 Clemens Vollnhals, Entnazifizierung und Selbstreinigung im Urteil der evangelischen Kirche. Dokumente und Reflexionen 1945~1949, (Muenchen, 1989), 20~21.

신념을 거부하면서 무죄한 희생을 만들어내는 폭정을 실행에 옮긴 것이다.

연합군은 1945년 8월 기독교 문제를 해결하기 위해 연합 군정 산하에 '연합군종교문제위원회(Allied Religious Affairs Committee)'를 설치했다. 이 위원회는 2주 간격으로 모임을 갖고 현안들을 논의했다. 그러나 그 목적에도 명시되어 있는 바 연합국의 정치적 의지를 독일 종교 분야에 관철시키려 하지 않고, 특히 교회, 종교적 사안에 간섭하지 않는다는 것을 약속했다. 또한 이 문제를 독일 교계에 일임한다는 방향을 확고히 했다.[284]

이 위원회는 종교문제위원회가 일임하는 사항과 허가 사항을 구분했다. 일임한 사항은 교계 및 교회 내적인 문제들이었다. 예를 들면 신앙과 예전(liturgie)은 교회가 자유롭게 규정하도록 했고, 나아가 교회법, 교회 및 수도원 등의 건물과 대지의 소유, 개축 등도 독일교회가 결정하도록 했다.

그러나 교회가 서적을 발간하고, 청소년을 교육하고, 헌금을 사용하는 것은 위원회와 협의하도록 했다. 서적 출판의 경우는 교회가 인쇄물을 통해 정치적 발언을 하는 것을 검열하려는 의도였다. 청소년 교육에 관해서도 나치 이후의 독일 청소년의 재교육을 교회가 맡아야 한다는 것이 연합군의 기본 방침이었다. 하지만 청소년들의 모임에 관해서는 허가를 얻어야 했다. 청소년들이 나치의 전통을 답습하는 것

---

284 Reinhard Scheerer, Kirchen fuer den Kalten Krieg, Grundzuege und Hintergruende der us~amerikanischen Religions~ und Kirchenpolitik in Nachkriegsdeutschland, (Koeln, 1986), 91.

을 통제하려는 의도였다. 또한 한 지역을 떠나 다른 점령지역으로 갈 때도 군정의 허가가 필요했다.

종교문제위원회는 각 지역의 독일교회와 긴밀한 관계를 유지하는 가운데 1947년 3월 '1933년 7월 독일복음주의교회법의 해지'를 선언했다. 이는 교계 안에 스며있는 나치 전통을 해체시키려는 시도였다. 이듬해 1948년 2월에는 '나치 정부로부터 인가된 법, 규정, 허가 등의 해지'를 공포했다. 이 선언은 아직 청산되지 않은 나치적 요소를 제거하고 독일교회가 자신이 원하는 구조로 새롭게 거듭날 수 있게 하는 조치였다.

종교계에 대한 태도는 연합군들의 해결 방식은 서로 달랐다. 프랑스는 점령군 안에 이슬람 계통의 군인들이 많았다. 이들은 나치의 지배를 받으며 받은 핍박과 인명, 재물 피해 등에 대한 보복 감정을 버리지 못했다. 독일 부녀자들이 이들에 의해 성적 피해를 입는 사례가 발생하자 뷔르템베르크 부름 주교가 프랑스 군정에 공식 항의하는 사태가 벌어졌다.

미 군정의 경우는 그 반대였다. 미군은 처음부터 점령군의 행동을 통제하고 종교적으로도 프로테스탄트가 많아 독일 시민들로부터 환영을 받았다. 또 미국에서 활약하던 국제적인 에큐메니칼 운동을 점령지 교계에 소개하는 작업을 병행하여 대체적으로 좋은 인상을 남겼다.

반면 소련군은 처음의 태도에서 점점 돌변하기 시작했다. 공산주의 종교관을 드러내면서 다른 연합 군정이 펼치는 종교 정책과 다르게 행동했다. 종교 문제로 인하여 연합군 점령 지역 내에 새로운 갈등이 전개되었다. 그것은 반신론과 유신론, 파시즘과 자유주의, 마르크

스 공산주의와 사실적 민주주의, 영적 가치에 대한 믿음과 허무주의
로 분리되어 나타났다.[285]

---

285 Ibid., 94~95.

바이에른 주의 수도이자 문화의 도시 뮌헨, 괴
테, 쉴러, 니체와 같은 사상가를 배출한 바이
마르, 종교개혁가 루터의 도시 비텐베르크. 하
지만 1930년대 이 도시들은 어두운 권력에
사로잡혀 있었다. 나치는 뮌헨을 중심으로 발
흥하였고, 두 도시는 극우민족주의 기독교인
들이 적극적으로 활동했다.

01: 뮌헨 시청
02: 뮌헨 도심의 옛 성터(16세기)
03: 바이마르 시 중앙광장의 괴테, 쉴러 동상.
04: 니체 하우스.
05: 비텐베르크 기차역 표지.

2
| 교계의 탈나치화 운동 |

종전 후 기독교계에는 교인으로서 나치에 부역한 이들에 대한 태도를 확실히 하자는 목소리가 공론화되었다. 예를 들면 1945년 8월 니묄러 목사는 "교계를 이끌고 나가기에 부적합한 사람들을 교계 지도부로부터 분리시켜야 한다"고 주장했다.286 그러나 교계는 군정이 시행하는 탈나치화 작업을 지켜봐야 했다. 법적 구속력은 군정이 갖고 있었다. 교계에서 행해진 탈나치화 작업은 연합군이 지배하는 지역에 따라 그 기준과 적용에 차이가 있었다.

먼저 탈나치화 작업에서 해당자들은 5가지 단계로 분류되었다. 287 그에 따라 형량, 벌금, 연금 수령금지, 노동형, 해임, 조기 퇴직 등 후속 작업이 진행되었다. 이런 친나치 행동에 대한 처리는 교계의 경우 좀 더 유화된 형태로 전개되었다. 왜냐하면 목회자의 행동과 사상성을 기준으로 나치 부역을 판단해야 했기 때문이다. 또한 시민들로부터 입수된 정보가 한결같지 않은 면도 있었다. 나치당에 가입한 목사들이라고 모두 나치의 적극적 동조자라고 말하기 어려웠다. 일부 목

---

286 Heinrich Grosse & Joachim Perels(hg.), Neubeginn nach der NS~Herrschaft? (Hannover, 2002), 86.

287 5등급 분류는 다음과 같다. 1) 주동적 범법자(Hauptschuldige), 2) 가해적 범법자 (Belastete/NS~Aktivisten, Miliaristen, Nutzniesser), 3) 소극적 범법자(Minderbelastete), 4) 단순 동조자(Mitlaeufer), 5) 범법 사실 무근(Entlastete)

사들은 나치 이데올로기에 전적으로 찬성해서가 아니라 일부 주장에 동조했던 경우가 많았다. 예를 들면 민족주의, 대공산권 진영 수호, 청소년 운동 강화, 경제 부양 등이 그런 요소였다.

많은 기독교인들이 그랬듯이 목회자들도 교회만으로 이러한 일들을 성취하기는 어렵다고 보았다. 모든 것이 오판(誤判)으로 끝났지만 나치당의 약진이 독일을 여러 면에서 부흥시킬 수 있다고 믿었던 것이다.

종전이 되고 연합군에 의한 군정이 시작되자 나치가 지배했던 모든 기관은 해산되었다. 이러한 상황에 독일을 재교육하고 기초적인 운영을 시작할 수 있는 기관으로 교회가 최적이라는 주장이 일었다. 교회는 비록 나치에 협조한 과오가 있지만, 연합군은 고백교회가 저항의 양심과 자존심을 세워주었던 점을 인정했다. 탈나치화 작업은 두 방면에서 실시되었다. 하나는 군정이 주도적으로 실시하였고, 다른 하나는 교회 스스로가 그 작업을 하도록 일임했다.

먼저 군정이 기독교계에 대하여 실시한 탈나치화 작업의 내용은 이러했다.

교계에 대한 탈나치화 작업은 미군이 가장 적극적이었다. 영국과 프랑스는 그 모델을 따라했고, 소련은 관망적인 자세였다. 교계에서 시행된 탈나치화는 일반 탈나치화 작업에 포함되어 진행되었다. 즉, 점령지 시민에게 질문서를 작성케 하고, 이에 따라 친나치 행적을 5가지의 등급으로 구분하는 방법을 따랐다. 이를 근거로 공직에서 퇴출, 해임, 벌금, 피선거권 박탈 등 책벌을 실행했다. 하지만 이들 탈나치화 과정은 두 가지 문제점을 안고 있었다. 하나는 탈나치화 작업이 독일

측을 배제하고 연합군 주도로 이뤄졌다는 점이고, 다른 하나는 제도적 법적 정비가 1948년에서야 완성될 정도로 복합적인 문제점을 안고 있었다는 점이다.[288]

그 결과 뷔르템베르크에서 사역하였던 891명의 목회자 중 245명이 해임되었고, 브레멘 시의 경우는 55명의 목회자 중에서 나치당 혹은 나치 계열 기관에 소속되었던 자가 무려 51명에 달했다.[289] 바이에른의 경우에는 1945년 5월과 7월 사이 총 2,094명의 목회자가 강제 해직, 791명은 권고 해직에 해당되는 것으로 나타났다. 그 중에서 확실한 법적 절차가 진행된 것은 모두 977건에 이른다.[290]

코부르크 시에서 발견된 사례는 탈나치화 작업 가운데 생긴 하나의 전형적인 경우에 속한다. 한 목회자가 이중 경력으로 보고된 사례이다. 그는 1929년도에 이미 나치당에 가입했고, 나치 시대에 시 복지부에서 일한 경력이 있었다. 이 점이 그의 치명적인 범과였다. 밖으로는 '교회의 일꾼'으로 알려졌지만 군정은 심사 끝에 그를 공직에서 해임시켰다. 하지만 그는 다른 교회 기관에서 계속 일했다.[291]

다음은 교회가 실시한 일명 자체 정화작업이다. 교회에게 일임된 탈나치화 작업은 각 주마다 서로 다른 방법으로 시도되었다. 가장 어

---

288 Clemens Vollnhals, Evangelische Kirche und Entnazifizierung 1945~1949. Die Last der ns Vergangenheit, (Oldenbourg, 1989), 45. 니묄러는 연합군 주도로 이루어진 이 작업에 대해 "기독교 정신이 가미되기 보다는 복수심"으로 보인다고 비판했다. Heinrich Grosse, ibid., 87.

289 Joerg Thierfelder, Zusammenbruch und Neubeginn. Die evaneglische Kirche nach 1945 am Beispiel Wuerteembergs, (Stuttgart, 1995), 102~104.

290 Clemens Vollnhals, ibid., 138.

291 Clemens Vollhals, ibid., 135.

려운 점은 나치 부역의 정도를 판단하는 일이었다. 독일에서 친나치 기독교인들이 가장 많이 분포되어 있던 튀링겐 주 교회가 어떻게 자체 정화 작업을 실행했는지 대표적인 사례로 자정법(自淨法)을 살펴본다.[292]

튀링겐 교회 자체정화법(1945년 12월 12일)

튀링겐 주 복음주의 교회 목회자 심사와 운영에 관한 법(자체정화법)

나치 요소들에 대한 공공 영역에서의 정화를 위해 1945년 7월 23일에 통과된 튀링겐 주 법에 의거하여 주교회협의회는 다음과 같이 법을 규정했다.

1. 교회정치적인 행동으로 인하여 공직 의무를 훼손하거나 교회에 해를 끼친 목사, 교계 공무원, 상임 직장인, 근로자는 튀링겐 복음주의 교회에서 근본적으로 퇴출된다. 다음의 경우에는 더욱 철저하게 적용한다.
   - 1933년 4월 1일 이전 나치당 전신 단체에 이미 가입한 자.
   - 그 이전에 이미 제국기독교인운동에 회원으로 가입한 자.
   - 1933년 4월 1일 이후에 가입하였으나 세포 조직의 정치 책임을 맡은 자. 예를 들면, 당의 산하 기관인 SS, SA, NSKK, NSFK 등의 회원인 자, 최하 조직의 지도자, 제국 공무원 연맹의 행정요원, NS-법무 관계 요원, 제국 노동부, NS-전상자복지회, NSV의 세포 조직 책임자, 혈맹훈장 수상자, 나치당 황금훈장 수상자, 명예의 칼 수상자, 그와 유사한 당의 훈장 수상자, 명예훈장 수상자, 나아가 제국기독교인운동에서 지

---

292 Christian Vollnhals, Entnazifizierung und Selbstreinigung im Urteil der evangelischen Kirche. Dokumente und Reflexionen 1945~1949, (Muenchen, 1989), 91~92.

도적 위치에 있던 자.

- 위에 열거한 대상은 아니지만 그런 목표를 갖고 적극적으로 참여한 자.

2. 위 1항의 법은 대기 및 은퇴한 목회자와 공무원에게도 적용된다.

3. 위 1항과 2항에 해당되는 경우라도 다음 목회자, 공무원, 상임 직장
인, 근로자는 제외된다.

- 나치당의 세계관과 제국기독교인운동의 세계관에 저항하여 탈퇴하였
거나 퇴출된 사실이 입증된 자.

- 나치당에 반대하거나 교회를 위한 행동으로 인해 명백한 불이익이나
탄압을 나치당, 비밀경찰, 당의 다른 부서와 기관으로부터 받은 사실
이 입증된 자.

- 직무를 수행하는 가운데 나치주의와 제국기독교인운동에 저항하며
그 표현을 입증할 수 있는 자.

이런 경우에는 다른 직무, 다른 교회, 대기 및 은퇴 상태, 급료와 복지금
삭감, 직급 및 직무 상실 등으로 인정받을 수 있다.

4. 3항에 해당되어 결정이 내려지거나 퇴출된 경우 주교회협의회는 선
고문을 작성해야 한다. 이는 판사직 혹은 행정 고위직을 갖고 있는 위
원회 대표, 주교회협의회 회원, 목회자로 구성된다. 공무원, 상임 직장
인, 근로자에 관해 결정하는 경우 같은 분야에서 선출된 대표가 담당
하며, 목회자에 대한 결정은 다른 목회자가 담당해야 한다. 주교회협
의회는 선고위원회를 임명한다.

5. 법적 근거로 허락된 형 집행에 관해서 피고는 항소권을 가진다. 항소
는 결정이 내린 뒤 2주 안에 주교회협의회에 신청해야 한다. 항소는

연기 보장에 대하여 다른 효력을 가지지 않는다.

6. 항소에 대해 주교회협의회가 내리는 결정은 번복될 수 없다.

7. 주교회협의회가 이미 퇴출을 시행한 경우에도 피고에게 항소권이 주어진다. 항소권은 이 법이 공포된 뒤 일주일부터 효력을 발생한다(튀링겐 교회보, 또는 교회 행정 사무실에 배송되는 기관지를 통해 알려진다). 이 항소는 최종 선고 시 확정 선고하기 위해 제출할 수 있다.

8. 이 법은 즉시 효력을 갖는다. 주교회협의회는 시행령을 허가할 수 있다.

아이제나흐, 1945년 12월 12일

튀링겐 복음주의 교회

주교회협의회 미첸하임

나치 시대에 당원으로 가입했던 목사라 하더라도 연합군은 독자적으로 판단하기 어려웠다. 해당 교회 교인들의 의견도 중요하다고 보았다. 그래서 교인들에게 의견을 물어 긍정적 반응이 있으면 목회 활동을 계속하도록 했다. 그 한 사례를 소개한다.[293]

렌츠 목사는 1946년 연합 군정으로부터 '직무 수행 금지' 형을 선고받았다. 그는 이미 1930년에 나치당에 가입하였고, 1939년 나치당으로부터 퇴출되었다는 것이 밝혀졌다. 1933년에는 SA 예비군이었으며

---

293 Dieter Petri & Joerg Thierfelder, Vorlesebuch Kirche im Dritten Reich. Anpassung und Widerstand, (Lahr, 1995), 293~297.

1935년에 탈퇴했다. 1944~45년 사이에는 SS 하사관으로 활약한 경력을 갖고 있었다. 이 경력으로 인하여 렌츠는 나치 활동 분류에서 2등급으로 평가받았다. 결과는 치명적이었다. 1차 심사에서 목사직 해임을 선고 받았던 것이다.

그러나 렌츠가 속해 있던 시의 시장이 알려지지 않은 사실들을 발견했다. 증거자료 수집과정에서 그가 활동 초기 나치당에 가입했지만 나치의 본질을 알게 된 후 나치에 반대하였으며, 더구나 고백교회에 가입하면서 저항운동에 가담한 사실을 밝혀내었다. 이 부분은 니묄러 목사도 공적으로 인정해 주었다. 또한 교인들의 증언에 의하여 그가 나치당에 저항한 공로가 인정되었다.

연합군은 그러나 그가 나치 시대 동안 정부로부터 목사 생활비를 받는 등 경제적 지원과 손실을 본 것이 없다는 결론에 이르러 1200제국마르크의 벌금을 무는 것으로 렌츠 목사의 탈나치화 과정을 종결지으려 했다. 만약 벌금을 물지 않을 경우에는 30일 간의 노동형으로 대신할 수 있게 했다.

렌츠의 탈나치화 심사는 쉽게 끝나지 않았다. 그가 활약한 행동이 더 긍정적으로 밝혀지면서 그의 업적은 재평가 되었다. 그 사이 그의 나치 활동 분류는 3~4등급을 오갔다. 렌츠는 1934년에 고백교회의 일원이 되었고 나사우-헤센주 노회의 회원이 되면서 나치 교회 정책에 강력히 항의하며 제동을 건 교회의 투사로 평가 받았다. 렌츠 목사는 초기 심사에서 부가된 모든 혐의에서 드디어 자유로울 수 있었다.

이렇게 하여 나치 시대의 이중적 행동이라고 평가 받고 목사직 박탈이라는 불명예를 안고 살아갈 뻔했던 렌츠 목사는 치밀한 증거 수

집 결과 처음의 심사 결과를 번복할 수 있었다. 그는 증거 소명과 여러 증인들의 증언에 의하여 나치 부역자가 아니라 나치에 저항한 목회자로 평가 받았다. 렌츠의 사례는 나치 시대를 살아갔던 목회자들이 보여주는 전형적인 예이다. 즉, 나치의 본질을 모르고 그들이 주장하는 달콤한 선동책에 회유되어 동조한 것이 나중까지 발목을 잡을 뻔했던 경우였다.294

---

294 나치 권력에 부역했던 목사들의 결말은 다양했다. 루터교 총회장이었던 뮐러 목사는 나치 몰락 후 자살로 생을 맺었고, 제국기독교운동을 이끌던 레플러 목사는 참회했다. 그는 자신이 오판했다고 회개했다.

3

| 슈투트가르트 참회 선언 |

나치의 만행과 2차 세계대전의 참상과 책임에 대하여 독일 기독교 인들은 반성과 회개의 마음을 갖고 있었다. 제국기독교인들에게서 그 증거를 찾기 힘들다 하더라도 고백교회의 회원들은 확실히 참회의 마음을 갖고 있었다. 독일 전역에서 일어난 나치에 대한 저항과 히틀러 암살 작전은 그런 마음을 대변하는 증거였다. 독일인 안에 내재해 있던 참회의 마음은 익히 알려진대로 전쟁 후에 나타난 정서가 아니었다. 독일인 안에 나치의 등장을 막지 못했다는 참회의 마음은, 예를 들면 본회퍼 목사의 경우 이미 1940년 9월 기록으로 남아 있다.[295]

문제는 그리스도의 형상이 우리 안에서 형성되는 것이다. 그것은 사실적이고 뚜렷하며 새로워진 인간을 말한다. 죄책의 인식은 그리스도의 은혜, 죄에 떨어진 인간에 대한 그리스도의 손길에 의하여 가능하다. 이 죄책의 인식에서 그리스도의 형상과 같아지는 인간의 내적 과정이 시작된다. 그 안에서 이 죄책감은 스스로 작동하며 열매 맺지 못하는 그런 것과는 구분된다. 죄가 사실적으로 인식되는 곳은 바로 교회이다. 교회는 다른 어떤 기관 옆에서 또 하나의 죄책 인식이 있는 그런 곳처럼 오해되어서는 안 된다. 교회는 그리스도의 은혜로 죄책 인식이 그리스도로 인도되는 그

---

295 Martin Greschat(hg.), Die Schuld der Kirche, Dokumente und Reflexionen zur Stuttgarter Erklaerung vom 18./19.Oktober 1945, (Muenchen, 1982), 20~23.

런 사람들이 모인 공동체이다. 교회는 야만적인 폭력이 방만하게 사용된 점, 수많은 무죄한 이들이 육체적, 영적으로 겪는 고통, 증오와 살인을 목격했다는 점, 그런데도 길을 찾지 못하고, 도움을 주려고 서둘지 않았다는 것을 고백해야 한다. 교회는 가장 연약하고 스스로 보호하지 못하는 예수 그리스도의 형제들의 생명에 대하여 잘못한 것이 있다.

교계 지도자들 역시 자신들이 나치의 모든 만행에 책임이 있고, 그것을 척결하지 못한 데에 대한 죄책감을 감추지 못하고 있었다. 함부르크 지역 아스무센 주교는 1942년 12월 이렇게 죄책감을 표현했다. "우리 모두는 전 인류에게 부과된 엄청난 죄책의 무게를 느끼고 있다."[296] 뷔르템베르크 지역 부름 주교 역시 죄책감으로 괴로워하고 있었다. "서구의 여러 민족이 얼마나 생명에 관한 기독교적 질서에 죄를 지었는지 모른다! 우리 독일 민족 역시 이 부분에 경쟁적으로 뛰어들어 영혼에 심각한 손해를 끼쳤다. 이 점 부인하지 못할 것이다."[297]

독일 교계 지도자들은 전쟁이 끝난 1945년 10월 18~19일 슈튜트가르트에서 가진 교회 연합회 행사에서 나치 범죄에 교회가 책임을 다하지 못하였음을 공개적으로 고백했다. 이 고백은 '슈투트가르트 선언(Die Stuttgarter Erklaerung)'이라는 이름으로 불렸다. 그 골자는 크게 두 가지로 나눌 수 있다. 첫째, 독일 기독교인의 집단 죄책감(Kollektiveschuld)을 고백하고, 둘째, 독일 기독교인들이 최선을 다하여 나치 이데올로기에 투쟁하지 않았다고 고백했다.

---

296 Ibid., 25.
297 Ibid., 30~32.

슈투트가르트 집회에서 고백한 참회문은 아래와 같다.

우리는 이 모임을 통해 우리 민족이 고난의 크나큰 공동체 안에 있을 뿐 아니라, 실책의 연대성 안에 있다는 것을 알게 된 것에 감사하고 있습니다. 말할 수 없는 아픔으로 우리는 말해야 합니다. 우리 때문에 수많은 민족과 나라들이 끝없는 고통을 당했습니다. 우리가 교회에서 종종 고백하는 것처럼, 오늘은 전 교회의 이름으로 고백합니다. 우리는 오랜 시간 동안 예수 그리스도의 이름 하에서, 국가사회주의라는 폭력 체제 속에서, 그 가공할 얼굴을 내민 정신에 대항하여 투쟁하였습니다. 그러나 우리는 우리가 더 용감하게 싸우지 못했으며, 더 신실하게 기도하지 못했으며, 더 기쁘게 믿음 생활하지 못했으며, 더 뜨겁게 사랑하지 못한 것을 스스로 고발합니다.

이제 우리 교회는 새로운 시작의 첫발을 내디뎌야 합니다. 거룩한 성경 말씀에 기초하고, 오직 한 주님을 진정한 믿음을 다해 바라보며 나갈 때에 그동안 신앙과 관계없던 영향들을 정화하고 질서를 잡아가게 될 것입니다. 우리는 은혜와 긍휼의 하나님께 기도합니다. 하나님께서 우리 교회를 그의 도구로 사용하시며, 교회에게 말씀을 선포할 수 있는 권세를 주시며, 우리와 모든 민족에게 하나님의 뜻에 순종할 수 있도록 해주시길 원합니다.

이 새로운 시작의 시간에 교회 연합회의 다른 교회 지체들이 진정으로 연대한 사실을 알게 된 것이 우리를 기쁘게 합니다. 우리는 하나님께 기도합니다. 교회가 서로 섬김으로써 다시 고개를 들고 세상을 손아귀에 넣으려는 폭력과 복수의 정신에 대항하여 평화와 사랑의 정신으로 다스려지길 원합니다. 그 안에서 상처받은 사람들이 치유를 얻게 될 것입니다.

그래서 이 시간에 우리는 모든 세계가 새로운 시작을 할 수 있기를 기도합니다. "창조의 성령이시여, 어서 오소서!"298

그러나 집단 참회 선언에 대하여 부정적인 의견도 없지 않았다. 하노버 교회 주교를 지낸 마라렌즈 목사는 나치 시대에도 이중적 태도를 보이더니 이 참회의 고백을 문제 삼고 나왔다. 그는 종전 후 주교 자리는 지켰지만 다른 대외 활동은 극히 제한되었다. 마라렌즈는 참회의 고백은 하나님께 하는 것이지 어떻게 사람을 향하여 하느냐고 비판했다. 하지만 그는 슈투트가르트 참회 선언의 진정한 의미를 제대로 이해하지 못한 것으로 판단된다. 가톨릭계에서도 개신교인들이 행한 집단 참회 선언에 대하여 이견이 있었다. 뮌스터의 갈렌 주교가 이런 의견을 갖고 있는 이들에 속했다.

또한 함부르크의 아스무센 주교는 이 고백이 비기독교인과 미디어에서 곡해되고 있다고 한탄했다. 그것은 이 참회 선언이 승전국의 압박과 그들의 관점에서 표현된 인상을 준다는 것이다. 그는 과거 행적에 대하여 침묵하는 것이 해결책은 아니라고 반박하면서 참회 선언을 비판하는 이들에게 과연 자신들이 용서를 구하는 구원자 예수 그리스도를 부를 수 있는 용기가 있는가를 반문했다.299

슈투트가르트 참회 선언에 대하여 네덜란드 개혁교회는 1946년 3월 6일에 공식 성명을 발표했다. 그 요지는 네덜란드 교회와 국민이 국가사회주의가 일으킨 만행으로 상당한 충격을 받았으나 독일교회

---

298 Herbert Mochalski(hg.), Der Mann in der Brandung. Ein Bilderbuch um Martin Niemoeller, (Fft/M. 1962), 40.

299 Martin Greschat, Im Zeichen der Schuld, 40 Jahre Stuttgarter Schuldbekenntnis, (Neukirchen~Vluyn, 1985), 52.

의 참회로 다시 교회적, 국민적 연합을 할 수 있게 되었다고 선언한 점이다. 나아가 이 참회 선언은 세계에 대하여 독일의 책임을 짊어진 독일교회의 확실하고 분명한 고백으로 인정한다고 했다. 네덜란드 교회는 앞으로 독일교회와 다시 신앙의 순종 안에서 형제적 도움과 화해를 추구하는 노력을 계속하겠다고 긍정적 반응을 보였다.300 슈투트가르트 참회 선언은 국내에서 다양한 입장으로 받아들여지기는 했지만 국외적으로 참회를 공식 인정하고 최소한 교회적으로 연합 활동을 하게 하는 중요한 기틀을 마련했다.

---

300 Ibid., 75~77.

4

| 다름슈타트 고백 |

독일복음주의교회가 1945년 가을에 슈투트가르트 회개 선언을 한 것은 그것으로 모든 것이 끝난 게 아니었다. 독일교회는 계속해서 나치의 만행과 그에 대한 독일교회의 책임, 죄과를 회개하려고 노력했다. 1947년에 보여준 두 가지 행동이 그 증거이다. 첫 번째는 1947년 2월 10일 독일복음주의교회가 산하 소속 목회자들에게 보낸 서한이다.[301] 이 서한을 통해 교단은 각 교회에서 말씀 선포와 교육을 통해 오직 그리스도만이 구원과 소망이라는 것을 다시 확인함으로써 윤리적 혼란과 무질서를 극복하고 조국을 변화시키라고 권유하고 있다.

사랑하는 목회자 형제 여러분,

우리 민족이 당하고 있는 큰 내적 고난으로 인하여 목회자 여러분에게 교단 차원의 선언을 보내드립니다.

기독교인이 모이는 곳에는 언제나 하나님을 찬양하고 그 분의 은혜를 높일 수 있습니다. 우리는 이 어려운 시기에도 그렇게 하고자 합니다. "찬송하리로다 하나님 곧 우리 주 예수 그리스도의 아버지께서 그리스도 안에서 하늘에 속한 모든 신령한 복으로 우리에게 복 주시되"(엡 1:3).

우리는 가난하게 되었으나 사실 부요한 자들입니다. 우리는 복음을 가

---

301 Ibid., 77~79.

졌고, 우리 가운데 많은 이들이 새롭게 시작했습니다. 세계는 수많은 빛들을 따라가고 있습니다. 하나님께서는 우리에게 한 빛을, 어둠을 밝히는 아주 환한 빛을 비추게 하셨습니다. 우리 주 예수 그리스도 안에 하늘과 땅의 모든 권세가 있습니다. 어떤 것도 그의 통치로부터 제외되지 않습니다. 미래에는 어떤 어둠도 없을 것이고, 빵에 대한 걱정도, 인간에 대한 상심도 멀어지고 자신의 마음이 담고 있는 어떤 죄책감도 없을 것입니다.

우리의 죄과에 대해서는 1945년 10월 18일 슈투트가르트에서 고백한 바 있습니다. 그리고 그 고백은 유효합니다. 문제는 교인에서 교인에게로 전해진 이 고백이 아직도 제대로 이해되지 않고 있다는 점입니다. 우리가 광대하신 하나님의 손 안에 고개 숙이지 않고, 그의 심판을 알지 못하고, 우리의 죄과를 회개하지 않고 골고다 십자가에서 하나님의 용서를 받지 못한다면, 기독교인의 새로운 삶은 없습니다. 십자가에 달리신 그리스도를 다시 한 번 진지하고도 기쁨에 가득 차서 선포하시기 바랍니다. 그리하여 하나님이 우리 시대에 우리들의 마음에 새기고 싶어 하시는 그것을 위해 우리 민족이 준비되도록 하십시다.

우리는 매일 매일 우리 민족이 새로운 유혹에 빠지는 것을 봅니다. 기아의 고통 가운데서 마지막 윤리적 결속력이 해체되고 있습니다. 불공정한 장사, 암거래, 도둑질, 강도, 행패 등이 근절되지 않습니다. 추위를 피할 수 없는 사람들이 석탄 수송에 손을 댑니다. 비인간적인 환경에 있는 가정들이 파괴되고 있습니다. 아이들 가운데 고아가 생겨납니다. 탈나치화 작업으로 유행된 염탐이 다시 고개 들고 있습니다. 거짓말이 습관이 되어가고, 역겨운 선전 공세가 사랑과 정의를 무색하게 합니다. 독일 민족이 억압된 삶에서 해방되고 있는가 하는 질문은 수많은 이들을 좌절과 의문에 빠져들게 합니다.

우리는 군정 당국에 이러한 고통을 계속 알려 상황이 개선될 수 있도록 요청하고 있습니다. 진정한 변화는 안으로부터 시작해야 합니다. 오직 복음만이 우리 민족을 치유할 수 있습니다!

이러한 이유로 형제 여러분께 부탁합니다. 비록 어려운 유혹 가운데 있더라도 살아계신 하나님께서 일하고 계신다고 선포해 주시기 바랍니다! 하나님께서 우리에게 고난과 고통을 보내신 가운데 그분은 우리의 영혼을 위해서 싸우고 계십니다. 하나님은 삽질을 깊게 하셔서 아프게 갈아엎으십니다.

그러나 하나님은 값진 씨앗을 뿌리고 계십니다. 교인들에게 성경 말씀에서 새로운 것을 지속적으로 공부하도록 요청하십시오. 그분이 얼마나 자신의 거룩한 백성들을 인도하시는지, 삶의 어려운 상황 가운데서도 은혜를 베푸시는지 알게 하십시오. 교인들에게 외롭거나 거처가 없는 자들을 도울 수 있도록 요청하시고, 갇힌 자들을 위해 기도하고, 배고픈 자들에게 마지막 빵을 나눠줄 수 있도록 요청하십시오. 그리하여 다른 이들을 위해 염려하는 동안 자신의 염려가 점점 극복되어가는 비밀을 맛보게 하십시오!

복음의 위로 가운데서 서로 위로하여 다른 이들을 제대로 위로할 수 있도록 하십시오! 청소년들에게 하나님의 계명을 가르치시고, 교인들이 언제나 이 세상과 저 세상에서 소망을 가질 수 있음을 선포하십시오. 불신과 의혹은 크나큰 부끄러움이며 짐이 될 뿐입니다. 하나님께서 우리 영혼을 그런 수렁에서 건져주시길 기원합니다! 권력자들의 마음을 움직이시고 평화를 세워 정의와 사랑을 느끼게 해달라고 하나님께 기도하십시오!

우리 기독교 신앙은 어두운 시대에 세상의 빛이 되도록 부르심을 받았습니다. 여러분들이 제사장적 기도의 능력으로 이 빛이 되십시오! 여러분들의 교회에서 먼저 빛이 되시고, 우리의 사랑하는 모든 민족에게 빛이 되어주십시오! "우리 주 예수 그리스도와 우리를 사랑하시고 영원한 위로와 좋은 소망을 은혜로 주신 하나님 우리 아버지께 너희 마음을 위로하시고 모든 선한 일과 말에 굳게 하시기를 원하노라"(살후 2:16~17).

이 서한 발송이 있은 뒤 복음주의 교회는 슈투트가르트 회개 선언에 부족한 부분을 보충하고, 보다 구체적으로 교회의 죄과와 실책을 인정하는 공개 고백문을 작성했다. 이 고백문은 1947년 7월 6일 이 반트가 처음으로 기초했다. 그 다음에 니묄러, 그리고 바르트가 수정하고 7월 25일 신학 분과에서 최종 보완 작업을 거쳐 8월 8일 다름슈타트에서 공포했다. 공식 명칭은 '우리 민족의 정치 노정과 독일 복음주의교회의 고백'으로 했다. 이 고백문은 '다름슈타트 고백(Das Darmstaedter Wort)'이라는 이름으로 불리기도 한다.[302]

1. 그리스도 안에서 하나님과 화해해야 하는 세상에 관한 말씀이 우리에게 전하여졌다. 우리는 이 말씀을 들어야 하고, 수용해야하고, 행동해야 하며, 널리 전파해야 한다. 그러나 만약 우리가 우리의 모든 죄악과 우리 자신의 죄와 같이 우리 조상들의 죄로부터 자유하지 못하다면, 만약 우리가 잘못되고 악한 길에서-그 길은 우리가 독일인으로서 정치적 의도와 행동에서 실책을 범했다는 것인데-선한 목자이신 예수 그리스도를 통해 돌아오게 하지 않는다면 이 말씀은 듣지 않은 것이고, 수용되지 않은 것이고, 행하지 않은 것이고, 나아가 전파되지 않은 것이나 마찬가지다.

2. 우리는 독일의 본질을 통하여 세계가 회복될 수 있다고 믿었다. 하지만 우리가 그런 지극히 독일적이라고 자부하던 이념을 떠올리는 순간 과오를 범하게 된 것이다. 그렇게 함으로써 우리는 정치가 무한한 권력을 사용하도록 길을 열어놓았고 우리 민족을 하나님의 권좌에 올려

---

302 Ibid., 85~86.

놓았다. 안으로는 국가를 막강한 권력 위에 올려놓고, 밖으로는 군사력 확대를 정당화하기 시작했을 때, 그것은 치명적인 결과를 낳았다. 우리는 우리에게 부과된 과제를 다른 모든 민족들과 함께 영위해야 한다는 우리의 소명을 부인했다.

3. 우리는 사회 안에 필요한 새로운 질서를 구축하면서 '기독교적 전선(戰線)'을 형성하는데 실책을 범했다. 과거와 전통적인 권력들과 교회가 맺은 연합은 치명적인 결과를 가져왔다. 인간의 공동체적 삶이 그런 전환을 요구할 때 우리는 인간의 삶을 변화시키라고 허락된 기독교의 자유를 남용했다. 우리는 혁명의 권리를 거부하고, 오히려 절대적 독재로 가는 길을 묵인했으며 찬성해주었다.

4. 우리는 악에 대하여 선의 전선을, 어둠에 대하여 빛의 전선을, 불의한 것에 대하여 정의로운 전선을 정치적 수단들을 동원하여 이룩해야 한다고 생각하는 실책을 범했다. 그렇게 함으로써 우리는 정치적, 사회적, 세계관적 전선의 형성을 통해 하나님의 은혜가 주시는 자유로운 방법을 왜곡하고 세상을 자기의(義)에 맡기도록 했다.

5. 우리는 마르크스의 이론으로부터 시작된 경제적 유물론이 인간의 개인적 삶과 공동체 의 삶을 향한 교회의 과제와 교회의 약속을 파괴하고 있음에도 이를 간과하는 실책을 범했다. 우리는 가난하고 핍박받는 자들의 문제를 하나님 나라의 복음에 걸맞게 기독교적 사안으로 전환시키지 못했다.

6. 이러한 것을 우리가 인식하고 고백함으로써 우리는 예수 그리스도의 교회로서 하나님의 영광을 위해, 인간을 위한 영원하고 실체적인 구

원을 위해, 새롭고 보다 나은 헌신을 하게 되리라고 본다. 그것은 기독교와 서구 문화라는 구호에 그치지 않고, 예수 그리스도의 죽음과 부활의 능력 안에서 하나님께 돌아가며 이웃을 향하는 행동이다. 그것이야말로 우리 민족에게, 그리고 우리 민족 안에서 우리 기독교인들에게 시급히 요청되는 것이다.

7. 우리는 이 점을 증언하였고, 오늘부터 지속적으로 증언할 것이다. 예수 그리스도를 통해 이 세상의 무신론적 질곡으로부터 자유함이 우리를 하나님의 창조 세계에 대한 자유롭고 감사한 헌신으로 인도할 것이다. 그러므로 우리는 계속 기도하려 한다. "더 이상 의혹이 우리의 주인이 되지 않게 하소서. 우리의 주인은 그리스도이시기 때문입니다. 신앙 없는 무관심에 결별을 선언하게 하소서. 보다 나아 보이는 과거의 꿈으로 유혹받지 않게 하시고, 다가오는 전쟁의 환각에 빠지지 않게 하시고, 이 자유함과 책임감의 거대한 깨달음을 얻게 하소서. 그리하여 우리 모두, 또한 각자가 보다 나은 독일 국가의 건설에 기여하게 하소서. 우리 독일이 법과 복지, 모든 민족의 화해와 내적 평화에 기여하게 하소서."

5
| 독일복음주의교회 교단(EKD) 결성 |

    나치 지배가 종결된 후 독일 기독교계는 나치 정권에 의해 지배당했던 제국기독교총회(DEK)의 이름을 바꾸는 일로부터 재건을 시작했다. 교계는 위에서 언급한 것처럼 탈나치화 운동으로 참회와 자체 정화 작업을 전개해 나갔다. 그리고 독일교회를 하나의 교단 속에 집결하는 일을 했다. 여기에는 독일의 교회 전통의 중심에 서 있는 루터교가 근간이 되었고, 독일 북부 지역에 분포된 개혁주의교회가 소속되었다. 이 지역의 개혁주의교회는 오래전부터 루터교와 연합 형식으로 같은 교단을 형성하고 있어서 크게 어려움이 없었다. 하지만 기존의 루터교회, 개혁주의교회, 연합교회 등을 하나로 묶는 연합 작업은 많은 난관을 거쳐야 했다.

    독일 교계의 통합에 결정적인 영향을 끼친 세 명의 교계 지도자가 있다. 그들은 다름 아닌 바덴-뷔르템베르크 지역의 부름 주교, 바이에른 마이저 주교, 베를린의 교계 지도자 니묄러 목사이다. 이들은 나치 시대에 굴하지 않는 신앙으로 저항하며 교계와 성도를 위해 헌신한 지도자들로서 크게 존경받는 이들이었다. 특히 부름 주교는 덕망 높은 인격으로 국내외에서 신망이 높았고, 마이저 주교는 결연한 의지로 바이에른 교회를 나치의 탄압에서 보호하였다. 니묄러 목사는 적극적 저항으로 긴 투옥 생활을 하면서도 목회자 연합을 주도했다.

연합 군정의 경우 영국과 미국은 독일 교단 통합에 대하여 적극적인 관심을 표명하며 자국의 교계 동지들이 격려하는 모습을 보였는데 반해 프랑스와 소련은 별로 관심을 보이지 않았다. 이런 차이는 영국과 미국의 개신교가 주도적으로 활동하면서 독일 개신교와 많은 교류를 가졌던 데 반해 프랑스와 소련은 그렇지 못했던 것이 원인이었다.

1946년 6월 부름과 아스무센이 교계 지도자들에게 공개서한을 보냈다. '현 상황에 대하여 드리는 말씀'이라는 제목의 편지였다. 이 편지에서 아스무센은 "독일복음주의교회의 연합을 위협하는 일은 극복되어야 합니다. 분리하려는 시도를 그냥 좌시해서는 안 됩니다"고 역설했다.303

독일 교계 지도자들은 1945년 8월 21~24일 프랑크푸르트에서 모임을 가졌다. 주제는 독일교회를 통합하는 문제였다. 부름 주교가 통합을 역설했고, 니묄러, 바르트, 디벨리우스 목사 등이 힘을 더했다. 의견의 대립이 있었으나 8월 28일 트라이자(Treysa)에서 열린 모임을 통해 독일교회는 통합을 향한 기틀을 마련했다. 독일교회는 1947년 가을 34개 조항의 기본법을 마련하면서 교단 설립 작업을 계속했다. 1948년 3월 두 번째 교회 규정을 보완하면서 7월 아이제나흐에서 열린 모임에서 교단 설립을 확인했다.304 교단 이름은 '독일복음주의교회(EKD, Evangelische Kirche in Deutschland)'로 붙여졌다. 과거에도 그랬지만 독일 내에 있던 독립 교단들, 개혁주의교회, 침례교회, 감리교회

---

303 Claudia Lepp & Kurt Nowak(hg.), Evangelische Kirche im geteilten Deutschland(1945~1989/90), (Goettingen, 2001), 33~34.
304 교단 모임이 열린 아이제나흐(Eisenach)는 루터가 성경을 번역한 바르트부르크 성이 있는 도시였다. 이 역사적, 상징적 현장에서 교단 총회를 개최했다.

등은 EKD에 소속되지 않고 독립성을 유지했다.

EKD는 독일 연방에 따라 주 지역으로 나뉘어졌고, 각 주는 역시 군 단위에 따라 하위 교구를 형성하는 전통적 체제와 구조를 따랐다. 각 주를 통괄하는 목회자는 주교(Landesbischof)라 칭하며, 그 밑에 각 교회를 담임하는 담임목회자(Pfarrer)가 있었다.

독일교회는 EKD의 구조와 활동을 1949년 서독과 동독으로 분단된 이후에도 계속 유지했다. 그러나 동독 사회주의 정권이 자체적인 교회 체제를 동독 교계에 강력하게 요구하며 압력을 가하자 1969년 6월 교단이 분리되었다. 동독 기독교는 독일민주주의공화국 복음주의 교회연맹(BEK, Bund Evangelischer Kirchen in der DDR)이라고 명명했다. 하지만 분리되었던 독일교회는 1990년 10월 독일 통일과 함께 교단 통일이라는 숙제를 해결하게 되었다. 동독 교회는 1991년 6월 서독 EKD에 소속됨으로써 이제는 동·서독의 구분이 사라진 명실공히 독일 교단 통일이라는 과업을 완수했다.

XIII. 맺는 말

1. 요약

'권력과 신앙-히틀러 정권과 기독교'라는 주제는 앞에서 살펴본 바와 같이 총 13장으로 구성되었다. 연구가 진행되는 동안 필자를 떠나지 않았던 관점은 여러 가지였다. 아니, 그 관점들이 필자의 연구가 지속될 수 있는 힘이자 동기가 되어 주었다. 그것은 역사와 기독교, 실존과 교회, 권력과 신앙, 저항과 야합, 결단과 오판, 선과 악, 정치와 윤리 등이었다. 이른바 작동의 메카니즘에 대한 궁증증이었다. 이러한 관점을 가지고 이 두 세계가 어떻게 인간의 역사 안에서 실재적으로 나타나는지를 독일 역사라는 텍스트로부터 끌어왔다. 보다 구체적으로는 히틀러가 정권을 장악한 1933~1945년도였다.

1장은 서론 부분으로 문제 제기와 연구 방법, 과정, 연구의 밑그림을 소개함으로써 연구 기조를 형성하고 있는 과제의 의미와 동력을 전개했다.

2장은 '나치 민족 공동체와 독일 기독교' 부분으로 나치의 기독교 정책이 기독교의 탈을 쓴 사이비 종교였다는 사실에서 출발한다. 나치 기독교 정책이 얼마나 교활했는지, 성경적 진리를 사수하고자 고백교회가 어떻게 결성되었는지를 중심으로 연구했다.

3장은 '민족 신앙 토착화와 독일적 신앙'이란 과제로 연구를 이어나갔다. 나치 이데올로기와 함께 어떤 종교적 신앙 운동이 발흥했는지, 기독교인들 중에 정권을 빌어 어떻게 기독교의 부흥과 확산을 꾀하려

했는지, 그 논리와 사건을 소개하고 진실을 밝혔다.

4장은 '민족주의와 기독교'라는 제목으로 제국기독교와 그 추종자들의 본질을 드러내고 어떤 사상에 물들었었는지 분석했다.

5장과 6장은 '나치의 기독교 탄압'으로 나치가 어떻게 구체적으로 교회와 기독교인들을 탄압했는지 그 실상을 밝혔다.

7장 '신학의 나치화'에서는 어용 신학자들이 어떻게 성경을 왜곡하고, 자의적인 신학 세계를 조립함으로써 정권에 아부하게 되었는지를 분석했다.

8장 '신앙의 정치화'는 나치가 기독교인들의 신학 사상을 어떻게 나치 이데올로기로 대체하려 했는지 그 실상을 파악하고 밝혔다.

9장 '기독교 문화의 왜곡화'는 나치가 기독교인들의 삶에 배어있는 영성적 부분을 어떻게 자신들의 논리로 왜곡하고 변질시켰는지 연구했다.

10장과 11장은 '기독교의 양심과 저항'으로 독일 개신교와 가톨릭교회가 어떻게 나치의 폭정에 저항하고 진리를 밝히기 위해 노력했는지, 신앙적 양심 부분을 연구했다. 독일 기독교는 이들로 인해 종교적 명예, 전통성 유지는 물론이고 민족적이며 종교적인 자존심까지 인정받을 수 있게 되었다. 이 부분은 특히 후대 기독교인들에게 신앙적 삶과 행동이 어떤 것인지 깊은 깨달음과 교훈을 주고 있다.

12장 '전후의 교회 재건'은 나치가 패망한 이후 독일 교계가 어떻게 탈나치화 작업을 진행하며 교회의 전통을 바로 세우기 위해 노력했는가 하는 점을 연구했다.

2. 전망

앞에서 진술된 「권력과 신앙」이라는 주제의 연구는 그러나 아직 끝나지 않았다. 역사 속의 종교, 역사 안에서 자신의 진실한 모습을 찾아가는 기독교에 관한 연구는 최종 결론을 내릴 수 없는 주제이다. 역사적 상황에 따라 판단의 기준과 척도는 조금씩 변화하기 때문이다. 중요한 것은 성경의 진리는 변하지 않고 시대를 관통하고 있다는 사실이다. 교회는 시대와 소통하지만 시대의 산물이 아니다. 교회는 성경에서 생명력을 끌어올릴 때 가장 교회답다.

필자가 책머리에서 제기한 질문들은 어느 정도 해결된 듯 보인다. 그럼에도 불구하고 우리 앞으로 다가오는 새로운 형태의 질문들이 또 있다. 역사의 진실을 통하여 신앙인의 책임을 자각한 우리들이 간과할 수 없는 내용이다.

1. 교회와 정치 : 교회는 정치에 대해 어떤 자세를 취해야 하는가?
2. 파시즘과 교회 : 정치세력이 기독교(종교)를 왜곡할 때 교회는 어떻게 대응해야 하는가?
3. 기독교인과 양심 : 기독교인은 구체적 정치권력 앞에서 어떻게 행동해야 하는가?
4. 사탄의 성육신 : 대량학살을 자행한 정치 지도자 히틀러를 사탄으로 이해해도 되는가?
5. 인종 차별에 관하여 : 인권 문제가 시급한 시점에서 인간의 권위는 어떻게 지켜져야 하는가?
6. 대량학살에 관하여 : 어떤 정치권력도 인간 살상을 정당화할 수 없

다. 그래도 감행한다면 어떻게 할 것인가?

7. 과거 청산과 기독교 : 잘못된 권력자, 정치인들이 저지른 범죄에 대해 기독교인들은 어떻게 대응해야 하는가?

이 연구는 위와 같은 시대적 질문이 보다 실제적인 토의와 행동 양식으로 이어져야 한다고 본다. 나치 시대를 중심으로 토론된 주제들은 앞으로 더 깊은 연구가 계속되어 보다 구체적인 대안들이 제시되어야 할 것이다.

차기에 더 심도 있는 연구가 이런 역사적 질문들을 보완하여 주 예수 그리스도를 머릿돌로 하는 교회와 그리스도인들이 교회의 본질과 시대적 사명을 바로 세워가기를 기대해 본다.

참고문헌

Adolph, Walter. Geheime Aufzeichnungen aus dem nationalsozialistischen Kirchenkampf 1933~1945. Mainz 1975.

_____. Die katholische Kirche im Deutschland Adolf Hitlers. Berlin

Allwohn, Adolf. Evangelischer Glaube im Dritten Reich. Dresden 1933.

Althaus, Paul. Die deutsche Stunde der Kirche. Goettingen 1934(2.Aufl.).

Barth, Karl. Die theologische Existenz. Muenchen 1933.

Barth, Karl & Gerhard Kittel. Ein theologischer Briefwechsel. Stuttgart 1934.

Bauke, Hans K. Positives Christentum in den Reden der fuehrenden Maenner. Gnadenfrei 1935.

Bentley, James; Martin Niemoeller. Eine Biographie. Muenchen 1985.

Bergmann, Ernst. Die deutsche Nationalkirche. Breslau 1934.

_____. Die 25 Thesen der Deutschreligion. Ein Katechismus. 1934.

Besier, Gerhard. Die Kirchen und das Dritte Reich. Spaltungen und Abwehrkaempfe 1934~1937. Berlin 2001.

Bethge, Eberhard. Dietrich Bonhoeffer. Theologe, Christ, Zeitgenosse. Muenchen 1978.

Bonhoeffer, Dietrich. Widerstand und Ergebung. Briefe und Aufzeichnungen aus der Haft. Guetersloh 1983.

Blaschke, Olaf. Katholizismus und Antisemitismus im Deutschen Kaiserreich. Goettingen 1999(2).

Boehm, Susanne. Deutsche Christen in der Thueringer evangelischen Kirche(1927~1945). Leipzig 2008.

Brakelmann, Guenter(hrsg.). Kirche im Krieg. Der deutsche Protestantismus am Beginn des II. Weltkrieges. Muenchen 1979.

Brechenmacher, Thomas. Der Vatikan und die Juden. Geschichte einer unheiligen Beziehung vom 16. Jahrhundert bis zur Gegenwart. Muenchen 2005.

Bucher, Rainer. Hitlers Theologie. Wuerzburg 2008.

Buchheim, Hans. Glaubenskrise im Dritten Reich. Drei Kapitel nationalsozialistischer Religionspolitik. Stuttgart 1953.

Conway, John S. Die nationalsozialistischen Kirchenpolitik 1933~1945. Ihre Ziele, Widersprueche und Fehlschaelge. Muenchen 1969.

Dakmen, Hana. Die nationale Idee von Herder bis Hitler. Koeln 1934.

Delp, Alfred. Gesammelte Schriften. hg.v. Roman Bleistein. Bd.V.. Fft/M. 1988.

Denzler, Georg & Volker Fabricius, Christen und Nationalsozilaisten. Fft/M. 1993.

Dibelius, Otto. Die Germanisierung des Christentums. Eine Tragoedie. Berlin 1935.

_____. Die echte Germanisierung der Kirche. Berlin 1935.

_____. Der Kampf der Kirche als geschichtliche Tat. Berlin 1935.

_____. Die grosse Wendung im Kirchenkampf. Berlin 1935.

Dibelius, O. & Martin Niemoeller. Wir rufen Deutschland zu Gott. Berlin 1937.

Dierker, Wolfgang. Himmlers Glaubenskrieger. Der Sicherheitsdienst der SS und seine Religionspolitik 1933~1941. Paderborn 2003(2).

Evangelische Kirche und Drittes Reich. Ein Arbeitsbuch fuer Lehrer der Sekundarstufen I u. II. Goettingen 1983.

Faulhaber(Kardinal). Judentum, Christentum, Germanentum. Muenchen 1933.

Fetz, Friedrich Otto. Durch positives Christentum im Lichte des NS zur Deutschen Glaubensbewegung. 1935.

Friedlaender, Saul. Das Dritte Reich und die Juden. Bd. 2: Die Jahre der Vernichtung, 1939~1945. Muenchen 2006(2).

Fuerbitte. Die Listen der Bekenneden Kirche 1935~1944. Im Auftrag der Evangelischen Arbeitsgemeinschaft fuer Kirchlichen Zeitgeschichte, von Gertrud Gruenzinger u. Felix Walter. Goettingen 1996.

Gailus, Manfred. Protestantismus und Nationalsozialismus. Studien zur nationalsozialistischen Durchdringung des protestantischen Sozialmilieus in Berlin. Koeln 2001.

Glarner, Julius. Meister Eckeharts deutsche Mystik. Bonn 1934.

Gollert, Friedrich. Dibelius vor Gericht. Muenchen 1959.

Gollwitzer, Helmut. "Wir duerfen hoeren…." Predigten. Muenchen 1940.

Goodrick-Clarke, Nicholas. Die okkulten Wurzeln des NS. Wiesbaden 2004.

Gotto, Klaus & Repgen, Konrad(hg.). Die Katholiken und das Dritte Reich. Mainz 1990(3).

Gotto, Klaus & Konrad Repgen(hg). Kirche, Katholiken und NS. Mainz 1980.

Grassl, Irene. Pater Rupert Mayer. Muenchen 1984.

Greschat, Martin(hg.). Die Schuld der Kirche. Dokumente und Reflexionen zur Stuttgarter Erklaerung vom 18./19.Oktober 1945. Muenchen 1982.

_____. Im Zeichen der Schuld, 40 Jahre Stuttgarter Schuldbekenntnis. Neukirchen-Vluyn 1985.

Gross, Alexander. Gehorsame Kirche - ungehorsame Christen im NS. Mainz 2000.

Grosse, Heinrich & Joachim Perels(hg.). Neubeginn nach der NS-Herrschaft? Hannover 2002.

Gruber, Hubert(Bearb.). Katholische Kirche und Nationalsozialismus 1930-1945. Ein Bericht in Quellen. Paderborn 2006.

Guerther, Paul. NS und Evangelische Kirche im Warthegau. 1958.

Haugg, Werner. Das Reichsministerium fuer die kirchlichen Angelegenheiten. Berlin 1940.

Hehl, Ulrich von. Katholische Kirche und NS im Erzbistum Koeln. Mainz 1977.

Hehl, Ulrich von. u.a.(Bearb.). Priester unter Hitlers Terror. Eine biographische und statistische Erhebung. 2 Bde. Paderborn 1998(4).

Hering, Rainer. Theologische Wissenschaft und Drittes Reich. Studien zur Hamburger Wissenschafts- und Kirchengeschichte im 20.Jahrhundert. Pfaffenweiler 1990.

Hermle, Siegfried(hg.). Im Dienst an Volk und Kirche: Theologiestudium im Nationalsozialismus. Erinnerungen, Darst., Dokumente u. Reflexionen zum Tübinger Stift 1930 bis 1950. Stuttgart 1988.

Hesemann, Michael. Hitlers Religion, Die fatale Heilslehre des Nationalsozialismus. Muenchen 2004.

Hitler, Adolf. Mein Kampf. Muenchen 1935.

Hummel, Karl~Joseph & Koesters, Christoph(hg.). Kirchen im Krieg. Europa 1939-1945. Paderborn 2007.

Huersten, Heinz. Deutsche Katholiken 1918-1945. Paderborn 1992.

_____. Verfolgung, Widerstand und Zeugnis. Kirche im NS. Fragen eines Historikers. Mainz 1987.

Karnick, Hannes & Wolfgang Richter(hg). Niemoeller. Was wuerde Jesus dazu sagen? Eine Reise durch ein protestantisches Leben. Fft/M. 1986.

Kaufmann, Thomas & Harry Oelke(hg). Evangelische Kirchenhistoriker im "Dritten Reich". Guetersloh 2002.

Kittel, Gerhard. Die Judenfrage. Stuttgart 1933.

_____. Christus und Imperator. Das Urteil der Ersten Christenheit ueber den Staat. Stuttgart, Berlin 1939.

Klee, Ernst. Die SA Jesu Christi. Die Kirche im Banne Hitlers. Fft/M. 1990.

_____. Persilscheine und falsche Paesse. Wie die Kirchen den Nazis halfen. Fft/M. 1992.

Kleinoeder, Evi. Katholische Kirche und NS im Kampf um die Schulen. 1981.

Kolbe, Maximilian. Briefe von 1915-1941. hg. Franziskaner~Minoriten. Wuerzburg 1981.

Kremers, Hermann. Nationalsozialismus und Protestantismus. Berlin 1931.

Kreutzer, Heike. Das Reichskirchenministerium im Gefuege der ns. Herrschaft. Duesseldorf 2000.

Kueck, Cornelia. Kirchenlied im NS. Die Gesangbuchreform unter dem Einfluss von Christhard Mahrenholz und Oskar Söhngen. Leipzig 2003.

Kuropka, Joachim. C.A.Graf von Galen. Sein Leben und Wirken in Bildern und Dokumenten. Cloppenburg 1992.

Kurz, Roland. Nationalprotestantisches Denken in der Weimarer Republik. Voraussetzungen und Ausprägungen des Protestantismus nach dem Ersten

Weltkrieg in seiner Begegnung mit Volk und Nation. Guetersloh 2007.

Laepple, Alfred. Kirche und Nationalsozialismus in Deutschland und Oesterreich. Fakten, Dokumente, Analysen. Aschaffenburg 1980.

Lepp, Claudia & Kurt Nowak(hg.). Evangelische Kirche im geteilten Deutschland(1945-1989/90). Goettingen 2001.

Lilje, Hanns. Christus im deutschen Schicksal. Berlin 1933.

Lippmann, Andreas. Marburger Theologie im Nationalsozialismus. Muenchen 2003.

Ludwig, Hartmut. Kritik und Erbschaft der Bekennenden Kirche. H.J.Iwands Verarbeitung des Kirchenkampfes. hg.v. Juergen Seim, Martin Stoehr. Beitraege zur Theologie Hans Joachim Iwands. Fft/M. 1988.

Matuska, Peter. Natuerliche Theologie in politischer Verstrickung. Die Deutschen Christen und die theologische Erklaerung von Barmen. Hamburg 2005.

Mayr, Margit. Von der babylonischen Gefangenschaft der Kirche und Nationalen. 2005.

Meier, Kurt. Kreuz und Hakenkreuz. Die evangelische Kirche im Dritten Reich. Muenchen 2001(2).

Meiser, Fritz & Gertrude(ed). Hans Meiser, Kirche, Kampf und Christusglaube: Anfechtungen und Antworten eines Lutheraners. Muenchen 1982.

Meisiek, Cornelius Heinrich. Evangelisches Theologiestudium im Dritten Reich. Fft/M. 2003.

Mochalski, Herbert(hg.). Der Mann in der Brandung. Ein Bildbuch um Martin Niemoeller. Fft/M. 1962.

Mueller, Ludwig. Was ist das Positive Christentum? Stuttgart 1939.

Nanko, U. Die Deutsche Glaubensbewegung. Eine historische und soziologische Untersuchung. 1993.

Niemoeller, Martin. Dahlemer Predigten 1936-1937. Muenchen 1981.

Niemoeller, Martin und sein Bekenntnis, hg.v.Schweizerischem Evangelischen Hilfswerk fuer die Bekennende Kirche in Deutschland. Zollikon /Swiss 1938.

Niemoeller, Wolfgang, M. Niemoeller. Briefe aus der Gefangenschaft Moabit. Fft/M. 1975.

Niemoeller, W. & M. Niemoeller. Briefe aus der Gefangenschaft Konzentrationslager Sachsenhausen. Bielefeld 1979.

Niemoeller, Wilhelm. Texte zur Geschichte des Pfarrernotbundes. Berlin 1958.

Nowak, Kurt. Geschichte des Christentums in Deutschland. Religion, Politik und Gesellschaft vom Ende der Aufklaerung bis zur Mitte des 20. Jahrhunderts. Muenchen 1995.

Oddnung, Carl. Martin Niemoeller. Berlin 1967.

Oeffler, Hans J. u.a.(hg). Martin Niemoeller. Ein Lesebuch. Koeln 1987.

Osten-Sacken, Peter von der (hg.). Das missbrauchte Evangelium. Studien zur Theologie und Praxis der Thueringer Deutschen Christen. Berlin 2002.

_____, Walter Grundmann. Nationalsozialist, Kirchenmann und Theologe.

Petri, Dieter & Joerg Thierfelder. Vorlesebuch Kirche im Dritten Reich. Anpassung und Widerstand. Lahr 1995.

Poliakov, Leon & Joseph Wulf. Das Dritte Reich und sein Denker. Wiesbaden 1989.

Ranft, Alfred M. Lehrfreiheit der evangelischen Geistlichen im Dritten

Reich. Leipzig 1936.

Rauschning, H. Die Revolution des Nihilismus. Zuerich 1938.

_____. Gespraeche mit Hitler. Zuerich 1940.

RGG. Religion in Geschichte und Gegenwart. Handworterbuch fuer Theologie und Religionswissenschaft. Tuebingen 1986.

Roehm, Eberhard & Joerg Thierfelder. Juden, Christen, Deutsche 1933-1945. 4 Bde.. Stuttgart 1992~2007.

Rosenberg, Alfred. Der Mythus des 20.Jahrhunderts.

Scheerer, Reinhard. Kirchen fuer den Kalten Krieg. Grundzuege und Hintergruende der us-amerikanischen Religions- und Kirchenpolitik in Nachkriegsdeutschland. Koeln 1986.

Scherffig, Wolfgang. Junge Theologen im Dritten Reich. Neukirchen-Vluyn 1989.

Schlingensiepen, Ferdinand(hg.). Theologisches Studium im Dritten Reich. Duesseldorf 1998.

Schneider, Margarete. Paul Schneider. Der Prediger von Buchenwald. Holzgerlingen 2009.

Schneider, Thomas. Reichsbischof Ludwig Mueller. Eine Untersuchung zu Leben, Werk und Persoenlichkeit. Goettingen 1993.

Scholder, Klaus. Die Kirchen und das Dritte Reich. Bd.1: Vorgeschichte und Zeit der Illusionen; Bd.2: Das Jahr der Ernuechterung. 1934. Barmen und Rom. Muenchen 2000.

Seim, Juergen & Martin Stoehr(hg.), Beitraege zur Theologie Hans Joachim Iwands. Fft/M, 1988.

Siebert, Martin. Die Ziele der Glaubensbewegung "Deutsche Christen" und ihrer Nachfolgeorganisationen anhand der autobiographischen Schriften

Joachim Hossenfelders und Friedrich Wienekes. MA-Arbeit an der Uni. Muenchen 1979.

Siegele-Wenschkewitz, Leonore. Nationalsozialismus und Kirchen. Religionspolitik von Partei und Staat bis 1935. Duesseldorf 1974.

Sonne, Hans-Joachim. Die politische Theologie der Deutschen Christen. Goettingen 1982.

Stegemann, Wolfgang. Kirche und NS. Stuttgart, Berlin, Koeln 2002.

Steinhoff, Marc. Widerstand gegen das Dritte Reich im Raum der katholischen Kirche. Fft/M. 1997.

Steinwender, Ignaz. Die Geschichte einer Verfuehrung. Fft/M. 2003.

Thielicke, Helmut. Christus oder Antichristus? Der Mythus unseres Jahrhunderts und die Verkuendigung der Kirche. Wuppertal-Barmen 1935.

Thierfelder, Joerg. Zusammenbruch und Neubeginn. Die evaneglische Kirche nach 1945 am Beispiel Wuertembergs. Stuttgart 1995.

Tillich, Paul. Religioese Verwirklichung. Berlin 1930.

Vollnhals, Christian. Entnazifizierung und Selbstreinigung im Urteil der evangelischen Kirche. Dokumente und Reflexionen 1945-1949. Muenchen 1989.

_____. Evangelische Kirche und Entnazifizierung 1945-1949. Die Last der ns. Vergangenheit. Oldenbourg 1989.

Weis, Roland. Wuerden und Buerden. Freiburg im Breisgau 1994.

Wentorf, Rudolf. Der Fall des Pfarrers Paul Schneider. Die biographische Dokumentation. Neukirchen-Vluyn 1989.

Wessel, Martin Schulze. Die Deutschen Christen im NS und die lebendige Kirche im Bolschewismus. 2005.

Wieneke, Friedrich. Die Glaubensbewegung "Deutsche Christen". Soldin

1933.

Witte, Karl. Mythos und Offenbarung. Berlin 1934.

부록

1. 나치 시대 교회사(약사)[305]

나치 시대의 독일교회는 불행하게도 양분되었다. 나치에 부역하는 제국기독교와 나치에 저항하는 고백교회로 나뉘었던 것이다. 제국기독교는 나치의 권력을 이용하여 교회와 교리를 변질시키며 교인을 미혹에 빠뜨리고 기독교의 정통성을 해체하려 했다. 비록 그들이 독일 민족의 구원과 갱신을 주장했지만 그것은 허울 좋은 구호에 지나지 않았다. 제국기독교인들은 나치가 원하는 대로 기독교인들을 나치화하는데 길을 열어주었을 뿐 아니라 독일 민족 신앙이라는 신흥 종교에 희생되도록 문을 열어주었다. 나치 시대에 일어났던 교회사적 사건들을 통해 시대가 어떻게 흘러갔는지 기독교적 관점에서 살펴본다.

1933년

- 5월 20일, 교회의 본질에 관한 신학 선언을 뒤셀도르프에서 언명하다. 바르트, 괴터즈, 니젤, 드 크베어바인 등이 서명.
- 5월 29일, 보델쉬빙(Fritz von Bodelschwingh) 독일 주교가 주교직을 사임하다(보델쉬빙 목사는 독일 복음주의교회총회(DEK)에서 주교로

---

305 이 부분은 다음 참고 문헌을 중심으로 편집, 번역되었음을 밝힌다. W.Niemoeller, Die Evangelische Kirche im Dritten Reich. Handbuch des Kirchenkampfes, Bielefeld 1956; E.Kern, Staat und Kirche in der Gegenwart, Hamburg, Berlin, Bonn 1951; M.Schneider, Paul Schneider. Der Prediger von Buchenwald, Holzgerlingen 2009; Claudia Lepp, Kurt Nowak, Evangelische Kirche im geteilten Deutschland(1945~1989/90), Goettingen 2001.

선출되었으나, 제국기독교인들의 방해공작으로 자리를 떠나게 되다).

- 6월 4일, 교회의 본질에 관한 선언이 엘버펠트에서 발표되다. 바르트, 괴터즈, H.헤세, 홈부르크, 멘징, 니젤, 드 크베어바인 등이 서명.
- 6월 24일, 프러이센 지역 교회 문제 담당관(A. 예거, August Jaeger)이 나치 정부로부터 임명됨으로써 보델쉬빙 주교가 사실상 해임되다.
- 6월 25일, 바르트의 '오늘날의 신학적 실존'이 발표되다.
- 6월 29일, 빌레펠트 노회 베스트팔렌 목사들이 신앙고백을 선언하다.
- 7월 11일, 주교회 총회 대표들이 DEK의 교회 헌법을 발표하다.306
- 7월 23일, DEK가 선거를 실시하다.
- 9월 5일, 알트프러이센교회연합 산하 DEK총회가 열려 71명의 대표단이 선출되다(대표회장, 코흐 Koch).
- 9월 21일, M. 니묄러 목사가 목사긴급동맹 결성을 선언하다.
- 9월 27일, 비텐베르크에서 열린 DEK에서 목사긴급동맹이 산하 기관으로 인정되다.
- 11월 13일, 히틀러가 제국주교에 L. 밀러 목사를 임명하다.
- 11월 14일, 목사긴급동맹이 밀러 목사의 제국주교 임명을 반대하다.
- 11월 19일, 목사긴급동맹 주관으로 첫 번째 공식 발표문이 공포되다.

1934년

- 1월 3~4일, 바르멘-게마르케에서 자유개혁주의 노회가 열리다.
- 1월 7일, 14일, 목사긴급동맹이 밀러 주교가 발동한 개정 DEK 교회 헌법에 반대하다.
- 1월 25일, 교계 지도자들이 히틀러를 만나다.

---

306 이 행동의 의미는 교회는 국가의 지배를 받지 않고, 교회 자체적인 교회 헌법으로 다스려진다는 것을 주장하며, 동시에 나치의 교회 간섭 정책을 반대, 저항한 것이다.

- 1월 26일, 나치가 니묄러 목사를 면직시키다(2월 10일, 나치가 니묄러 목사를 강제 해직시키다).
- 2월 4일, 쉬테틴 지역에 5개 개혁주의 교회가 자유개혁주의 노회를 개최하다.
- 2월 20일, 목사긴급동맹 대표단이 자유복음주의 노회에 가입하기로 하다.[307]
- 3월 7일, 베를린, 브란덴부르크에서 자유복음주의 노회가 열리다.
- 3월 16일, 제1회 베스트팔렌 고백교회 노회가 도르트문트에서 열리다.
- 4월 11일, 뉘른베르크에서 뉘른베르크 결의문이 채택되다.
- 4월 22일, 울름에서 신앙고백이 선언되다.
- 4월 29일, 도르트문트에서 베스트팔렌 고백교회 노회와 라인란트 자유복음주의 노회가 공동모임을 갖다.
- 5월 2일, 베를린 DEK 고백교회가 신앙고백을 선포하다.
- 5월 7일, 카셀 DEK 고백교회가 신앙고백을 선언하다. 쉬테틴 지역 복음주의 고백교회준비위원회가 결성되다.
- 5월 11일, 경찰이 베를린 반제에서 개최될 쿠어마르크 지역 교회의 날 집회를 해산시키다.
- 5월 29일, 알트프러이센교회연합 산하 고백교회 노회가 바르멘-게마르케에서 열리다.
- 5월 31일, 바르멘 신학 성명 발표(K. 바르트 낭독). "우리는 잘못된 신앙교리를 거부한다."
- 6월 11~15일, 메클렌부르크 지역 목사 7인에 대한 나치의 재판이 열

---

307 여기서 '자유'라는 의미는 국가와 관계가 없다는 뜻으로 붙여졌다. 대표단에는 니묄러, 뮐러-하일리겐쉬타트, 뮐러-달렘, 하이트만, 프라터, G.슐츠, 알베르츠, 하이네, 뒨징 목사 등이 소속되었다.

리다.

- 8월 12일, DEK 대표단이 나치 주도의 목사 임직 맹세에 대해 이의를 제기하다.
- 9월 18일, 제국주교 임무 수행에 대해 DEK 대표단이 공식 입장 발표하다.
- 11월 7일, 빌레펠트에 고백교회 목회자 세미나가 처음으로 건립되다.[308] DEK가 산하 각 교회에 공문을 발송하다(코흐, 브라이트, 니첼). 공문 내용은 나치의 방해로 복음주의 교회들이 고백교회 노회를 중심으로 새로운 조직을 결성하였고, 미래에 나치 사상과 권력으로 오염된 독일교회를 재건한다는 결의를 담고 있다.
- 12월 2일, 제국주교가 발의한 교회법에 관해 DEK가 법적 한계 규명하다.
- 12월 20일, 바르트가 교수직에서 해임되다.

1935년

- 1월 14~17일, 고백교회가 영성 집회를 갖다. 집회 주제는 '개혁인가 복구인가?'
- 2월 24일, 독일 고백교회 준비위원회가 나치 성향의 새로운 이단 신앙 운동에 거부감과 우려를 공식적으로 발표하다 .
- 3월 4~5일, 베를린-달렘에서 알트프러이센교회연합 산하 고백교회가 두 번째 모임을 갖다. 나치는 협의회에서 채택한 '교회에 보내는 말씀'을 각 지 교회에서 낭독했다는 이유로 715명의 목사를 체포하다.
- 3월 11일, 베를린 지방법원이 제국주교가 고소한 고백교회준비위원회

---

308 이 목회자 세미나는 나치가 신학대학을 접수하고, 복음주의 신학교육을 방해하자 고백교회가 목회자 양성을 목적으로 세운 신학교를 말한다.

건을 기각하다.

- 3월 26~28일, 지겐에서 제2회 자유복음주의 노회가 개최되다.
- 3월 28일, 나치가 교회 지도자들을 대대적으로 체포하다. P. 브루너, 루란트, 볼프 목사 등이 다하우 강제수용소로 압송되다.
- 5월 2일, DEK 대표단이 체포되거나 전출된 목사들, 장로들, 교회를 위해 공동 기도할 것을 선언하다.
- 5월 22~23일, 조직적으로 피해를 입은 교회들이 모임을 갖다.
- 6월 25일, 바르트 교수가 스위스 바젤 대학으로 부임하다.
- 7월 30일, 니묄러 목사와 목사긴급동맹 소속 49명의 목사들이 '복음의 전선에 있는 동지들에게'라는 선언문을 선포하다. 그 내용은 "바르멘, 달렘의 신앙고백에 기초한 교회를 파괴하려는 어떤 정책에 대해서도 분명하고도 타협 없는 노(No!)를 선언한다"로 되어 있다.
- 8월 26~28일, 하노버에서 제1회 복음주의 주간을 개최하다.
- 9월 23~26일, 쉬테그리츠에서 알트프러이센교회연합 복음주의 고백교회 노회가 세 번째로 열리다.
- 10월 7~10일, 바르멘에서 신학 주간이 열리다. 추방된 바르트 교수를 대신하여 '율법과 복음'이라는 그의 논문을 K. 임머(Karl Immer) 목사가 낭독하다.
- 10월 14일, 알트프러이센교회연합 소속 목사 명단이 작성되다.
- 11월 1일, 베를린-달렘에 고백교회 부설 신학교가 설립되나 게슈타포에 의해 금지되다.
- 11월 14일, 신학 교육과 목사 양성의 위협을 받고 있음을 공식 확인하다.
- 대강절, 나치 정부 비인가 조직인 교회 연구 단체의 선언문이 고백교회 목사, 장로, 교인들에게 공포되다. "고백교회는 이러한 토양 위에 세워진 국가적 교회 협의회를 국가의 보조 기관으로만 참고하며 성경적

신앙고백의 차원에서 합당한 기관으로 인정하지 않는다. 따라서 성경적 신앙고백과 관련 없는 결정을 요구하는 어떤 경우에도 거부할 것이다."

1936년

- 1월, 니묄러 목사가 디벨리우스 목사에 의해 작성된 '국가교회가 세워졌다!'라는 글을 고백교회에 검토하도록 의뢰하다.
- 1월 3일, 고백교회 대표단이 다음 사항을 결의하다.309 "고백교회는 앞으로 어떠한 국가적 교회 협의회가 결정한 사안이라도 바르멘 신앙고백을 거부한다면 고백교회의 이름과 위임 하에 수용하지 않을 것이다."
- 1월 21일, 고백교회준비위원회는 '고백교회의 일치와 순결성'이라는 선언문을 지 교회에 선포하다.
- 3월 12일, 고백교회준비위원회, DEK 대표단이 선임되다.
- 5월, 본회퍼 목사의 '교회 공동체에 관하여'가 발표되다.
- 6월 4일, 야나쉬 목사가 히틀러에게 전달될 고백교회 준비위원회의 의견서를 제출하다.
- 6월 29일~7월 3일, 제5회 고백교회 노회가 개최되다. "바르멘 신앙고백이 공적으로 인정되지 않을 때까지는 독일복음주의교회 안에 위협은 계속된다고 봐야 한다"고 선언하다.
- 7월 1일~4일, 쉴레지엔 지역 고백교회 노회가 개최되다. 주제는 '교회의 권력에 관하여'.
- 7월 16일, DEK 준비위원회가 선언문을 채택하다. '독일복음주의교회

---

309 대표단은 전 독일 고백교회총회를 결성하기 위한 준비위원회를 조직했다. 알베르츠, 아스무센, 클로펜부르크, 뤼킹, 뮐러-달렘, 니묄러, 폰 타덴 목사 등이다.

의 신앙고백에 관하여'.

- 8월 23일, 고백교회 강단 선언문이 발표되다. '복음주의 기독교인과 권력 순종에 관하여'.
- 10월 14일, 작센 지역 고백교회 집회가 마그데부르크에서 열리다. E. 볼프가 '고백교회인가, 고백하는 고백 신앙의 교회인가?' 강의.
- 12월 16일~18일, 브레슬라우에서 제4회 알트프러이센교회연합 산하 고백교회 노회가 열리다.
- 12월 16일, G. 야콥의 "교회인가 이단인가?"

1937년

- 2월 12일, 제국교회협의회가 해산하다.
- 2월 15일, 히틀러가 제국교회총회 선거를 승인하다.
- 2월 19일, 지방법원장 F. 바이슬러가 작센하우젠 강제수용소에서 살해당함으로써 고백교회의 첫 번째 평신도 순교자가 되다.
- 4월 2일, DEK의 새 대표단이 선임되었으나 고백교회가 새 대표단을 거부하다.
- 5월, 6월, 게슈타포가 고백교회에 대하여 극렬한 탄압을 가하다.
- 6월 10일, 베스트팔렌 고백교회 대표자 7명이 체포되다.
- 6월 23일, 제국교회 대표자 모임이 체포되다.
- 7월 1일, 니묄러 목사가 체포되다.
- 7월 6일, 카셀 협의회(Gremium)가 결성되다.310
- 8월 21일~27일, 제5회 알트프러이센교회연합 고백교회의 노회가 열리다.

---

310 카셀협의회는 주교단, 고백교회 준비위원회, 독일 복음주의-루터교 위원회가 함께 하는 모임이다.

- 10월 23일, 나치당 교육 담당 지도자 로젠베르크에 항거하는 공식 선언이 발표되다.

1938년

- 1월 초, '교회의 현실에 관하여'가 준비위원회로부터 작성, 공포되다.
- 2월 7일, 니묄러 목사에 대한 재판이 베를린-모아빗에서 시작되다.
- 3월 2일, 니묄러 목사에게 수감형이 선고되어 작센하우젠 강제수용소에 이송되다.
- 5월 10일~12일, 목사긴급동맹 단합 모임이 열리다.
- 5월~6월, 제국기독교인들이 주동이 되어 모든 목사와 교회 행정 공무원들이 히틀러에게 충성 맹세를 하도록 건의하다.
- 7월 31일, 히틀러 충성 맹세에 관한 결정을 내리다.
- 9월 27일, 고백교회 준비위원회가 가시화되는 전쟁 상황을 위해 기도하도록 요청하다.
- 11월 9일, 케를(Kerrl)이 "지금이 고백교회를 섬멸하기 위한 최적의 기회"라는 의견과 방법을 제시하다.
- 12월 10일~12일, 고백교회의 날이 베를린에서 개최되다. 유대인 문제, 제국주교와의 관계, 종교 수업 금지 등에 관해 언급하다.
- 대강절, 고백교회가 종교 수업 금지에 관한 강단 선언문을 발표하다.

1939년

- 1월 29~30일, 제7회 알트프러이센교회연합 고백교회 노회가 베를린-니콜라스제에서 열리다.
- 2월 6일, F. 뮐러 목사가 재판에 회부되다. 재판부는 해직을 선고하다.
- 4월 초, 제국기독교, 국가교회적 일치를 발표(고데스베르크 선언).

- 4월 4일, 제국교회 주교단이 국가교회의 일치를 찬성하다.
- 5월 6일, 독일교회에 대한 유대인의 영향을 연구하기 위한 연구소가 발족하다.
- 5월 20일~22일, 제8회 알트프러이센교회연합 고백교회 노회가 베를린-쉬테그리츠에서 열리다.
- 6월 23일, 하노버 복음주의-루터교회가 고데스베르크 선언을 수정하여 받아들이다.
- 7월 1일, 니묄러 목사 체포 2주년을 맞아 프러이센 교회 대표단이 각 교회에 공식 입장을 발표(복음 전파, 교회의 질서, 교회 안의 생활).
- 7월 18일, P. 쉬나이더 목사가 부헨발트 강제수용소에서 숨지다. 나치에 저항하다 순교한 복음주의교회 첫 번째 목회자로 기록되다. 사인은 과다 약물 투여(독살).
- 9월, '신학-윤리적 논의', 고백교회로부터 전쟁 상황에 대하여 익명으로 제보되다. '복음 전파의 현재적 방법에 관하여'.
- 9월 2일, '목회자 신뢰위원회'가 발족하다(마라렌즈, 슐츠, 휨넨).

1940년

- 1월 10일, 고백교회 준비위원회, 선언문 발표. 주제는 '고백과 전망'.
- 3월 25일, 고백교회 준비위원회 부활절 선언 '말씀의 봉사자'가 발표되다.
- 5월 20일, H. 뵘 목사에 대하여 담임목사직 해직, 목사 법적 권리 박탈, 봉급 박탈의 선고가 내리다.
- 6월 6일, 마크 브란덴부르크 지역 M. 알베르츠 감독에 대한 선고가 내리다. 감독직 해직.
- 7월 1일, 니묄러 목사 체포 3주년을 맞아 호외 발행하다. 기사 내용은 '주께서 가난한 자를 들으시고 갇힌 자를 무시하지 않으셨도다.' 사역

방해 : 128명, 목사직 박탈 : 106명, 설교 금지 : 41명, 거주 금지 : 34
명, 기도회 방해 : 26명, 해외여행 금지 : 6명, 임직 금지 : 4명, 추방 : 1
명, 강제수용소 감금 : 니묄러, 라이캄, 쾨니히스, 보켈로, 감금 : 추카,
투어만
- 7월 9일, P. 브라우네 목사의 시국 선언문, "나치 정부가 세운 수감소,
강제수용소에 갇혀있는 신앙의 동지들을 적법하게 다루어야 한다."
- 7월 14일, 제9회 고백교회 노회가 라인란트에서 열리다. "오늘날 교회
의 개척과 집회에 관하여".
- 7월 19일, 부름 주교가 제국 내무장관에게 정신질환자, 정신박약자,
성병환자 안락사에 관하여 항의 공문을 보내다.
- 10월 12~13일, 제9회 알트프러이센교회연합 고백교회 노회가 라이프
치히에서 개최되다.
- 11월, 고백교회가 목회자 없는 교회에게 장로들을 통한 교회 긴급 운
영을 공포하다.

1941년
- 5월, 거의 모든 기독교 잡지 및 출판물들이 전쟁 상황을 이유로 발간
을 금지 당하다.
- 6월 14~15일, 제3회 쉴레지엔 고백교회 노회가 브레슬라우에서 열리
다.
- 10월 21~23일, 제10회 알트프러이센교회연합 고백교회 노회가 함부
르크-함에서 열리다.
- 12월 22일, 베를린 특별법정이 고백교회 소속 목회자들에게 재판 결
과를 선고하다. 알베르츠(18개월 수감형), 덴(12개월), 아스무센, 하더,
포겔(7개월), 니젤(6개월), 로키스(3개월), 뷤(4개월), 히치그라츠, 몰덴
케(4개월), 그라우어 여전도사, 틸레, 아른하임(4개월), 미헬스(2개월),

벌금형(200~1500 제국마르크) : 비올렛, 포겔, 알베르츠 부인, 쉬뢰더 부부, 브랑크

- 12월, 부름 주교가 독일 내의 복음주의 목사에게 서한을 보내며 연합을 강조하다.

1942년

- 2월 5일, "세례 받은 기독교인이라도 비 아리안족인 이들은 독일교회의 신앙생활로부터 격리되어야 한다"는 제국기독교의 발언에 대해 항의 서한을 보내다.
- 4월 23일, 알트프러이센교회협의회 대표단이 공식 의견을 발표하다 (제국 교회 행정 기구에 헌금을 이관하지 말 것, 교회 대표단을 감시하지 말 것, 제국 교회 행정 기구를 인정하지 말 것).
- 9월 1일, 13개 조항(부름, 마라렌즈 서명)의 해명을 요구하다.
- 9월 28일, 나사우-헤센 교회 대표단이 13개 조항에 대한 의혹에도 승인하다.
- 10월 17~18일, 제11회 알트프러이센교회연합 고백교회 노회가 함부르크-함에서 열리다.
- 10월 28일, 러시아에서 숨진 F. 뮐러 목사의 장례식이 거행되다.
- 10월, 13개 조항 인쇄되다.
- 12월 9일, 뵘 목사가 작성한 문서를 고백교회 준비위원회가 교회 대표단에게 제시하다. "질서를 위한 교회의 노력, 교회 운영에 대한 질문과 해법, 입교 절차에 관하여 등등"

1943년

- 1월 1일, 프러이센교회 대표단이 지 교회에 신년 선언문을 보내다.

- 2월, 알트프러이센교회연합 대표단이 "하나님의 말씀 아래 모이자"라는 선언문을 보내다.
- 4월 29~30일, 고백교회 준비위원회가 교회 신앙 교육과 신앙생활에 관하여 베를린에서 마지막 모임을 갖다.
- 8월 28~29일, 제4회 쉴레지엔 고백교회 노회가 브레슬라우에서 열리다.
- 10월 16~17일, 제12회 알트프러이센교회연합 고백교회 노회가 브레슬라우에서 열리다.

1944년

- 5월 12일, 프러이센 교회질서협의회가 빌레펠트에서 개최되다.[311]
- 5월, 알트프러이센교회연합 복음주의교회 대표단이 목사와 교인들의 (비 아리안족과의) 이혼에 대하여 상담문을 작성하다.
- 성령강림절, 바르멘 신앙고백 10주년을 맞아 성명을 발표하다.
- 10월 15일, 고백교회 준비위원회가 고백교회적 성향의 교회와 대표단에게 '민족교회와 고백교회'라는 발제문을 보내다.
- 날짜 미상, 교회의 현재 상황에 대해 알트프러이센교회연합 복음주의교회가 입장을 표명하다. "독일복음주의교회는 현재 탄압의 위협 안에 들어 있다."

1945년

- 1월 17일, L. 쉬타일 목사가 다하우 강제수용소에서 숨지다.
- 2월 중순, G. 마우스 교육 지도관이 게슈타포 수감 중 숨지다.
- 4월 9일, 본회퍼 목사가 플로센뷔르크 강제수용소에서 사형당하다.

---

311 참석자 : 디벨리우스, 브루너, 뤼킹, 하더, 니젤, 페렐스, 쉴링크

- 4월 24일, H. 코흐 변호사가 게슈타포에 의해 숨지다.
- 5월 8일, 니묄러 목사가 연합군에 의해 석방되다.
- 8월 21~24일, 제국교회 대표자 회의가 프랑크푸르트에서 열리다.
- 8월 28일, 니묄러 목사가 트라이자 집회에서 고백문을 낭독하다. "그 러므로 우리는 회개해야 하며 돌아와야 합니다."
- 10월 18~19일, 슈투트가르트에서 속죄 고백을 선언하다.

1946년

- 연초, 연합 군정과 UN에 EKD가 공식 서한을 보내다("거대한 죽음의 유산이 아직 끝나지 않았다").
- 5월 2일, EKD가 탈나치화 작업을 계속한다고 천명하다.

1947년

- 1월 25일, EKD가 독일 민족에게 내면의 고통이 있음을 산하 목회자 들에게 인지시키다.
- 3월 27일, 모스크바 평화회의에 EKD 대표가 연설하다.
- 4월 4일, 틸리케 교수의 성 금요일 설교가 공개되다(제목 : 다른 이들 의 죄책감).
- 6월 5~6일, EKD가 트라이자(Treysa) 총회를 갖고 EKD 내부 규정에 관해 의견을 모으다.
- 8월 8일, 다름슈타트 고백이 발표되다.

1948년

- 3월 9일, EKD가 기본법을 두 번째로 보완, 상정하다.
- 7월 15일, 독일 복음주의교회 대표단이 다음과 같이 공식 선언하다.

"독일 복음주의교회(EKD, Evangelische Kirche in Deutschland)가 결성됨으로 인하여 1934년 10월 20일 교회적 위기에서 설립된 고백교회 노회가 끝났음을 알립니다. 아울러 1945년 8월 31일 트라이자에서 열린 독일 복음주의교회에 고백교회 준비위원회가 그동안 행사하여 왔던 교회 지도적 기능을 이관함으로써 그 역할을 다했다고 선언합니다."

1949년-1990년(분단에서 통일로)

- 1949년. 가을 소련군정 치하의 동독은 DDR(독일민주주의공화국)이라는 국가명을 내걸고 자체 헌법을 공포하다. 동독 교회는 당시 독일복음주의교회 산하에 존속하다. 베를린 주교 O.디벨리우스(O.Dibelius)가 소련 정권하의 생활이 나치 때보다 더 부자유하다고 저항하다.
- 1951년. 디벨리우스 주교가 소련 권력이 동독에서 사법권을 남용한다고 스탈린을 비판하다.
- 1954년. 독일복음주의 교회의 날에 "소망 안에서 기뻐하라"는 주제로 동독 국민을 격려하다. 동독 정권이 기독교 청소년의 입교식을 청소년단 입단식으로 대체하려는 의도에 강력히 반발한 사건이 발생.
- 1961년. 동독 정부가 베를린 장벽을 설치하기 시작하다(이 베를린 장벽은 1989년 11월 붕괴되다). 그동안 베를린 안에서 왕래가 수월했던 교계지도자들은 이 시기부터 자유롭게 대화와 만남을 가질 수 없게 되다.
- 1969년 6월 10일. 동독 사회주의 정권이 동독 교회를 독일복음주의 교회로부터 분리할 것을 지시하다. 이 시점부터 독일 교회는 동·서독 교회로 분열되다. 서독 교회가 예전의 이름 EKD로 존속하는데 반하여, 동독 교회는 BEK(Bund Evangelischer Kirchen in der DDR, 독

일민주주의공화국 복음주의교회연맹)라는 이름으로 분리하다. 교회와 기독교인에 대한 직, 간접적인 탄압이 지속되다.

- 1982년. 동독 대도시에 소재한 교회를 중심으로 월요촛불기도회에 불이 붙다.

- 1989년 10월 9일. 베를린, 라이프치히, 드레스덴 등 동독 대도시를 중심으로 월요기도회의 인파가 물밀듯 운집하다. 교회에 들어가지 못한 시민들이 거리에 모여들다. 라이프치히 시의 경우 니콜라이 교회를 위시하여 토마스 교회, 미하엘스 교회, 개혁교회가 평화기도회를 위해 교회를 개방하다. 니콜라이 교회는 오후 2시에 이미 들어갈 자리가 없을 정도였다. 이로서 평화혁명의 열기가 고조되고 라이프치히 시내만도 약 15만 명의 인파가 운집하게 되다. 베를린에서는 50만 명 이상을 추정하는 인파가 교회와 거리에 운집하다. 평화시위에 경찰이 대거 동원되었으나 발포명령을 내리지 못하다. 오히려 동독 정부가 총사퇴하므로 사회주의 정권이 극적으로 붕괴되다.

- 1989년 10월 16일. 동독 전역에서 교회를 중심으로 평화기도회와 가두 시위가 대대적으로 개최되다.

- 1989년 11월 9일. 기도회를 중심으로 한 시민운동의 결과로 베를린 장벽이 무너지다. 독일과 베를린의 상징인 브란덴부르크 문이 개방되다. 베를린 국경을 지키던 동독 경찰이 무장해제당하고, 동·서독 시민들이 장벽을 지나 부둥켜안는 감격의 장면이 분단 40년 만에 가능하게 되다.

- 1989년 12월 18일. 라이프치히 니콜라이 교회가 월요기도회를 공식적으로 마치다.

- 1990년 10월 3일, 동·서독이 통일을 공포하다.